知识产权保护对高技术产品出口质量的影响

以"一带一路"合作框架为视角

经济高质量发展与创新丛书

The Impact of Intellectual Property Rights Protection on the Export Quality of High-Tech Products
A Perspective from the Belt and Road Cooperation Framework

金缀桥 著

东北财经大学出版社
Dongbei University of Finance & Economics Press

大连

图书在版编目（CIP）数据

知识产权保护对高技术产品出口质量的影响——以"一带一路"合作框架为视角／金缀桥著. —大连：东北财经大学出版社，2024.5

（经济高质量发展与创新丛书）

ISBN 978-7-5654-5250-5

Ⅰ.知…　　Ⅱ.金…　　Ⅲ.知识产权保护–影响–高技术产品–出口贸易–研究–中国

Ⅳ.F752.62

中国国家版本馆CIP数据核字（2024）第086610号

东北财经大学出版社出版发行

大连市黑石礁尖山街217号　邮政编码　116025

网　　址：http://www.dufep.cn

读者信箱：dufep@dufe.edu.cn

大连永盛印业有限公司印刷

幅面尺寸：185mm×260mm　字数：251千字　印张：15　插页：1

2024年5月第1版　　　2024年5月第1次印刷

责任编辑：孙　平　　　责任校对：吴　奂

封面设计：原　皓　　　版式设计：原　皓

定价：78.00元

前言

　　全球化背景下，国际贸易的迅速发展推动了各国经济的深度融合。作为全球最大的发展中经济体，中国通过持续的改革开放和科技创新深度融入全球化进程，为世界经济发展贡献了独特的中国智慧和中国方案。然而，近年来，逆全球化趋势愈演愈烈，全球供应链的稳定性受到威胁，贸易保护主义抬头，给国际贸易环境带来了不确定性。中国的出口贸易特别是高技术产品的出口遭遇了前所未有的冲击。

　　鉴于此，本书结合定性与定量分析的研究方法，深入测量了中国的知识产权保护水平，并从创新能力与模仿能力两个维度，探讨了其对"一带一路"沿线国家高技术产品出口质量的具体影响机制。此外，鉴于不同高技术产品类别及目的国特性的异质性，本书系统分析了知识产权保护水平变化对不同类别高技术产品出口质量的差异性影响。本书的研究不仅为中国知识产权保护政策的优化提供了理论参考和实证依据，也为共建"一带一路"倡议下高技术产品出口质量的提升提出了建设性意见。

　　在研究过程中，我们面临诸多挑战，如理论模型的构建、数据的获取与处理等，但这些挑战使得我们的研究更加严谨和深入。通过与国内外专家学者的交流合作，我们克服了许多困难，积累了宝贵的研究经验，使本书能够以翔实的数据和可靠的结论呈现给读者。

　　在此，我谨向所有参与本书撰写、研究和出版的老师、同仁以及给予支持和帮助的朋友们致以诚挚的感谢。他们的努力使本书具备了更高的学术价值和实用性。同时，也感谢我的家人在我撰写本书过程中给予的理解和支持。

希望本书能够为读者提供有益的信息和深刻的洞察，为高技术产品出口贸易的发展提供新的视角和启示。预祝各位读者在阅读本书的过程中有所收获，并期待在相关领域与读者们作进一步的交流和探讨。

作　者

2024年2月

目　录

第1章 绪论

1.1 研究背景和研究意义

1.1.1 研究背景

随着经济全球化和世界多极化的不断深化，通信技术持续创新、贸易基础设施日益完善、贸易成本逐渐下降等因素，共同驱使企业将生产活动的不同环节分散至不同国家或地区，以更有效地利用全球范围内的生产成本差异，从而谋求更高效率和更低成本的生产。这一趋势显著推动了国际贸易的快速扩张，并深化了低成本国家供应商之间的合作关系。这种合作关系的加强进一步加深了世界各国之间的经济联系和相互依赖，形成了一个更加紧密的全球经济网络。与此同时，许多发展中国家正在积极融入国际事务，寻求更广阔的发展机遇和合作空间，为全球经济增添新的活力和动力。尤其值得注意的是，自改革开放政策实施以来，中国坚定地融入全球化浪潮，持续深化改革，积极扩大开放，推动科技创新，培育新的发展动能，优化产业结构。中国的发展成果不仅惠及本国人民，更为全球和平与繁荣做出了重要而积极的贡献。

然而，当前全球正处于百年来罕见的巨大变革之中，国际市场环境、需求状况和制度环境正经历着重大调整，给全球政治经济局势带来了众多不稳定性和不确定性的挑战。逆全球化思潮和保护主义的抬头是这一时期的显著特征。一些国家选择退群、采取单边主义和贸易保护主义政策，削弱了经济全球化的势头。例如，英国脱离欧洲联盟，美国特朗普政府推行"美国优先"政策，单方面退出了《巴黎协定》、联合国人权理事会以及《伊核协议》等国际协定，进一步削弱了经济全球化的势头。特别需要强调的是，2020年新冠疫情在全球蔓延，引发了严重的全球经济衰退和供应链危机。这一全球危机对世界经济产生了深远影响，使经济全球化进程陷入低谷。疫情的暴发还引发了贸易保护主义的抬头，导致全球产业链的重构。中国的出口贸易也面临着外需萎缩和国际局势复杂多变的情况。

除此之外，贸易争端问题也日益严重。个别国家以知识产权保护为名，采取贸易保护主义措施，限制中国企业产品出口，试图遏制中国在高科技领域的发展，并对中国进行技术封锁。自2013年以来，美国对华为和中兴等公司发起了"337调查"，中国的计算机、光纤光缆、5G、芯片、电路板、电容电阻以及半导体等产业成为美国对华技术遏制的主要目标领域。2023年1月5日，美国出台了《2022年保护美国知识产权法案》，以维护美国国家安全为由，一旦美国政府认定中国企业因知识产权问题导致美国利益受损，特别是涉及关键行业时，对中国企业的"限制"和"制裁"措施将持续增加。而中国技术密集型行业仍缺乏核心竞争优势，依然面临着在全球价值链中被"低端锁定"的发展困境（葛海燕等，2021）。同时，随着中国贸易总量持续增加和贸易顺差扩大，中国企业出口绩效水平并未达到理想状态（宗慧隽，2019）。在积极推进高水平对外开放的过程中，提升技术密集型和知识产权密集型产业对出口贸易的贡献率，优化出口商品结构，变得尤为重要。将经济发展的重心从劳动密集型、资源密集型和资本技术密集型产业转向知识产权密集型产业已然成为制造业高质量发展的必然趋势，也是中国经济从要素驱动、投资驱动向创新驱动转型的重要表现。这不仅有助于提升我国产业链在全球价值链中的地位，更是我国成为贸易强国的重要标志。

在此背景下，如何推动中国企业提升出口绩效和实现可持续发展，便成了当前国际贸易领域研究的重要课题。中国作为世界最大的发展中国家和世界第二大经济体，为全球治理改革提供了中国方案。学者们普遍认为中国应该从"出口导向型"贸易模式向"优进优出型"贸易模式转变。党的十九届五中全会明确提出要加快构建"双循环"新发展格局，以国内大循环为主体，释放内需潜力，同时，中国采取了高水平的对外开放政策，并支持全球化。党的十九大报告指出："中国坚持对外开放的基本国策，坚持打开国门搞建设，积极促进'一带一路'国际合作，努力实现政策沟通、设施联通、贸易畅通、资金融通、民心相通，打造国际合作新平台，增添共同发展新动力。"这也表明"一带一路"合作机制丰富了多边贸易体制的实践，多边贸易体制是国际经贸合作的基石。①习近平总书记在党

---

① 新华社. 中共中央 国务院关于推进贸易高质量发展的指导意见［EB/OL］.［2019-11-28］. https：//www.gov.cn/zhengce/2019-11/28/content_5456796.htm.

的二十大报告中明确指出，"高质量发展是全面建设社会主义现代化国家的首要任务"，"中国坚持对外开放的基本国策，坚定奉行互利共赢的开放战略"，"推进高水平对外开放"。2022年12月召开的中央经济工作会议进一步强调，"坚持推进高水平对外开放，稳步扩大规则、规制、管理、标准等制度型开放"。中国开放的步伐更大、水平更高、质量更优。所谓更大范围的开放，是指不但要继续坚持对发达国家开放，更要扩展对发展中国家的开放，还要积极推进区域合作，更大范围参与区域经济一体化，推动共建"一带一路"高质量发展，把我们开放合作的"朋友圈"越做越大。

国际市场环境正经历着重要的变化，给中国高技术产品的出口带来了新的挑战与机遇。首先，国际科技竞争日益激烈，贸易保护主义抬头，这促使中国必须摆脱对某些国家（地区）市场的过度依赖，转而实施市场多元化战略，以寻找更多的出口市场，并降低对特定国家（地区）的风险。其次，从国际需求变化角度来看，发达国家长期主导全球市场需求，这导致中国高技术产品出口面临着发达国家高端市场的挤压以及发展中国家低端市场的竞争。为应对这些复杂的挑战，中国需要进一步优化商品结构，大力发展高质量、高技术、高附加价值产品的出口，提高产品在国际市场上的竞争力，以应对愈发激烈的国际市场竞争。最后，全球贸易规则正经历重大调整，这也给中国高技术产品出口带来了新的影响。这意味着中国必须保持对贸易规则的灵活性，紧随国际经贸规则的发展，以确保中国高技术产品出口能够得到更大的市场准入，获得公平竞争的环境。因此，针对当前复杂的国际贸易环境，为了更好地应对挑战，培育高技术产品的竞争优势，推动对外开放的高质量发展，深入研究知识产权保护水平对高技术产品出口"一带一路"沿线国家的影响是非常必要的。针对该背景，本书基于以下四个特征事实展开研究：

特征事实一：2009—2020年，随着中国嵌入全球价值链程度不断提高，中国的出口贸易总额呈现增长的趋势。根据统计数据，2009年我国出口贸易总额为12 727.89亿美元，随后在2014年增长至23 417.79亿美元。2015年稍有下降，为22 787.46亿美元，2016年进一步下滑，降至21 528.42亿美元。然而，从2016年的低点开始，中国出口再次稳步增长，至2020年达到26 057.01亿美元。在经济全球垂直专业化分工不断演进和加深的背景下，中国的高技术产品出口额呈现持续增长的趋势。统计数据显示，2009年中国高技术产品出口贸易总额为4 871.57亿美元，随后迅速增长至2014年的9 227.98

亿美元。虽然 2015 年和 2016 年出口额出现短暂下降，但 2017 年迅速反弹，并持续增长至 2020 年的 10 349.88 亿美元。图 1-1 显示了 2009—2020 年中国高技术产品的出口占比始终保持在 40% 左右。这表明高技术产品在中国出口总额中具有相当重要的份额，也凸显了中国在全球价值链中所扮演的重要角色。

图1-1　中国高技术产品出口占比变化趋势

资料来源：CEPII数据库。

特征事实二："一带一路"倡议作为中国维护国际贸易自由化、调整世界经济结构失衡的重要举措，不仅是构建全方位开放型经济体系的重要组成和抓手，还为世界经济合作提供了新的思路与机遇（吕越和王梦圆，2023）。倡议在经济发展、政治关系、人文交流等领域均取得了丰硕的成果，对于推动全球价值链的优化与重构亦有积极作用（刘志彪和吴福象，2018；戴翔和宋婕，2019）。自 2013 年习近平总书记提出"一带一路"倡议以来，中国与沿线国家的贸易壁垒逐渐削弱，出口总额持续上升，从 2014 年的 6 527.31 亿美元增长到 2020 年的 7 975.09 亿美元，中国产品对"一带一路"沿线国家的出口增加了 1 447.78 亿美元。这一趋势也表现在对世界出口总额的比重上。如图 1-2 所示，2019 年和 2020 年，中国对"一带一路"沿线国家的出口占总出口的比例超过三分之一，显示出"一带一路"市场对中国出口的重要性不断增强，这些数据也显示了"一带一路"倡议为中国与沿线国家的贸易合作提供了更广阔的机遇。除此之外，中国与"一带一路"沿线许多国家在科技合作和对外贸易方面具有很强的互补性。如图 1-3 所示，2014—2020 年，中国高技术产品对"一带一路"沿线国家的出口在对全球出口的比重上呈现增长态势。"一带一路"沿线国家大多为新兴经济体和发展中国家，对科技创新的需求迫切。这种互补性为中国和"一带一路"沿线国家之间的科技合作和贸易提供了广阔的发展空间，促进了区域经济的共同繁荣。

图1-2 中国对"一带一路"沿线国家出口占比

图1-3 中国高技术产品对"一带一路"沿线国家出口占比

资料来源：CEPII数据库。

特征事实三：中国当前面临一系列挑战，其中包括核心技术缺失、制度红利释放趋缓、人口红利消退、资源和环境约束加剧以及金融风险增加等因素（杨耀武和张平，

2021）。这些因素严重影响着中国的出口贸易发展。特别值得关注的是，中国正逐渐失去劳动力比较优势，导致传统制造业的贸易竞争优势逐渐减弱，同时国内自主创新模式尚未完全建立，这进一步加大了高技术产品出口所面临的挑战。有研究数据表明，中国企业在国际市场的出口持续时间相对较短，中位数为 1 ~ 3 年，甚至更短（Rauch 和 Watson，2003；Besedeš 和 Prusa，2006；孙楚仁等，2023；邵军，2011；陈勇兵等，2012；程凯和杨逢珉，2022）。这反映了中国企业在国际市场上的竞争压力和所面临挑战的严峻性。为了有效应对这些挑战，中国需要采取相应措施。首先，加大投入和力度，强化科技创新和核心技术研发，培育和发展高技术产业，提升高技术产品的研发水平和质量，以增强其在国际市场上的竞争力。其次，有效的知识产权保护成为促进中国出口产品质量提升、企业可持续发展和国际竞争力增强的关键因素，也是进一步扩大高水平对外开放的重要举措之一。因此，有必要从知识产权保护角度研究其对高技术产品出口高质量发展的影响。这样的研究不仅有助于提高中国出口高技术产品的附加值和竞争力，还能够推动中国高技术企业的创新能力和核心竞争力的发展。尤其在国际贸易模式转型的背景下，重视知识产权保护，探索其对高技术产品出口高质量发展的影响，对于实现中国高水平对外开放和可持续发展目标具有重要的意义。

特征事实四：知识产权的存在和保护与对外开放密切相关。在现代产权体系和市场经济结构下，有效的知识产权制度是国家治理能力的重要组成部分，为创新者提供稳定的创新环境和法律保护，吸引国内外投资和技术转移，推动经济发展和对外开放。近年来，中国对知识产权保护工作越发重视，不断推进知识产权保护体系的建设与完善。党的十八大首次明确提出 "加强知识产权保护"，十九大进一步要求 "强化知识产权创造、保护和运用"，而《中华人民共和国国民经济和社会发展第十四个五年规划和 2035 年远景目标纲要》提出要 "加强知识产权保护，大幅提高科技成果转移转化成效"。党的二十大报告也明确指出 "深化科技体制改革，加强知识产权法治保障"，将知识产权制度视为推动全面创新的重要基础制度之一。这些顶层设计文件多次提及知识产权保护体系的建设，显示出随着全球科技创新格局的重大变化，知识产权保护在中国出口高质量发展的进程中将扮演更加重要的角色。当今时代，知识产权已成为国际贸易的 "标配"，也是中国对 "一带一路" 沿线国家发展更高层次开放型经济的重要引擎。因此，为实现 "一带一路" 沿线国家的优势互补、各展所长、共建高质量发展，我们需要采取一系列有效措施，其中之一就是加强知识产权的保护，以知识产权保护为抓手，积极推动高附加值的高技术产品出口到"一带一路"沿线国家。借助知识产权保护促进对外贸易出口的转型升级，可能成为推动中国实现高质量出口和贸易转型升级的破局之举。更进一步说，重视知识产权保护，探索其对高技术产品出口高质量发展的影响，对于实现中国高水平对外开放和可持续发展目标具有重要的战略意义。

随着全球经济交流不断增加，知识产权保护成为各国之间合作的重要议题。本书以出口高质量发展的现实背景为切入点，从创新能力和模仿能力的角度出发，探究中国知识产权保护水平对高技术产品在"一带一路"沿线国家的出口质量所产生的影响。同时，准确识别知识产权保护水平对不同目的国分类高技术产品出口质量的具体影响。研究了解知识产权保护对中国出口到"一带一路"沿线国家的高技术产品质量的影响，将为优化和调整知识产权保护政策提供科学依据，同时，这些研究结果也为中国经济融入全球化提供有力支撑。

1.1.2 研究意义

（1）理论意义

理论意义主要集中在以下三个方面：①知识产权保护水平对出口质量升级影响路径的理论基础。本书从理论上推导知识产权保护水平对产品出口质量影响的微观机制，并基于理论推导机制，构建产品出口质量决定模型。该模型提供了知识产权保护水平对产品出口质量影响的微观机制，为认识出口质量升级的影响路径奠定了基础。这有助于深入理解知识产权保护与出口质量之间的关系，为提升产品出口质量提供了理论支持。②基于创新能力和模仿能力，厘清知识产权保护水平对出口质量影响的形成机制。在机制分析的实证研究中，本书在理论框架中纳入创新能力和模仿能力两大因素，探究两大效应在出口质量中的作用途径。通过这种研究方法，识别出创新能力和模仿能力在出口质量中的作用途径，进一步理解知识产权保护水平对产品出口质量影响的机理。③构建回归模型，系统性探讨知识产权保护水平的变动对高技术产品出口质量的差异影响。利用变系数回归方法，并结合不同出口目的国和产品类型的分析，深入研究了知识产权保护水平对高技术产品出口质量的影响。这些研究结果为政府和企业提供了针对性的出口应对措施，不仅有利于高技术产品出口质量的提升，还有利于增强高技术产品的出口竞争力。

（2）现实意义实际应用价值主要集中在以下三个方面：①基于省级数据为政府、行业和企业提供大量微观数据资料。利用CEPII数据库和高技术产品细分类别出口层面的数据，测算出口产品质量，进而整理成数据资料库。这为相关部门提供了重要的数据支持，帮助其深入了解中国知识产权保护水平对高技术产品出口的影响，从而制定更加科学的政策和战略。②提供科学依据支持政策制定。通过系统研究知识产权保护对出口质量的创新效应和模仿效应，为企业选择自主创新或技术引进等行动策略提供更为科学的依据。同时，合理评估中国知识产权保护的效应，对于知识产权保护政策的调整以及企业发展策略的调整具有重要的现实意义。③促进企业出口高质量发展。针对中国知识产权保护体系建设提出针对性意见和建议，推动知识产权政策的进一步完善，这将为中国高技术产品出口质量提升提供全新的视角和参考。除此之外，研究结果有助于发挥知识产权保护对企业出口高质量发展的促进效应，也为企业更好落实知识产权强国建设纲要，激励创新创造提供参考。

1.1.3　研究目标

本书旨在通过理论分析和实证研究，以出口高质量发展为背景，结合创新和模仿两大视角，探究中国知识产权保护水平对高技术产品出口"一带一路"沿线国家质量的影响，为中国知识产权保护政策的推进和优化提供理论指导和经验证据，助力中国企业有效提升对"一带一路"沿线国家的出口质量。

（1）系统归纳和梳理与本书相关的文献和理论

在新新贸易理论的框架下分析知识产权保护对出口质量的影响机制，并提出两大假设，一方面为实证奠定了理论基础，另一方面拓展了理论研究的范畴，为未来更深入的研究提供了基础。

（2）全面且科学地计算知识产权保护水平

现有研究主要从宏观层面分析中国知识产权保护水平，而缺少对其在时间和地区上的变化特征的关注。本书选取知识产权保护立法层面、执法层面和社会环境层面作为一级指标范畴，在其下设9个二级指标和16个三级指标，利用熵值法构建省级知识产权保护水平综合指标。

（3）实证检验知识产权保护水平对高技术产品出口"一带一路"沿线国家质量的影响

通过探究自主创新能力和模仿能力在其中的中介作用，本书将分析知识产权保护水平对出口质量影响的具体路径和影响程度。同时，本书将进一步采用变系数模型，对知识产权保护水平的变化对不同类型高技术产品在不同目标国的出口质量产生的差异影响进行深入分析，对知识产权保护水平的变化对高技术产品出口质量的影响进行更加细致和精准的研究。

（4）为中国知识产权保护政策的推进和优化提供经验证据和理论指导

基于理论分析与实证研究得出的结论，结合计量模型中的主要经济变量，为提高出口质量提出相应的政策建议，并为中国知识产权保护改革的推进提供微观证据，同时为中国在"一带一路"沿线国家推进出口高质量发展提供参考意见。

1.2 研究主要内容和研究框架

1.2.1 研究主要内容

第 1 章为"绪论"，主要分为四部分内容：一是研究背景和研究意义；二是研究主要内容和研究框架；三是研究方法和研究重难点；四是研究创新之处。

第 2 章是"文献综述"，着重从四个方面对相关文献进行梳理：①从知识产权保护水平的测度角度进行研究。②关注出口质量的测度及其影响因素。在这方面，本章将深入探讨出口质量测度和出口质量影响因素两个层面的研究。③聚焦于知识产权保护对出口质量的影响。这一部分包含三个层面的研究：首先，从理论角度分析知识产权保护与贸易的关系；其次，探讨知识产权保护水平和出口贸易之间的联系；最后，研究知识产权保护水平对出口质量的影响。④关注高技术产品对"一带一路"沿线国家的出口。在这方面将从三个层面展开：首先，探讨高技术产品出口贸易；其次，研究"一带一路"倡议对经济发展的作用；最后，深入研究高技术产品对"一带一路"沿线国家的出口。综合以上研究视角，本章将提出本书的研究述评。

第 3 章是"中国知识产权保护水平的测度及演变"。本章主要运用熵值法对各省份的知识产权保护水平进行定量评估，并分析其变化趋势和空间特征，具体内容包括：①从立法、执法和社会环境三个方面构建知识产权保护的指标体系，并对各省份的知识产权保护水平进行测度和解释。②利用泰尔指数、自然间断点分级法、莫兰指数和时空跃迁法对知识产权保护的时空差异和动态演变进行深入分析。

第4章是"高技术产品对'一带一路'沿线国家出口的现状"。本章从以下两个方面分析我国高技术产品及其分类产品对"一带一路"沿线国家出口的情况和水平：①我国高技术产品及其分类产品对"一带一路"沿线国家出口额的规模、结构和变化趋势。②我国高技术产品及其分类产品对"一带一路"沿线国家出口质量的现状、分类高技术产品出口结构和变化趋势。

第5章为"知识产权保护水平对高技术产品出口'一带一路'沿线国家质量影响的研究"。本章侧重于从创新能力和模仿能力双维度考察知识产权保护水平对高技术产品出口"一带一路"沿线国家质量的影响，包括：①影响机制分析——从理论层面分析知识产权保护水平对出口质量的影响路径。②基准回归——知识产权保护水平对高技术产品出口质量影响的总体检验。运用我国高技术产品出口至"一带一路"沿线国家微观产品层面数据，实证检验我国知识产权保护水平对出口高技术产品质量的相关影响，并且采用一系列稳健性检验论证结论的稳健性。③影响渠道分析——知识产权保护水平对高技术产品出口质量的渠道检验。针对理论模型，基于创新能力效应和模仿能力效应，详细分析知识产权保护水平对高技术产品出口质量产生的直接影响和间接影响。④异质性检验——综合考虑不同产品类型和不同地区的异质性，实证分析知识产权保护水平对高技术产品出口"一带一路"沿线国家质量的影响的差异性表现。

第6章为"知识产权保护水平对高技术产品出口东盟国家质量的影响"。本章的目的是探讨知识产权保护水平如何影响不同类别高技术产品出口东盟各国质量的差异。本章内容分为三个部分：①介绍高技术产品对东盟十国出口质量的现状和特点。②运用多元回归模型，分析知识产权保护水平对高技术产品出口东盟十国质量差异的影响程度和方向。③通过替代变量、更换回归样本和更换回归方法三种方法，检验本章的基准回归结果的稳健性。

第7章为"知识产权保护水平对高技术产品出口西亚国家质量的影响"。本章的目的是探讨知识产权保护水平如何影响不同类别高技术产品出口西亚各国质量的差异。本章内容分为三个部分：①介绍高技术产品对西亚十八国出口质量的现状和特点。②运用多元回归模型，分析知识产权保护水平对高技术产品出口西亚十八国质量差异的影响程度和方向。③通过替代变量、更换回归样本和更换回归方法三种方法，检验本章的基准回归结果的稳健性。

第8章为"知识产权保护水平对高技术产品出口中东欧国家质量的影响"。本章的目的是探讨知识产权保护水平如何影响不同类别高技术产品出口中东欧各国质量的差异。本章内容分为三个部分：①介绍高技术产品对中东欧十六国出口质量的现状和特点。②运用多元回归模型，分析知识产权保护水平对高技术产品出口中东欧十六国质量差异的影响程度和方向。③通过替代变量、更换回归样本和更换回归方法三种方法，检验本章的基准回归结果的稳健性。

第9章为"知识产权保护水平对高技术产品出口南亚国家质量的影响"。本章的目的是探讨知识产权保护水平如何影响不同类别高技术产品出口南亚各国质量的差异。本章内容分为三个部分：①介绍高技术产品对南亚八国出口质量的现状和特点。②运用多元回归模型，分析知识产权保护水平对高技术产品出口南亚八国质量差异的影响程度和方向。③通过替代变量、更换回归样本和更换回归方法三种方法，检验本章的基准回归结果的稳健性。

第10章为"知识产权保护水平对高技术产品出口中亚国家质量的影响"。本章的目的是探讨知识产权保护水平如何影响不同类别高技术产品出口中亚五国质量的差异。本章内容分为三个部分：①介绍高技术产品对中亚五国出口质量的现状和特点。②运用多元回归模型，分析知识产权保护水平对高技术产品出口中亚五国质量差异的影响程度和方向。③通过替代变量、更换回归样本和更换回归方法三种方法，检验本章的基准回归结果的稳健性。

第11章为"知识产权保护水平对高技术产品出口独联体主要国家质量的影响"。本章的目的是探讨知识产权保护水平如何影响不同类别高技术产品出口独联体主要国家质量的差异。本章内容分为三个部分：①介绍高技术产品对独联体主要国家出口质量的现状和特点。②运用多元回归模型，分析知识产权保护水平对高技术产品出口独联体主要国家质量差异的影响程度和方向。③通过替代变量、更换回归样本和更换回归方法三种方法，检验本章的基准回归结果的稳健性。

第12章是本书的结论和政策建议部分。本章首先回顾了本书的主要内容和研究观点，概括了知识产权保护水平对高技术产品出口的影响机制和效应。其次，针对本书关注的问题，提出了一些具体的政策建议，包括如何优化知识产权保护制度，如何提高高技术产品出口"一带一路"沿线国家的质量水平，以及如何促进高技术产品出口与"一带一路"倡议的协调发展等。最后，本章指出了本书存在的不足之处，以及未来研究可以进一步探讨的方向。

1.2.2　研究框架

本书研究框架如图1-4所示。

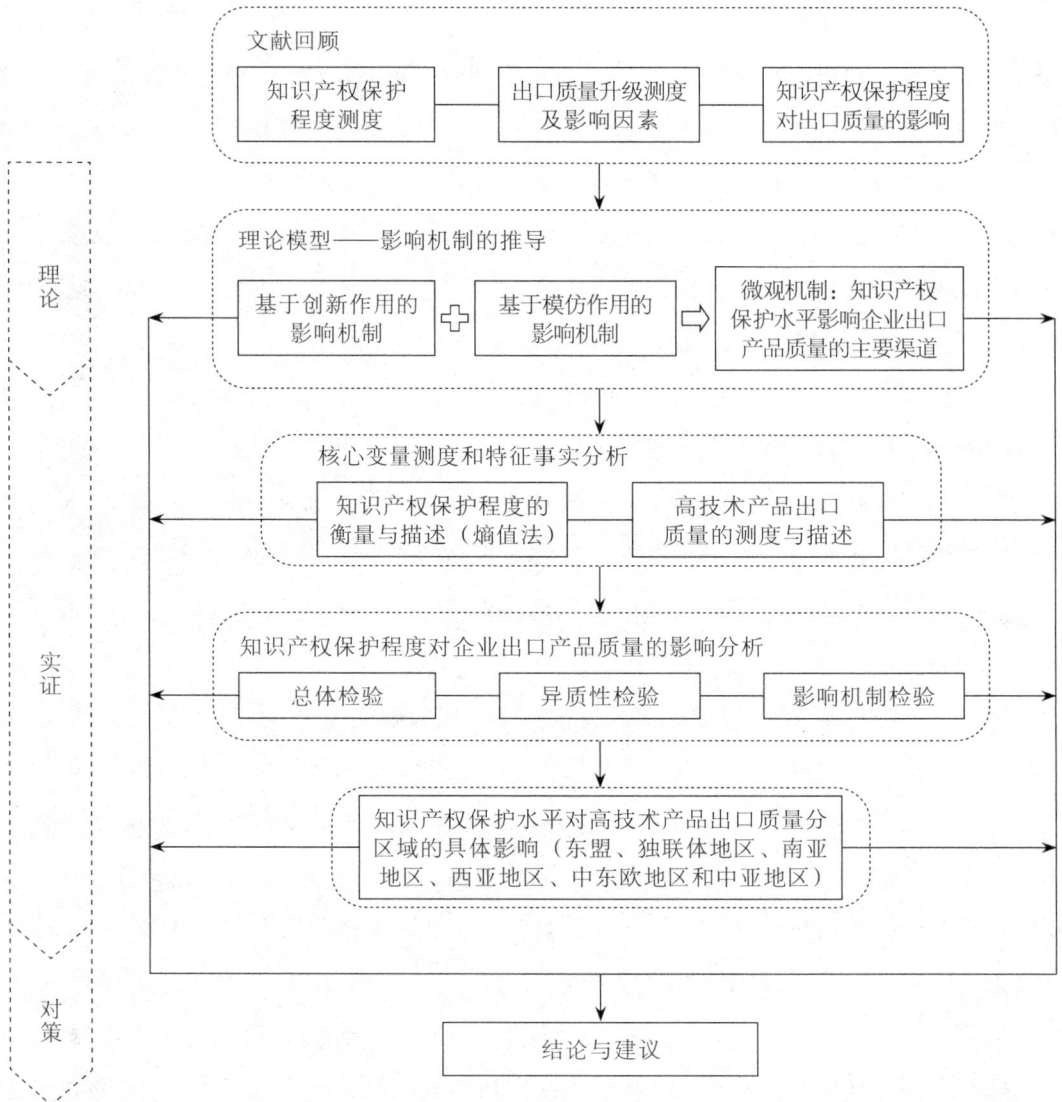

图1-4　本书研究框架

1.3　研究方法和研究重难点

1.3.1　研究方法

（1）理论研究与实证检验相结合

本书采用了理论分析和实证检验相结合的方法。首先，通过理论层面的分析，本书揭示了知识产权保护水平对产品出口质量的影响机制和制约条件，深入探究了知识产权保护与出口质量之间的关系。其次，从高技术产品的角度，利用国际贸易数据和专利等信息，构建了计量模型，对知识产权保护对出口质量的影响进行了实证检验，验证了理论分析的结论。最后，本书根据理论分析和实证检验的结果提出了相关政策建议和未来研究展望。通过这种综合性的研究方法，本书对知识产权保护与产品出口质量之间的关系进行了全面深入的探讨，为政策制定和实践提供了有价值的参考和借鉴。

（2）定性分析与定量分析相结合

在分析知识产权保护对出口质量的影响渠道和作用机理时，本书结合了定性和定量的分析方法。定性分析方法帮助我们深入理解知识产权保护的概念、类型和特征，以及它与出口质量之间的关系。通过定性分析，可以全面把握知识产权保护对出口质量的影响机制，从理论层面探讨其可能的作用途径。同时，本书收集了与研究主题相关的数据信息，运用定量分析方法，对数据进行了描述性统计，构建了适当的计量模型，并利用回归分析软件进行了参数估计。通过定量分析，本书更准确地衡量了知识产权保护对出口质量的实际影响程度，揭示了其影响方向以及作用的强弱程度。

（3）比较分析与综合分析相结合

本书通过将创新能力和模仿能力纳入产品出口质量考量因素，并结合成本收益模型，深入分析了知识产权对企业出口产品质量影响的微观机理。在研究过程中，对产品成本因素进行综合分析，以更加准确地评估知识产权保护对产品出口质量的作用过程。这样的综合研究方法为深入理解知识产权保护与出口产品质量之间的关系提供了有益的洞察。同时，本书提出了知识产权保护对产品出口质量影响的可能路径假设，为进一步研究提供了理论基础。

1.3.2　研究的重点和难点

理论研究的重点具体包括两方面：①创新效应和模仿效应的影响机理。本研究将重点厘清知识产权保护水平对产品出口质量影响的机理、逻辑和内涵。通过考虑创新效应和模仿效应，研究知识产权保护如何影响企业的创新能力和模仿能力，从而进一步了解其对产品出口质量的影响过程。这将有助于深入理解知识产权保护与出口质量之间的关联机制，为提高产品出口质量提供理论指导。②本研究将产品质量引入成本和收益分析，提出基于创新能力效应和模仿能力效应的间接影响机制。通过考虑消费者对产品质量的偏好和需求，从知识产权角度重新解释了产品出口质量变化的可能路径。这一研究方法为后续的实证研究奠定了理论基础，有助于更全面地理解知识产权保护对出口质量的影响路径。

实证研究的重点具体包括三方面：①稳健性检验。本书将对基准回归结果进行稳健性检验，采用替代变量、更换回归样本和更换回归方法三种方法进行检验。通过这些稳健性检验，验证研究结果的鲁棒性和可靠性，确保所得结论在不同条件下仍然成立。②异质性检验。本书将考虑不同产品类型、不同出口目的国等异质性因素，并将其纳入分析框架。通过实证分析，揭示知识产权保护水平对高技术产品出口质量影响的异质性表现。这有助于更细致地了解不同因素对知识产权保护与出口质量关系的影响差异。③其他控制变量的考虑。在实证研究中，还将充分考虑其他可能影响出口质量的控制变量。通过控制这些变量，确保研究结果对知识产权保护与出口质量之间的因果关系更具说服力和准确性。

本研究的难点包括两方面：①理论模型的推导。引入产品质量的成本与收益分析，将产品质量纳入成本与收益分析，考虑企业在提高产品质量上所需投入的成本和由此带来的收益。这有助于理解企业在决定产品质量时所面临的经济考虑和权衡。除此之外，将创新能力和模仿能力纳入理论模型，以描述企业在技术创新和技术模仿方面的能力水平。这将帮助我们理解知识产权保护对企业创新和模仿行为的影响。②工具变量的选择。考虑到本研究基准回归中可能存在内生性问题，比如控制变量可能存在遗漏问题、指标测度可能存在误差和自变量与应变量可能会存在互为因果关系等问题，内生性检验成为研究中的又一难点，为了确保研究结果的可靠性和准确性，本研究将对其进行详细的内生性检验。

1.4 研究创新之处

在研究视角方面，本书着眼于我国的知识产权保护水平，揭示其对高技术产品出口质量的影响，并在一定程度上对出口质量新的影响因素进行了探索，从而拓展了新新贸易理论的研究范畴。

在研究方法方面，本书打破了过去使用改良的G-P指数和其他替代性国家层面指标来衡量知识产权保护水平的做法，尝试性地引入熵值法，基于省级层面数据从微观层面测度了我国的知识产权保护水平。同时，本书构建了知识产权保护对"一带一路"沿线国家高技术产品出口质量影响的微观产品样本。这一方法不仅弥补了现有文献基于宏观层面研究的不足，还赋予了我国知识产权保护水平更丰富的内涵。

在研究机制方面，本书从创新能力和模仿能力两个视角剖析了知识产权保护水平对出口质量的影响机制。这为厘清知识产权保护对出口质量提升效应的形成机制提供了理论基础。通过综合考察知识产权保护水平对中国高技术产品出口质量的影响，本书弥补了现有文献在影响机制研究层面的不足。

在异质性分析方面，本书充分考虑了知识产权保护水平对不同类别高技术产品出口质量的影响，同时对"一带一路"沿线不同目的地对出口质量产生的差异性影响进行了深入研究。通过应用变系数模型，本书揭示了知识产权保护水平对出口质量在不同群体中的异质性表现。这种异质性分析有助于更全面地理解知识产权保护水平对高技术产品出口质量的影响。

第2章　文献综述

目前，国内外越来越多的学者开始关注知识产权保护与产品出口之间的关系，并深入探究了知识产权保护对产品出口规模、技术复杂度以及出口种类等方面的影响。尽管现有研究在一定程度上已经较好地考察了知识产权保护对中国企业出口相关指标的影响，但从出口国视角考察知识产权保护对产品出口质量的影响的研究相对较少，特别是关于知识产权保护对高技术产品出口至"一带一路"沿线国家质量影响的研究，学者们尚未予以足够重视。本书旨在围绕这一研究主线，从知识产权保护水平的测度、出口质量的测度以及其影响因素的分析等方面进行文献梳理，重点关注知识产权保护水平对产品出口质量的影响，尤其是我国高技术产品出口至"一带一路"沿线国家质量的情况。

2.1　关于知识产权保护测度的研究

在现有文献中，对于知识产权保护水平的测度方法主要集中在国家层面，通过对知识产权立法和执法等方面进行评分，并得出一个综合指数来衡量。如 Rapp 和 Rozek（1990）、Ginarte 和 Park（1997）、Ostergard（2000）以及 Park（2008）等，采用可量化的标准设计了知识产权保护水平（IP）指数。国内亦有不少学者对中国知识产权保护水平进行了测度，其中较有代表性的是韩玉雄和李怀祖（2005）。然而，现有的 G-P 指数仍然存在一些无法克服的缺陷。首先，存在数据缺失问题，因为 G-P 指数每 5 年更新一次，许多文献只能通过插补法来填补空缺年份的知识产权保护水平，这可能导致得到的结果与实际情况存在较大差异（尹志峰等，2013；余骁，2017）。其次，该指数缺乏对法律实施的全面测度，很多研究仅仅基于知识产权立法的完整性，而未考虑实际执法状态，因此无法准确反映知识产权保护的实际执行情况。因此，仅仅从立法层面对知识产权保护水平进行测度是不够准确的。

在现有文献中，针对 G-P 指数的不足，学者们主要采取了两种路径进行解决。第一种路径是在 G-P 指数的基础上进行完善或修正，以提高其准确性和全面性。例如，研究者们会对数据缺失问题进行更加严谨的处理，采用更可靠的插补方法来填补空缺年份的知识产权保护水平。同时，后续研究进一步拓展知识产权保护指标的考量范围，将实际执法状态纳入评估体系，以更全面地反映知识产权保护水平的实际情况。另一种路径是针对 G-P 指数的缺点，寻找并使用知识产权保护水平的替代指标。这些替代指标可能包括更多维度和更全面的数据，涵盖知识产权保护的不同方面，从而更全面地评估国家知识产权保护的状况。

在第一种路径下，国外研究中具有代表性的是 Hu 和 Png（2013）提出的有效专利指数，常被称为"Fraser 指数法"，该指数是将 G-P 指数与加拿大弗雷泽研究所（Fraser Institute）发布的反映国家层面法治系统与产权保护及安全性的指数相乘。相较于 G-P 指数，该方法既能反映专利法的立法现状，又能反映其执行水平。随后，Ivus 和 Park（2019）将知识产权改革起始年份选定，以国内知识产权法律法规的调整涵盖 Park（2008）构建 G-P 指标时所用各项标准作为依据，将知识产权改革的数据作为虚拟变量，来衡量知识产权保护的水平。国内研究中具有代表性的是孙赫（2015）编制的指数，常被称为"修正的 G-P 指数"，该指数针对 G-P 指数指标覆盖度不足的缺陷进行了修正，构建了一种反映知识产权执法水平的度量方法。随后，施炳展和方杰炜（2020）以《与贸易有关的知识产权协议》（Agreement on Trade-Related Aspects of Intellectual Property Rights）框架下发展中国家开展知识产权改革的准自然实验为背景，基于 Ivus 和 Park（2019）的研究方法，将 34 个国家知识产权改革数据设定为虚拟变量，将知识产权改革起始年份及其后续年份设定为 1，其余年份设定为 0，从而测度了我国的知识产权保护水平。张志彬等（2023）借鉴仇云杰等（2016）的研究方法，以知识产权保护的立法强度和执行强度的乘积衡量知识产权保护强度，在执行强度层面，通过测算各地区经济发展水平、社会法治化程度等 5 个指标的算术平均值衡量知识产权保护的执行强度。顾晓燕和朱玮玮（2023）关于知识产权保护执法水平的测算又借鉴李平和史亚茹（2019）的方法，从法治化程度、法律完备程度、国际监督、经济发展水平、政府执法态度、公民法律保护意识六个方面综合衡量。王钰和胡海青（2023）同样基于司法保护水平、知识产权保护执法力度、知识产权中介机构情况、知识产权市场规范程度和知识产权保护社会意识五个角度界定指标数据对我国知识产权保护水平进行测度。卿陶（2020）、卿陶（2021）、黄先海和卿陶（2021）以及庄子银等（2022）均基于不同维度，如知识产权司法保护水平、知识产权行政执法保护力度、知识产权社会保护水平、知识产权市场规范化程度、知识产权企业和个人保护意识等方面运用不同方法对知识产权保护水平进行了测度。

在第二种路径下，研究者通过获取国家专利制度执行层面的可量化指标以及管理者对知识产权保护的认识评价来计算知识产权保护水平。其中，具有代表性的是使用国际专利制度强度（PSS）和专利执法指数（PEI）来替代 G-P 指数衡量知识产权保护水平。国际专利制度强度旨在通过量化知识产权的测度来计算不同国家间知识产权实施质量的差异。而专利执法指数将知识产权执法程度分解为服务、保护和监测的子指数，从而更加精准地比较执法水平的强弱。因此，这两种指数可以有效地作为 G-P 指数的补充，更全面地评估知识产权保护水平。余长林（2011）为了克服 G-P 指数在衡量知识产权保护强度方面存在的缺陷，提出了需要采用多种方法来进行评估。除了借鉴韩玉雄和李怀祖（2005）对 Ginarte 和 Park（1997）以及 Park（2008）提出的知识产权保护指数的扩展方法外，还引入了国外专利申请量作为衡量知识产权保护强度的另一指标。该研究采用中国在出口国的专利申请量来衡量中国知识产权保护的强度。这种方法是基于 Awokuse 和 Yin（2010）的研究提出的，认为国外专利申请数量的增长可以反映中国专利保护的改善情况。这样的综合方法有助于弥补 G-P 指数在衡量知识产权保护强度方面的不足，也为全面和准确地评估中国知识产权保护现状提供了新的视角。

通过对现有文献的回顾，可以看出学者们已经从多个角度对知识产权保护水平进行了测量方法的完善。然而，由于缺乏统一的测量标准，不同研究结果存在差异。此外，现有研究主要集中在宏观层面对中国知识产权保护水平进行分析，而较少关注其在微观层面如时间和地区上的变化特征。为了更全面地探究中国知识产权保护水平的空间异质性和时间动态变化，本书采用了多角度、多层次的知识产权保护指标体系进行动态分析，通过综合考量不同维度的指标数据来衡量知识产权保护水平。

2.2　关于出口产品质量测度及其影响因素

2.2.1　出口产品质量的测度

根据我国 GB/T19000 标准，产品质量是指满足要求的一组固有特性。按照国际标准化组织 ISO8402—1994 的定义，产品质量是指产品反映实体满足明确和隐含需要的能力和特性的总和。简言之，产品质量是指产品在满足客户需求和期望方面的表现，包括功能、性能、外观、可靠性、安全性等方面，同时也涵盖环境适应性、耐用性、维修性、标准化程度等特征。产品质量的高低直接影响着产品的市场竞争力和企业的经济效益。

近年来，随着新新贸易理论的发展，出口产品质量已成为世界经济学和国际贸易学等多个学科领域研究的重要前沿问题（Hallak，2006；Verhoogen，2008；Khandelwal，2010；Hallak 和 Schott，2011）。在衡量出口产品质量方面，早期文献多采用单位价格作为代理变量。Schott（2004）认为产品质量和单位价格之间存在正相关关系，即价格越高代表着产品质量越好。因此，研究者可以利用产品的价格指数来衡量产品的质量，即高投入生产成本的产品拥有更高的单位价值，因此其产品质量更好，研究发现美国制造业进口产品的单位价值存在显著差异，尤其是资本和技能丰富的国家出口的产品单位价值更高。Hummels 和 Klenow（2005）以单位价值来表示质量，研究大国贸易的"量"和"质"是否超越小国。结果表明，富裕国家倾向于以较高价格出口更多产品，因此其出口产品不仅质量更高，而且数量也更多。Hallak（2006）同样采用价格来代替产品品质，利用纯净和非纯净价格指数来表示出口产品质量，通过更精细地划分产品价值，测量产品质量。然而，随后 Hallak 和 Schott（2011）提出了一种新的方法，利用贸易余额中的信息将观察到的出口价格分解为质量和质量调整的组成部分。在保持观察到的出口价格不变的情况下，他们发现贸易顺差国家的出口产品质量高于贸易逆差国家。同时，在考虑了横向和纵向差异对贸易平衡的影响后，他们使用 1989—2003 年的数据进行实证检验，回归结果显示双边单位价值比率可能近似等于双边相对质量的差异。综上所述，上述文献均倾向于使用单位价格来衡量出口产品的质量。尽管初期使用价格来衡量产品质量的方法为研究提供了一定的启示，但随着对产品质量问题的深入研究，学者们逐渐认识到单纯用价格来代表产品质量存在一定的缺陷，因为影响产品质量的因素远不仅限于价格，还包括政府政策、关税、贸易壁垒等多方面因素。因此，在研究产品质量时，必须综合考虑多个因素的影响，以获得更为准确、全面的结论。

学者们开始探索衡量出口产品质量更科学的方法。Grossman 和 Helpman（1991）、Kremer（1993）提出了垂直质量模型，强调同种产品的质量差异通过影响市场份额的差异来衡量，该模型主要用于解释国家之间的生产、消费和收入差距。Khandelwal（2010）以及 Khandelwal 和 Lapham（2013）的研究在 Hallak 和 Schott 的工作基础上引入了衡量产品质量的其他因素，从而超越了仅使用单一变量"价格"来评估出口产品质量的方法。Khandelwal（2010）将市场份额作为一个衡量质量的因素纳入模型，揭示了产品质量不仅仅取决于价格的情况。Khandelwal 和 Lapham（2013）则采用嵌套 Logit 方法，弥补了将产品质量等同于单位价值的缺陷，并通过综合考虑产品质量和价格，分析了它们对出口份额的影响，并测算了每一种产品的质量水平。这些研究进一步丰富了对产品质量影响因素的理解，并为更全面地评估产品质量提供了重要的方法学改进。

随着研究的深入，Hallak 和 Sivadasan（2009）、Krugler 和 Verhoogen（2012）等学者在新新贸易理论框架下，利用异质性企业动态模型研究企业出口产品质量的决定机制。最终，他们提出了反事实推理的方法，该方法假设产品的数量和质量都能给消费者带来效用，并引入常替代弹性效用函数（CES）来衡量产品质量。该方法是目前较为普遍的产品质量测度方法，被许多学者广泛采用，如施炳展和邵文波（2014）、谢建国和章素珍（2017）、程凯（2022）、李文霞等（2023）、李文霞和金缀桥（2023）等。其中，施炳展和邵文波（2014）采用事后反推法计算出口产品质量，为国内相关领域的学术分析奠定了基础。

2.2.2　出口产品质量的影响因素

随着出口产品质量测度方法的不断完善，学者们对出口产品质量的影响因素进行了广泛探索，使研究视角更加全面。例如，殷德生（2011）的研究聚焦于中国入世以来出口产品质量升级的变动趋势与决定因素。在影响因素的研究方面，自由贸易协定、贸易自由化、出口加工区、反倾销、目的国经济政策的不确定性、对外直接投资、企业生产率和企业所有制等因素都被认定为决定出口产品质量升级的重要因素。

在自由贸易协定方面，根据王明涛和谢建国（2019）的研究结果，自由贸易协定对中国出口产品质量有着明显的影响。研究利用中国出口到自贸协定成员的 HS4 分位产品数据发现以下几个关键点：首先，加入自由贸易协定对中国出口的农产品质量有积极的影响，使其呈现上升趋势。其次，自由贸易协定对中低收入国家和亚洲国家的产品质量有较大的提升作用。最后，自由贸易协定对不同产品类型的影响因产品技术类型、与世界质量前沿的距离和出口竞争力而异。

在贸易自由化方面，贸易自由化对于出口产品质量的研究通常采用关税作为度量指标。Bas 和 Strauss-Kahn（2015）以及汪建新（2014）使用中国海关 HS6 分位数据，对进口关税削减与地区出口产品质量之间的关系进行了实证检验，研究发现关税削减促进了前沿产品的出口质量提升。这表明贸易自由化程度与出口产品质量之间存在着显著的正相关关系。此外，还有其他学者对贸易自由化程度与出口产品质量之间的关系进行了研究。刘晓宁和刘磊（2015）利用中国进口关税数据、工业企业数据以及海关出口数据，对贸易自由化对出口产品质量升级的影响效应进行了微观层面的探讨和实证检验。研究结果表明，贸易自由化对那些靠近世界质量前沿的企业产品质量升级产生了积极的影响。Huang 等（2020）以及 Zhang 等（2022）的研究结果同样显示贸易自由化程度，包括关税壁垒和非关税壁垒的降低，对出口产品质量产生了显著影响。

在出口加工区方面，徐美娜等（2019）将倍差法和倾向得分匹配法两种方法有效结合，研究了出口加工区的建立对所在城市企业出口产品质量的影响。研究结果显示，出口加工区的建立对企业的出口产品质量升级产生了抑制作用。这表明尽管出口加工区有利于扩大出口规模，但其可能对企业产品质量的提升产生了一定的限制作用。

在反倾销方面，谢建国和章素珍（2017）的实证研究发现，反倾销调查对中国出口产品质量的升级也产生了抑制效应。这意味着企业一旦面临反倾销调查，可能面临更严格的质量要求，导致产品质量升级的步伐减缓或受到限制。

在目的国经济政策不确定性方面，张兵兵和田曦（2018）利用 2000—2013 年间涵盖美国等 11 个目的国的经济政策不确定性指数和海关贸易数据，探究了目的国经济政策不确定性对企业出口产品质量升级的影响。研究结果表明，目的国经济政策不确定性对企业出口产品质量的提升起到了促进作用。此结果经过稳健性检验后仍然具有合理性。

在对外直接投资方面，杜威剑和李梦洁（2015）基于中国微观企业数据，实证检验了对外直接投资对出口产品质量的影响，并得出了对外直接投资有助于提升企业出口产品质量的结论。这意味着参与对外直接投资的企业在出口过程中往往能够生产和提供更高质量的产品。另外，程凯和杨逢珉（2019）在他们的研究中也得出了相同的结论，即对外直接投资对企业出口产品质量的提升有积极的影响。这两个独立的研究结果互相印证，表明对外直接投资对出口产品质量的改善具有普遍性和重要性。此外，国外学者 Li 等（2021）以及 Anwar 和 Sun（2018）也进行了关于外商投资对出口质量的影响的研究。尽管具体研究细节未给出，但从研究结论来看，外商投资的增加对提升出口产品质量会产生积极的效果。可以看出，多项研究均表明对外直接投资对于企业出口产品质量的提升有着显著的积极影响。

在企业生产率方面，Verhoogen（2008）提出了新的质量升级机制，将发展中国家的工资不平等与国际贸易有效结合，并以墨西哥制造厂的数据为基础，实证检验了生产率与产品质量之间的关系，发现企业生产率与产品质量呈正相关关系。施炳展和邵文波（2014）利用中国微观企业数据，探究了出口产品质量的影响因素。研究结果表明，企业生产率的提升对出口产品质量的提高起到了促进作用。这意味着生产率水平的提升可以带动企业生产高质量产品，从而增强其在国际市场的竞争力。

在企业所有制方面，张杰等（2015）的研究利用中国海关贸易数据，发现私营企业的出口产品质量呈现轻微下降趋势，而其他所有制企业表现出上升趋势。值得注意的是，王海成等（2019）以国有企业改革为切入点，研究发现国有企业改革有助于提高企业的出口产品质量。这表明国有企业改革可能带来管理和技术水平的提升，从而促进了企业产品质量的提高。

除了上述视角以外，已有学者聚焦相对较新的研究领域探讨出口产品质量的影响因素，目前相关的研究文献相对较少，如：进口中间品会对出口质量产生影响（汪建新等，2015；李方静，2016；马述忠和吴国杰，2016；刘海洋等，2017；许家云等，2017；邓国营等，2018；李秀芳和施炳展，2016）。贸易便利化对出口产品质量产生影响也是近几年研究热点之一，杨逢珉和程凯（2019）的研究显示贸易便利化对出口产品质量有促进作用；贸易便利化对中国企业进出口产生了多重影响，特别是在考虑进口中间产品的质量和数量对企业出口产品质量的影响的情况下。

除此之外，还有其他因素会对企业出口产品质量产生影响。例如，企业生产过程中的中间品投入和生产率（Zhang 等，2022），以及要素禀赋，包括资本劳动比率、资本密集程度、人力资本等（Zhu 和 Fu，2013；施炳展等，2013；程锐和马莉莉，2020），也会影响出口产品质量。此外，外部环境因素如汇率波动（Hu 和 Parsley，2021；余淼杰，2017）、补贴（施炳展等，2013；张洋，2017）以及基础设施建设（马淑琴等，2018；陈少铭和邱婉馨，2017）等，也会对出口产品质量产生影响。

2.3　关于知识产权保护对出口产品质量影响的研究

2.3.1　知识产权保护与贸易之间关系的理论探析

早期文献主要集中在理论分析知识产权保护与贸易之间的关系（Chin 和 Grossman，1988；Ginarte 和 Park，1997；Markusen，2001）。Maskus 和 Penubarti（1995）的研究指出，加强知识产权保护对出口贸易有着双重影响。首先，知识产权保护的加强限制了进口国企业模仿进口产品技术的能力，导致模仿成本增加，从而为出口企业的贸易产品提供保护，进而增加了进口国对国外创新产品的需求。这表现为知识产权保护的"市场扩张效应"，有利于促进出口。其次，加强知识产权保护降低了国外创新产品的需求价格弹性，增加了出口企业的垄断势力。这可能会阻碍出口，表现为知识产权保护的"市场势力效应"。由于这两种效应存在相互制衡的关系，知识产权保护对贸易的具体影响在理论上呈现出不确定性。因此，深入揭示二者之间的关系需要结合实证研究进行综合分析。

2.3.2　知识产权保护和出口贸易之间的联系

在知识产权作为影响因素的实证研究中，有一部分文献主要关注知识产权保护对企业自主创新、外商直接投资以及经济增长的影响，例如：Schumpeter（1942）认为，知识产权保护增强虽然在一定程度上造成了技术壁垒和行业垄断，但进一步促进了创新。Aghion 等（2013）也指出，由于超越竞争效应的存在，知识产权保护增强通过增加创新成功后的利润，激励企业进行创新。Kafouros 等（2015）认为，知识产权保护增强有利于企业间的研发合作，从而促进企业创新。尹志峰等（2013）指出，本国知识产权保护水平的提升可促进企业创新，实现技术升级，得到类似结论的还包括沈国兵和黄铄珺（2019）、吴超鹏和唐菂（2016）。除此以外，庄子银和李宏武（2018）指出"美国337调查"显著激励了中国高技术企业的创新活动，表明国外知识产权保护的加强会对我国相关企业创新产生影响，郭小东和吴宗书（2014）也得出类似结论。在外商直接投资方面，知识产权保护对 FDI 流入有显著的正向影响（代中强、王安妮和李娜，2018），这一结论在城市层面依然成立（沈国兵和黄铄珺，2019），但尹志锋等（2013）指出知识产权保护并不能通过吸引外资来间接促进企业创新。在经济增长方面，姜南、单晓光和漆苏（2014）指出知识产权密集型产业对一国经济发展水平至关重要，刘勇和周宏（2008）也提出类似观点，但其同时指出这种促进作用和国家经济发达程度呈正相关。此外，部分学者考察了知识产权保护对进出口贸易企业生产率（Lai et al.，2020）、企业新产品出口强度（卜文超和盛丹，2022）等方面的影响。尽管知识产权保护在国际贸易中具有重要的影响，但对于这两者之间确切关系的深入研究仍然相对不足。

关于本国知识产权保护水平对出口流量的影响，Foster（2014）的研究发现，知识产权保护通过市场势力效应对贸易的集约边界产生负面影响。具体而言，知识产权保护的强化可能导致跨国企业形成市场垄断，通过减少出口数量和提高出口产品价格以获取垄断利润。此外，知识产权保护还可能强化技术垄断，抑制技术溢出和知识扩散，从而对技术创新和贸易发展产生不利影响。然而，知识产权保护对出口贸易的总体影响是复杂的，并且受到市场扩张和势力效应之间的相互作用影响。根据 Braga 和 Fink（1999）的经验研究，知识产权保护与高科技产品出口贸易之间并不存在显著正相关关系。这表明在特定情况下，知识产权保护对出口贸易的影响可能并不明显。目前对于知识产权保护对贸易流量的影响仍存在较多争议，因此需要进行深入的实证分析以得出准确的结论。

除了知识产权保护对贸易流量产生影响外，学者们也对知识产权保护与进出口贸易之间的其他关系进行了实证研究。其中，研究重点包括进口国知识产权保护对进口规模（Smith，1999）、进口边际（魏浩和巫俊，2018）、进口结构（Ivus，2010）以及进口产品质量（Kiedaisch，2015）的影响。同时，也探讨了出口国知识产权保护对出口规模（Rafiquzzaman，2002）、出口产品质量（Glass 和 Wu，2007）以及出口产品技术复杂度（Mokyr，2009）的影响。然而，对于国外知识产权保护对出口贸易的综合影响，学术研究更为有限，少数研究者认为国外知识产权保护也会对本国的进出口贸易产生影响（Briggs，2013）。魏浩和王超男（2023）的研究探讨了出口目的地知识产权保护水平变化对多产品企业出口产品组合调整的影响。研究结果表明，加强出口目的地的知识产权保护不仅会使中国多产品企业增加出口产品种类，还促使企业扩大出口核心优势产品的份额。增加出口产品种类明显促进了出口产品质量的提升，而增加核心优势产品的出口则对出口产品质量的提升产生抑制作用。综合来看，多产品企业在调整出口产品组合后，整体上呈现出口产品质量升级的正向效应。

2.3.3　知识产权保护水平对出口产品质量的影响

近年来，知识产权保护水平对出口产品质量的影响已引起众多国内外学者的关注。然而，直接探讨二者间关系的研究仍相对有限。目前，相关文献中大部分采用质量阶梯模型进行研究。例如，Grossman 和 Helpman（1991）运用质量阶梯模型发现企业通过创新提升生产技术水平，从而促进产品质量的提升。相反，Kiedaisch（2015）也运用质量阶梯模型发现，过强的知识产权保护可能由于竞争者数量减少而导致创新速度下降，从而不利于产品质量的升级。另外，Glass 和 Wu（2007）则认为知识产权保护能够降低恶意模仿的概率，提高行业的平均创新率，从而促进产品质量的升级。尽管研究仍然相对有限，但这些采用质量阶梯模型的研究成果为我们提供了对知识产权保护水平与出口产品质量之间关系的初步认识。

除了质量阶梯模型，还有一些不依赖该模型的研究探讨了知识产权保护水平对出口产品质量的影响。例如，Li 等（2021）以 2007 年颁布的《中华人民共和国物权法》为例，考察了知识产权保护水平对出口产品质量的影响，发现知识产权保护水平提高了一个国家的出口产品质量，从而增强了其国际竞争力。Song 等（2021）发现知识产权保护水平通过创新效应和门槛效应两种相反的方式影响企业的出口产品质量，前者促进质量升级，而后者抑制质量升级。尽管直接研究知识产权保护与企业出口产品质量关系的文献相对较少，但已经取得了一定的研究进展。

近年来，国内学者开始从微观角度研究知识产权保护对出口产品质量的影响。林秀梅和孙海波（2016）的研究通过引入外生模仿率，探讨了知识产权保护强度与产品质量升级之间的关系，并在理论层面证明了二者之间的非线性关系。随后，文章结合我国制造业经济数据，采用系统 GMM 估计方法，对知识产权保护强度对制造业出口产品质量升级的影响进行了实证检验。研究结果显示，知识产权保护强度与制造业出口产品质量之间存在着"倒 U"形关系。蔡玲和申君歌（2018）运用嵌套 Logit 模型，对中国对"一带一路"沿线国家的制造业出口产品质量进行了测算，并利用中国 2004—2014 年的省际面板数据研究了知识产权保护对出口产品质量的影响。经过控制内生性和其他因素的影响后，研究结果显示，中国省级知识产权保护水平对中国出口到"一带一路"沿线国家的产品质量产生了稳定且正向的影响。盛佩琪等（2019）、卿陶（2020）同样采用企业层面数据，发现知识产权保护通过创新促进出口产品质量升级。Dong 等（2022）基于 2008—2013 年的中国企业层面的面板数据，实证检验了知识产权保护水平对出口产品质量的影响，影响方式包括研发投入的加强、新产品的开发和财务约束的减轻，实证结果表明，知识产权保护水平的提升有利于资本密集程度较低的企业和创新密集型企业提升出口质量。李文霞和金缀桥（2023）利用 CEPII 中 2002—2019 年产品层面数据，实证检验中国知识产权保护对高技术产品出口质量的影响及其作用机制。研究发现，提高知识产权保护水平可显著提升中国高技术产品的出口质量，其作用机制主要是通过提高市场创新能力、降低贸易成本而实现。盛丹等（2023）利用 2000—2013 年中国工业企业和海关数据库，将市级层面专利代办处的设立作为准自然实验，采用跨期双重差分方法，对理论假说进行了验证。研究结果显示，市级专利代办处的设立缩短了专利审批时间，提高了专利审查效率，增强了知识产权保护，对我国出口产品质量有显著的正向影响，并且这一影响具有时间持续性。这些研究为我们深入了解知识产权保护对出口产品质量的影响提供了重要的参考。

2.4　关于高技术产品对"一带一路"沿线国家出口的研究

2.4.1　高技术产品出口贸易

高技术产业由于其研发投入高、技术含量高等特点，被视为战略性产业。其中，高技术产品作为技术密集型和知识密集型产业的重要组成部分，代表了一个国家的经济实力和创新能力，对其国际竞争力的提升至关重要（牛华等，2020）。在研究高技术产品贸易方面，曲如晓（2020）基于 2000—2016 年 82 个高技术产品主要贸易国家的双边贸易数据，运用社会网络分析方法对世界高技术产品贸易网络特征及中国的贸易地位进行了探讨。研究发现，中国虽然具有较密切的贸易关系和较高的贸易强度，但贸易网络分布较为集中，网络异质性仍有待提高。为应对贸易摩擦，提高高技术产品贸易地位，中国应优化贸易结构、加强自主创新能力和创新合作水平，以降低贸易风险、提高产品质量和优化贸易环境。Tanabandeh 和 Salajegheh（2019）对高科技产品出口风险管理的研究进行了系统梳理，并根据研究重点、类型和贡献对研究成果进行了分类和统计。Begum（2019）认为发展中国家在国际市场上日益增强的竞争力取决于其生产和出口高技术产品的能力，并通过模型验证了高技术产品出口对国内生产总值的作用。Braja 和 Agata（2020）在研究了 2008—2017 年期间所有欧盟经济体的高科技制成品出口情况后发现，高技术部门的发展程度是决定高技术产品出口竞争力的关键因素，并且会影响经济增长和发展。综上所述，这些研究为我们深入了解高技术产品贸易的相关问题，以及如何提升我国在高技术产品出口方面的竞争力提供了重要的参考。目前，高技术产品出口已经成为中国经济高质量发展的重要体现，但专门针对高技术产品出口的实证研究并不多。

2.4.2　"一带一路"倡议对经济发展的作用

"一带一路"倡议作为中国重要的国际合作框架，对中国与沿线国家的经济发展产生了显著影响。有学者认为中国与"一带一路"沿线国家之间存在着巨大的经贸合作潜力（孙楚仁和易正容，2019）。随着倡议的实施，中国的潜能得到释放，推动了中国内外发展，产生了一系列重要的早期成果。

在对外方面，倡议加速了中国与沿线国家的经贸合作。研究发现，"一带一路"倡议推动了中国的出口和对外直接投资，有助于扩大中国在国际市场上的份额和影响力（陈继勇和刘燚爽，2018；吕越等，2019）。同时，倡议的实施改善了中国的贸易条件和福利水平，促进了中国和沿线国家之间的互利共赢（陈虹和杨成玉，2015；张良卫，2015）。此外，倡议对中国省际贸易的演变特征和贸易流向产生了改变（孙军等，2018）。通过加强交通基础设施建设，沿线国家的发展促进了中国的出口业务（Ramasamy和Yeung，2019）。

在对内方面，倡议推动了国内各区域产业结构的调整和升级，促进了中国经济的内部均衡发展（张营营和高煜，2020）。同时，倡议为国内带来更多就业机会，有助于提高国内就业水平（李磊等，2016）。倡议还推动了绿色经济增长，促进了可持续发展和环保意识的提升（胡琰欣等，2019）。在企业微观层面，倡议推动了企业生产率的提升和企业转型升级，增强了中国企业的竞争力和创新能力（王桂军和卢潇潇，2019）。

总体而言，众多研究（例如Chen等，2018；Yu等，2020；李建军和李俊成，2020；孙楚仁等，2017）表明自"一带一路"倡议提出以来，中国与"一带一路"沿线国家的务实合作促进了区域间贸易的发展，为共同繁荣开创了更广阔的前景。

2.4.3　高技术产品对"一带一路"沿线国家的出口

当前对于高技术产品出口"一带一路"沿线国家的研究相对较少。国内的研究主要集中在探讨促进或抑制高技术产品出口规模扩大的影响因素。

在促进高技术产品出口规模扩大方面，邱士雷等（2017）使用1985—2015年的中国高技术产品出口数据，构建VAR模型，并应用多种计量经济学方法，对高技术产业的研发投入、人力资本、技术创新和外商直接投资与中国高技术产品出口竞争力之间的动态关系进行实证检验。他们的研究结果显示，R&D投入、人力资本、技术创新和外商直接投资与高技术产品出口竞争力指数之间存在长期稳定均衡关系，特别是R&D投入和人力资本对高技术产品出口竞争力的提升作用显著且持续时间较长，而技术创新和外商直接投资对高技术产品出口竞争力的提升作用较小且具有时效性。类似地，Sandu 和 Ciocanel（2014）的研究也发现，增加研发支出将促使高技术产品出口增加，尽管在不同国家之间存在一定差异，但私人研发支出对高技术产品出口的影响大于公共研发支出。另外，牛华等（2020）指出，各经济体之间的高度依赖关系显著促进了高技术产品出口。他们的研究发现，在高水平研发投入下的经济体之间进行高技术产品贸易并不容易，然而，研发投入水平越高的经济体，其高技术产品出口倾向也越高。这表明高技术产业的出口受到了经济体之间紧密的研发合作和技术依赖的影响。另外，研究还显示贸易自由化对高技术产品出口具有显著促进作用，并且其积极影响不断增强。"一带一路"倡议涉及基础设施、资金支持、人员流动、科技合作等方面。基础设施是"一带一路"建设的基础和优先领域。孟猛和郑昭阳（2022）研究发现，一国基础设施的改善可以通过降低企业运输成本和协调成本，减少对外贸易的固定成本、便于企业及时调整生产要素和库存，减少对外贸易中的不确定性、促进企业研发创新和提升生产率三个渠道推动其高技术产品的生产与出口。在抑制高技术产品出口规模扩大方面，崔景华等（2021）发现技术贸易壁垒对我国高技术产品的出口有双重效应，在短期内，技术贸易壁垒可能会对我国高技术产品出口造成负向冲击，进而挤压出口需求，导致出口规模扩大受到限制，这表明技术贸易壁垒的存在可能会对高技术产品的出口产生不利影响，特别是在初始阶段；但长期会倒逼国内相关企业进行技术创新，从而抵消技术贸易壁垒带来的影响。

有关知识产权保护对高技术产品出口"一带一路"沿线国家的影响的相关文献相对更为匮乏。蔡玲和申君歌（2018）采用嵌套 Logit 模型，并利用中国 2004—2014 年的省际面板数据，对中国对"一带一路"沿线国家制造业的出口产品质量与知识产权保护之间的关系进行了深入探讨。研究结果表明，知识产权保护对中国出口产品质量有着显著的影响。这意味着较高水平的知识产权保护将有助于提升中国出口产品的质量水平，从而增强其竞争力。值得注意的是，知识产权保护对出口产品质量的影响在不同地区表现出差异。具体而言，东部省份、中部省份以及"一带一路"重点省份和非重点省份的知识产权保护水平对出口产品质量具有显著正向影响。然而，西部省份的情况与之相反，知识产权保护强度对出口产品质量的影响为负向，且不显著。

2.5 研究述评

基于上述文献梳理，我们可以总结得出以下四点：

第一，自知识产权保护水平被提出以来，对其测量方法缺乏统一的标准。早期主要用单一指标衡量，如 G-P 指数和全球竞争力报告中的数据。然而，随着研究的深入，学者们意识到单一指标无法全面衡量知识产权保护水平，因此开始将知识产权保护涵盖的多个领域分别计分，并将各个指标合并为综合指标来衡量知识产权保护水平。尽管这种综合指标方法在一定程度上克服了单一指标的局限性，能够相对全面地测量国家知识产权保护水平，但大多数研究仍以国家为研究对象，这可能导致研究过于宏观，缺乏对省级地区知识产权保护水平对进出口产品质量影响的微观细致考察。因此，本书的研究更关注省级地区的知识产权保护水平与高技术产品出口质量之间的关系。这样的研究有助于深入理解知识产权保护对地区出口业务的影响，为制定更具针对性的政策提供参考。

第二，关于知识产权保护带来的经济效应研究主要集中在两个方面：一是对贸易规模的影响，二是对贸易福利的影响。然而，当涉及知识产权保护对出口产品质量这一出口绩效指标的影响时，出口产品质量的测度方法并不唯一。反事实推理方法目前被广大学者所接受，并被认为是目前比较科学的产品质量测度方法。在研究出口产品质量经济效应时，学者们主要集中在贸易自由化、贸易便利化、进口中间品、企业自身特征、对外直接投资、出口加工区、反倾销、目的国经济政策的不确定性等不同视角。除了本书作者参与撰写的一篇文章外，在截至截稿时尚未有学者将知识产权保护与高技术产品出口质量结合起来进行研究。因此，这将成为本书研究的一个重要视角。

第三，尽管一些学者已经分析了知识产权保护带来的企业的研发投入、技术创新以及外商直接投资等因素的改变与高技术产品出口质量之间的关系，但整体上对于知识产权保护与高技术产品出口质量之间的因果关系分析还不够清晰。本书从自主创新能力和模仿能力两个视角出发，深入剖析了知识产权保护水平对出口质量的影响机制。通过这两个视角的研究，可以更全面地理解知识产权保护对出口产品质量的影响过程，为理解知识产权保护对出口产品质量提升效应的形成机制提供了重要的理论基础。

第四，目前的文献研究大多集中在对所有出口产品宏观层面考察知识产权对出口产品质量的影响，对于特定类别产品对"一带一路"沿线国家出口的研究较为匮乏，尚未有研究专注于深入探究某一类高技术产品对"一带一路"沿线国家出口质量的影响。因此，在当前研究背景下，本书聚焦于高技术产品对"一带一路"沿线国家出口的相关影响，特别关注知识产权保护在这一过程中的作用，通过考察不同类别产品的出口质量以及不同出口目的地国家的特点，揭示了知识产权保护水平对出口产品质量的影响在不同情境下可能呈现出差异化的特征。这样的研究将有助于深化对高技术产品对"一带一路"沿线国家出口的认识，为相关出口企业的可持续发展提供有益参考，推动区域间的经济合作与发展。

第3章 中国知识产权保护水平的测度及演变

在经济全球化的背景下，许多国家高度重视知识产权保护，并将其提升至国家战略层面。自 GATT 于 1994 年签署《与贸易有关的知识产权协议》以来，中国政府一直致力于完善知识产权保护制度。为了实现这一目标，中国政府于 2021 年 9 月发布了《知识产权强国建设纲要（2021—2035 年）》，明确提出到 2035 年要使中国成为具备中国特色、世界水平的知识产权强国。在这一过程中，中国正在从知识产权引进大国向知识产权创造大国转变。因此，科学构建知识产权发展水平指标体系，深入剖析知识产权保护水平发展的时空演变特征，对于全面了解中国知识产权保护状况和水平是非常重要的。

3.1 知识产权保护水平测量指标构建

本章将从立法层面、执法层面和社会环境层面综合考量我国知识产权保护水平，并通过筛选相关指标对知识产权保护水平进行综合测算。

3.1.1 知识产权保护水平指标体系的构建

（1）指标建立

本书立足于知识产权保护的立法层面、执法层面、社会环境层面，构建了衡量省级知识产权保护水平的指标体系。韩玉雄等从立法和执法两个层面评估了我国知识产权保护的水平，肖振红等也采用了类似的方法。本研究在借鉴前人的研究基础上，进一步增加了社会环境这一维度，综合考虑了我国知识产权保护的多方面因素，从而更全面地反映了我国知识产权保护的现状和问题。

在立法层面，不同地区在相关法律条文和国际条约覆盖率上保持一致。在执法层面，专利、商标、著作权、集成电路和农业植物新品是知识产权的不同领域，它们反映了知识产权的实际应用情况。这些知识产权类型有各自的法律和技术特点，需要不同的执法方式和标准。因此，选择这五种类型作为二级指标执法层面的测度，可以更好地分析知识产权执法的复杂性和多样性。特别是使用每万人的比率可以消除不同地区、国家之间的人口规模差异，使得数据更具可比性。在社会环境层面，供给方面关注社会每百万人律师比例（赵甜甜，2021）、人均GDP水平（沈国兵和刘佳，2009）以及最终大专及以上学历人数（许春明和单晓光，2008），以反映社会提供的知识产权保护人力和资源的力度。需求方面主要考虑社会研发强度（沈国兵和黄铄珺，2019）和上市公司数量（沈国兵和黄铄珺，2019），高研发强度和大量上市公司通常表明社会对创新和知识产权的需求较高。综合考虑知识产权的供给和需求，有助于全面理解社会对知识产权保护的态势，为制定和优化相关政策提供深入的学术性参考。

具体而言，共设国内法律覆盖、国际条约覆盖、专利授权情况、商标授权情况、版权授权情况、集成电路设计授权情况、农业植物新品种授权情况、（知识产权）社会供给层面、（知识产权）社会需求层面9项二级指标，16项三级指标（具体指标见表3-1）。变量依据科学性、层次性以及数据的可获得性原则选取。

（2）数据处理

在指标选取的全面性和数据可得性的基础上，本研究选取2009—2019年数据为研究样本区间，样本为除甘肃以外的30个省份，并对数据进行以下处理：一是采取线性插值法对缺失数据进行补充；二是在原始指标的基础上对部分指标进行比重测算，比如一级指标中执法层面的所有二级指标，二级指标中社会环境层面供给角度的所有指标。通过数据的收集、整理和处理最终得到2009—2019年30个省份的面板数据。

（3）数据说明

在利用熵值法进行省级层面的知识产权保护水平计算的时候，考虑到立法层面的数据在各个省份的情况是一样的，无法得到结果，因此选取执法层面的知识产权保护作为知识产权保护的代理变量。

表3-1 中国省际知识产权保护指标体系

一级指标	二级指标	三级指标	数据来源
立法层面	国内法律覆盖	知识产权法律覆盖率	中国统计年鉴、WDI数据库和相关法律法规
	国际条约覆盖	知识产权国际条约参与率	
执法层面	专利法角度	每万人专利申请量	中国知识产权年鉴、中国统计年鉴
		每万人专利授予量	
	商标法角度	每万人商标申请量	
		每万人商标注册量	
	著作权角度	每万人有效版权登记数量	
	集成电路设计角度	每万人集成电路申请量	
		每万人集成电路发证量	
	农业植物新品种角度	每万人农业植物新品种申请量	
		每万人农业植物新品种授权量	
社会环境层面	供给角度	每百万人律师比例（各省律师人数/百万）	根据司法部、各省司法厅、律师协会官方网站、《律师年鉴》及各省统计年鉴
		人均GDP水平	国家统计局
		最终大专及以上学历人数（抽样比×10 000）	中国统计年鉴
	社会需求	社会研发强度	国家统计局
		各省A股上市公司数量	WIND数据库

本书选取2009—2019年30个省（自治区、直辖市）（不包括甘肃）的面板数据作为样本，同时，结合各省份所处的地理位置和国家发展战略，将样本分为四大区域（分别是东部地区、中部地区、西部地区和东北地区）和四大国家重大战略经济带（简称四大

经济带，包括京津冀经济带、长三角经济带、长江经济带、黄河流域经济带）[①]。其中京津冀经济带包括北京、天津和河北；长三角经济带包括上海、江苏、浙江和安徽；长江经济带包括上海、江苏、浙江、安徽、江西、湖北、湖南、重庆、四川、贵州和云南；黄河流域经济带包括山西、内蒙古、山东、河南、陕西、甘肃、青海和宁夏。通过这样的分类方式，可以更好地对比和分析不同地区和经济带之间的知识产权保护水平，并深入研究其动态变化情况；同时也有助于揭示各地区知识产权保护现状和发展趋势，为相关决策提供更有针对性的建议和政策支持。

3.1.2　知识产权保护水平的测度方法

在对综合指标的测度中需明确各基础指标对应的权重值，目前的研究多采用主成分分析法、层次分析法以及熵值法。钞小静和任保平（2011）利用主成分分析法确定经济增长质量各基础指标的权重，吕承超和崔悦（2020）也采用该方法构建中国高质量发展水平指标。颜双波（2017）指出使用主成分分析法需要满足相关前提条件，否则所提取的主成分无法准确解释原始变量的真实含义，而层次分析法在测度中侧重定性成分而轻定量数据，导致权重缺乏可信度，相比而言，熵值法的处理过程相对客观，可以避免赋权中存在的主观选择，石华平和易敏利（2020）、王军等（2013）、王军等（2021）、徐志向和丁任重（2019）、刘云菲等（2021）均采用熵值法对综合指标加以测度。鉴于此，本书在后续的分析中均基于熵值法的计算结果进行分析[②]。在利用熵值法进行测度时，为使各指标之间具有可比性，需对 16 项三级指标进行标准化处理以消除量纲，如（3-1）式所示：

$$sk_{ta} = \frac{k_{ta} - k_a^{min}}{k_a^{max} - k_a^{min}} \tag{3-1}$$

其中，k_a^{min} 和 k_a^{max} 分别为样本期间内某个三级指标对应的最小值和最大值，sk_{ta} 为标准化后的指标结果。随后测算样本期间内各三级指标所对应的权重，并通过加权求得知

---

① 五大国家重大战略经济带包括京津冀经济带、长三角经济带、长江经济带、黄河流域经济带和粤港澳经济带，其中受数据可获得性的限制，粤港澳经济带中香港特别行政区和澳门特别行政区的数据缺失严重，因此在分析中仅考虑四大经济带。

② 在进行指标测度前，首先对缺失数据利用线性插值法加以补充。

识产权保护水平（用regp表示），利用熵值法计算结果在0～1之间。regp越高，表示该地区知识产权保护水平越高；反之，则表明该地区知识产权保护水平越低。

3.1.3　知识产权保护水平测度结果分析

　　根据表3-2的数据，从全国平均水平来看，中国的知识产权保护水平从2009年的0.06上升至2019年的0.20，年均增长率达到12.22%。整体来说，30个省份的知识产权保护水平均有所提升。在各省份的指标水平方面，福建、广东、海南、安徽、江西、河南、广西的年均增长率增幅明显，超过15%。云南和西藏的年均增长率更是超过20%，这可以部分归因于它们的样本初期指标较低，政策支持下，知识产权保护水平得到显著提升。然而，北京、天津、辽宁和吉林的指标年均增长率相对较低，均低于10%。其中，2009年北京和天津的知识产权保护水平分别为0.33和0.12，指标水平高于除上海外的其他省份，因此增长潜力相对有限。同期辽宁和吉林的指标均略高于0.05，低于全国平均水平，且增幅也低于其他省份，显示两省的知识产权保护水平相对较低。就各省份知识产权保护水平绝对值来看，2019年北京、上海、浙江、广东、江苏和天津的知识产权保护水平均超过0.30，高于全国平均水平。这些地区在知识产权保护方面取得了显著的进步。

表3-2　　2009—2019年各省（自治区、直辖市）知识产权保护水平测度值

年份	2009	2010	2011	2012	2013	2014	2015	2016	2017	2018	2019
北京	0.33	0.37	0.39	0.41	0.44	0.45	0.54	0.61	0.66	0.76	0.83
天津	0.12	0.14	0.16	0.19	0.21	0.22	0.25	0.28	0.28	0.30	0.31
河北	0.03	0.05	0.04	0.05	0.06	0.06	0.07	0.08	0.09	0.11	0.12
上海	0.20	0.23	0.24	0.25	0.26	0.28	0.33	0.36	0.42	0.47	0.53
江苏	0.11	0.15	0.19	0.20	0.20	0.20	0.22	0.25	0.28	0.30	0.34
浙江	0.12	0.16	0.17	0.19	0.20	0.21	0.27	0.29	0.35	0.36	0.39
福建	0.06	0.08	0.09	0.09	0.10	0.11	0.14	0.16	0.19	0.23	0.25
山东	0.08	0.12	0.13	0.13	0.15	0.15	0.18	0.19	0.22	0.23	0.27

续表

年份	2009	2010	2011	2012	2013	2014	2015	2016	2017	2018	2019
广东	0.09	0.14	0.14	0.13	0.13	0.15	0.19	0.22	0.29	0.29	0.38
海南	0.03	0.03	0.04	0.04	0.04	0.05	0.06	0.06	0.07	0.10	0.12
山西	0.04	0.04	0.05	0.05	0.06	0.06	0.07	0.07	0.08	0.09	0.10
安徽	0.03	0.05	0.06	0.07	0.08	0.09	0.11	0.12	0.15	0.16	0.17
江西	0.03	0.04	0.04	0.04	0.05	0.05	0.07	0.07	0.08	0.11	0.12
河南	0.03	0.05	0.05	0.05	0.06	0.07	0.07	0.08	0.10	0.12	0.14
湖北	0.05	0.06	0.07	0.08	0.08	0.09	0.10	0.11	0.13	0.15	0.17
湖南	0.04	0.05	0.06	0.06	0.06	0.07	0.09	0.10	0.11	0.13	0.14
内蒙古	0.04	0.05	0.06	0.07	0.07	0.08	0.09	0.10	0.11	0.12	0.13
广西	0.02	0.03	0.04	0.04	0.04	0.05	0.06	0.06	0.06	0.07	0.08
重庆	0.07	0.08	0.09	0.11	0.13	0.12	0.14	0.15	0.16	0.18	0.18
四川	0.05	0.06	0.06	0.07	0.08	0.08	0.10	0.10	0.12	0.15	0.16
贵州	0.03	0.03	0.03	0.04	0.04	0.05	0.07	0.06	0.07	0.09	0.09
云南	0.02	0.03	0.03	0.04	0.04	0.05	0.06	0.07	0.08	0.09	0.10
西藏	0.01	0.01	0.01	0.01	0.01	0.02	0.03	0.03	0.04	0.06	0.07
陕西	0.05	0.06	0.07	0.08	0.09	0.09	0.11	0.11	0.13	0.14	0.15
青海	0.03	0.03	0.04	0.04	0.05	0.05	0.05	0.06	0.06	0.08	0.08
宁夏	0.04	0.04	0.05	0.05	0.06	0.06	0.08	0.09	0.10	0.11	0.12
新疆	0.03	0.04	0.05	0.05	0.06	0.06	0.07	0.07	0.08	0.09	0.09
辽宁	0.06	0.07	0.08	0.08	0.09	0.09	0.09	0.09	0.11	0.13	0.14
吉林	0.06	0.07	0.07	0.07	0.09	0.09	0.11	0.12	0.12	0.13	0.14
黑龙江	0.05	0.05	0.06	0.07	0.08	0.08	0.10	0.11	0.12	0.13	0.15
全国	0.06	0.08	0.09	0.10	0.10	0.11	0.13	0.14	0.16	0.18	0.20

　　结合各省份知识产权保护水平的年均增长率和绝对数值，可以观察到2009—2019年期间，虽然不少省份的知识产权水平得到显著提升，但其绝对数值仍然远低于头部个别省份。这表明各地区在知识产权保护方面仍存在较大差距。尽管有一些地区在2009—2019年间取得了较高的年均增长率，说明它们在知识产权保护方面取得了积极进展，但相对于知识产权保护水平较高的头部省份，这些地区的绝对数值仍然较低。这可能由多种因素造成，包括经济发展水平、法律法规执行力等。

　　根据划分的四大区域，通过图3-1可以观察到以下情况：东部地区的知识产权保护水平在绝对数值和增长率方面均遥遥领先。东部地区在知识产权保护方面表现出较高的水平和快速的增长，这与其经济发达、科技创新能力强以及法律法规执行力较好有关。中部地区、西部地区和东北地区的知识产权保护水平和增长率均低于全国平均水平。其中，东北地区的知识产权保护水平略高于中部地区和西部地区，但由于2018年和2019年的增幅过慢，加之中部地区自2015年之后增幅逐渐提升，因此在2019年中部地区的知识产权保护水平基本与东北地区持平。相对而言，2015年之前西部地区的知识产权保护水平和中部地区相当，但随后其增幅相对较缓，导致在2019年明显落后于东北地区和中部地区。

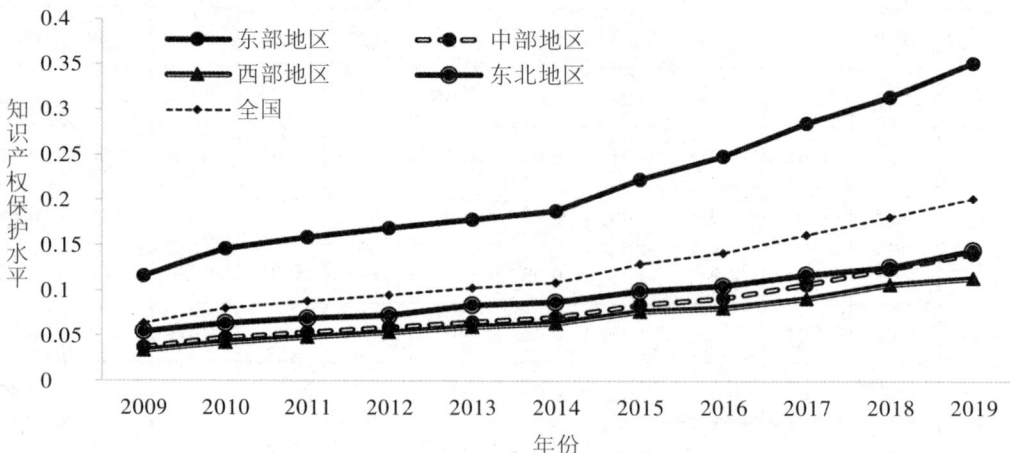

图3-1　2009—2019年四大区域知识产权保护水平

　　综合来看，东部地区的知识产权保护水平在全国范围内处于领先地位，东北地区和中部地区的知识产权保护水平相当，而西部地区相对落后。这反映了不同地区在知识产权保护方面的差异和发展趋势，也说明了在推进知识产权保护水平提升方面，东部地区应继续保持领先，西部地区需要加大努力来缩小与其他地区的差距，中部地区和东北地区则应继续积极推进知识产权保护，保持良好的发展势头。

根据图3-2显示的数据，2009—2019年，四大经济带的知识产权保护水平整体呈现不断提升的趋势。其中，京津冀经济带的知识产权保护水平遥遥领先，紧随其后的是长三角经济带，然后是长江经济带和黄河流域经济带。四大经济带的年均增长率基本维持在10.00%～13.00%的水平，因此在图3-2中，四大经济带的知识产权保护水平以近似平行的方式增长。然而，值得注意的是，自2009年以来，京津冀经济带和长三角经济带的知识产权保护水平与长江经济带和黄河流域经济带之间的差距不断拉大。截至2019年，京津冀经济带和长三角经济带的知识产权保护指标平均值均已达到0.35以上，而长江经济带和黄河流域经济带的对应指标均不足0.25。这显示出不同区域经济带之间在知识产权保护水平上存在较大的差距。尽管四大经济带的知识产权保护水平整体上呈现提升趋势且年均增长率相近，但京津冀经济带和长三角经济带相较于长江经济带和黄河流域经济带的知识产权保护水平有显著优势。这表明京津冀经济带和长三角经济带在知识产权保护方面的发展相对较为成熟，而长江经济带和黄河流域经济带在这方面还有进一步提升的空间。

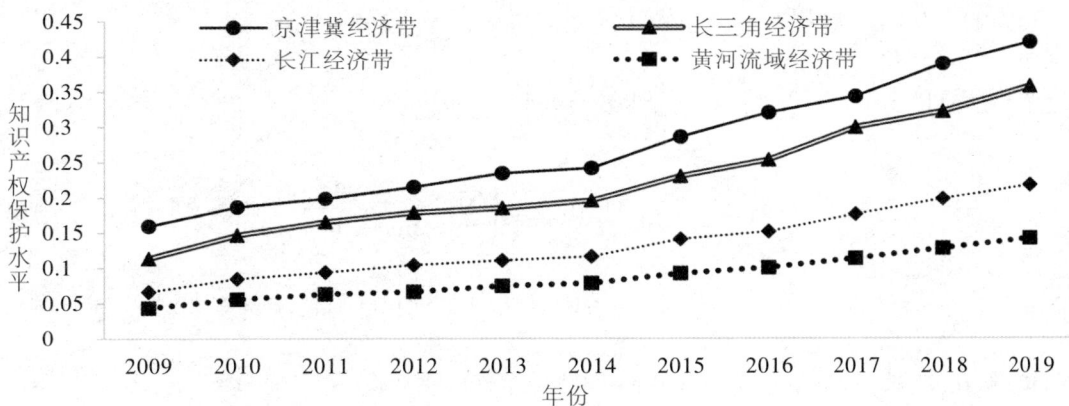

图3-2　2009—2019年四大经济带知识产权保护水平

因此，尽管四大经济带的知识产权保护水平整体上有所提升，但区域经济带之间的差距仍然较大，继续推动知识产权保护水平的提升，缩小区域之间的差距，对于全国范围内知识产权保护水平的整体提升和经济发展的持续增长具有重要意义。

3.2 中国知识产权保护水平的区域时空差异

3.2.1 知识产权保护的地区差异特征

泰尔指数是一种用于衡量不平等或差异程度的指标，常用于测量不同地区或群体之间的差异程度。根据前文分析可知，中国知识产权保护水平存在区域性特征，为明确不同区域之间及区域内部知识产权保护水平的差异程度及来源情况，考虑采用泰尔指数进行测度。泰尔指数的计算如下式所示：

$$TI = \frac{1}{m} \sum_{i=1}^{m} \frac{p_i}{p} \log\left(\frac{p_i}{p}\right) \tag{3-2}$$

其中，TI 为泰尔指数，表示知识产权保护水平的整体差异水平，TI 值越大表明地区之间差异越大，反之越小；p_i 为区域 i 的知识产权保护水平；$\bar{p}$ 为各区域对应的平均水平。为明确不同区域之间以及同一区域内部的差异化水平及变动情况，进一步将 TI 分解为 TI_{wr} 和 TI_{br}，分别对应区域内和区域间差异，如（3-3）式所示：

$$TI = TI_{wr} + TI_{br} = \sum_{g=1}^{G} p_g \left(\sum_{i \in g} \frac{p_i}{p_g} \log \frac{p_i/p_g}{1/m_g} \right) + \sum_{g=1}^{G} p_g \log \frac{p_g}{m_g/m} \tag{3-3}$$

其中，g 对应不同组别；TI_{wr} 由 $\sum_{g=1}^{G} p_g \left(\sum_{i \in g} \frac{p_i}{p_g} \log \frac{p_i/p_g}{1/m_g} \right)$ 计算可得；TI_{br} 由 $\sum_{g=1}^{G} p_g \log \frac{p_g}{m_g/m}$ 计算可得。进一步，为明确区域内差异和区域间差异在整体差异中的比例 R_{wr} 和 R_{br}，利用（3-4）式和（3-5）式加以测算。

$$R_{wr} = p_g \times \frac{TI_g}{TI} \tag{3-4}$$

$$R_{br} = \frac{TI_{br}}{TI} \tag{3-5}$$

其中，（3-4）式中的 TI_g 是 g 组对应的组内差距，用 $\sum_{i \in g} \frac{p_i}{p_g} \log \frac{p_i/p_g}{1/m_g}$ 表示。

3.2.2 四大区域知识产权保护水平的泰尔指数及贡献度

根据表3-3和表3-4计算得出的泰尔指数数据，可以得出以下结论：从表3-3中可以看出，中国各省份知识产权保护水平的泰尔指数从2009年的0.329下降至2019年的0.227，表明各省份之间的知识产权保护水平差距总体上在不断缩小。这显示出在2009—2019年间中国各地区在知识产权保护方面取得了积极的进展，致力于缩小知识产权保护水平差距。结合表3-4中地区内和地区间差异值的变动情况，可以看出在2013年之前，地区内和地区间的差异逐渐缩小，两者的贡献率各占50%左右。但从2013年开始，地区间差异贡献率呈不断增长的趋势，而地区内差异的变动趋势与之相反，表明近年来知识产权保护水平差异的来源主要源自地区间的影响。

表3-3　　　2009—2019年中国四大区域知识产权保护水平的泰尔指数及贡献度

	泰尔指数										
	2009	2010	2011	2012	2013	2014	2015	2016	2017	2018	2019
整体	0.33	0.30	0.29	0.28	0.26	0.24	0.24	0.25	0.24	0.23	0.23
地区内	0.17	0.14	0.13	0.13	0.13	0.12	0.11	0.12	0.11	0.10	0.10
地区间	0.16	0.16	0.15	0.14	0.13	0.13	0.12	0.14	0.14	0.13	0.13
东部地区	0.23	0.19	0.19	0.18	0.18	0.17	0.17	0.17	0.15	0.15	0.15
中部地区	0.02	0.02	0.02	0.02	0.02	0.02	0.02	0.02	0.03	0.02	0.02
西部地区	0.13	0.10	0.10	0.11	0.11	0.09	0.08	0.08	0.06	0.06	0.05
东北地区	0.00	0.01	0.01	0.00	0.00	0.00	0.00	0.00	0.00	0.00	0.00
	贡献度										
	2009	2010	2011	2012	2013	2014	2015	2016	2017	2018	2019
地区内	50.69%	45.75%	46.73%	48.35%	50.12%	48.50%	47.99%	46.45%	43.69%	44.94%	42.43%
地区间	49.31%	54.24%	53.27%	51.65%	49.88%	51.50%	52.01%	53.54%	56.31%	55.06%	57.57%
东部地区	10.09%	8.43%	7.98%	7.47%	7.34%	7.06%	7.22%	7.28%	6.78%	6.92%	6.71%
中部地区	0.65%	0.70%	0.99%	0.92%	0.77%	0.91%	0.78%	0.90%	1.10%	0.81%	0.71%
西部地区	5.78%	4.22%	4.11%	4.71%	4.62%	3.71%	3.35%	3.38%	2.66%	2.51%	2.17%
东北地区	0.18%	0.30%	0.26%	0.16%	0.14%	0.12%	0.05%	0.17%	0.07%	0.00%	0.05%

表3-4 2009—2019年中国四大经济带知识产权保护水平的泰尔指数及贡献度

	泰尔指数										
	2009	2010	2011	2012	2013	2014	2015	2016	2017	2018	2019
京津冀经济带	0.31	0.28	0.28	0.26	0.24	0.24	0.24	0.24	0.24	0.25	0.25
长三角经济带	0.15	0.11	0.09	0.08	0.07	0.07	0.07	0.07	0.06	0.07	0.07
长江经济带	0.26	0.24	0.24	0.21	0.19	0.19	0.17	0.18	0.19	0.16	0.16
黄河流域经济带	0.07	0.10	0.09	0.09	0.07	0.07	0.08	0.08	0.08	0.06	0.07
	贡献度										
	2009	2010	2011	2012	2013	2014	2015	2016	2017	2018	2019
京津冀经济带	8.53%	7.43%	7.53%	6.97%	6.48%	6.41%	6.17%	6.45%	6.45%	6.50%	6.56%
长三角经济带	4.04%	2.97%	2.45%	2.03%	1.85%	1.76%	1.75%	1.78%	1.66%	1.70%	1.72%
长江经济带	7.05%	6.35%	6.36%	5.66%	5.17%	5.10%	4.37%	4.82%	4.89%	4.08%	4.21%
黄河流域经济带	1.81%	2.60%	2.28%	2.29%	1.98%	1.80%	2.10%	2.05%	2.05%	1.60%	1.71%

这说明地区间的知识产权保护水平差异逐渐显现，成为影响整体差异的主要因素。因此，推动区域协调发展，加强地区间的知识产权保护力度，具有必要性和紧迫性。政府和相关部门需要制定更有针对性的政策措施，加强知识产权保护在地区间的均衡发展，促进各地区共同提升知识产权保护水平，实现全国范围内的知识产权保护水平整体提升和经济高质量发展。

3.2.3 四大经济带知识产权保护水平的泰尔指数及贡献度

前文分析发现四大经济带的知识产权保护水平整体呈现不断提升的态势，为进一步分析不同经济带内部知识产权保护的不平衡状况，同样测算了不同经济带对应的泰尔指数，根据表3-4中计算得出的泰尔指数数据，我们可以进一步分析不同经济带内部知识产权保护的不平衡状况。

长三角经济带和黄河流域经济带的泰尔指数相近，均低于京津冀经济带和长江经济带，这说明长三角经济带和黄河流域经济带内部的知识产权保护水平的不平衡程度相对较低。换句话说，这两个经济带内各地区之间的知识产权保护水平较为接近，不存在较大的差异。而相较之下，京津冀经济带和长江经济带内部的知识产权保护水平不平衡程度较高，各地区之间的差异较大。

同时，从四大经济带的泰尔指数变动趋势来看，它们均表现出不同程度的下降。这说明各经济带内知识产权保护的差异在缩小，不平衡程度有所降低。这种趋势表明，各经济带内实施的系统发展政策和措施在推动区域内的知识产权保护水平趋于均衡方面起到了积极的作用。

综上所述，长三角经济带和黄河流域经济带内部的知识产权保护水平不平衡程度相对较低，京津冀经济带和长江经济带内部的不平衡程度较高。同时，四大经济带内的知识产权保护水平差异均在缩小，表明区域内实施的发展政策和措施对于促进知识产权保护水平的均衡发展起到了一定的效果。针对不同经济带的特点和问题，进一步制定差异化的政策和措施，有助于推动知识产权保护水平的全面提升和经济高质量发展。

3.3 中国知识产权保护水平的空间分布变化

为深入分析中国知识产权保护水平的空间关联性，本书采用自然间断点分级法和局部莫兰指数进行测度，以评估各省份知识产权保护水平之间的空间相关性。通过这种方法，可以更好地了解各地区之间的知识产权保护水平的相互影响和相关性，为推进知识产权保护在各区域因地制宜、分类施策，实现协调发展提供有益的参考。

3.3.1 知识产权保护水平的空间相关性

从表3-5中可以观察到，在不同时点，中国各省份的知识产权保护水平存在一定程度的等级固化现象。东部发达省份如北京、上海、天津、浙江、广东、江苏等地的知识产权保护水平长期保持在中高水平。而一些省份如海南、广西、云南、西藏、青海，虽然在2018年和2019年逐渐摆脱了低水平状态，但与其他中西部和东北地区的省份相比，仍然长期处于中低水平。这表明，自2009年以来，中国整体的知识产权保护水平确实有所提升，样本省份在2019年均已脱离低水平状态。然而，大多数省份，特别是中西部和东北地区的省份，知识产权保护水平仍然长期停留在中低水平，未能实现向中高水平和高水平的跨越。

表3-5　　　　　　不同时点中国各省（自治区、直辖市）知识产权保护水平

年份	低水平	中低水平	中高水平	高水平
2009	河北、福建、海南、山西、安徽、江西、河南、湖北、湖南、内蒙古、广西、四川、贵州、云南、西藏、陕西、青海、宁夏、新疆、辽宁、吉林、黑龙江（22）	天津、江苏、浙江、山东、广东、重庆（6）	北京、上海（2）	
2010	河北、海南、山西、安徽、江西、河南、湖北、湖南、内蒙古、广西、四川、贵州、云南、西藏、陕西、青海、宁夏、新疆、黑龙江（19）	天津、江苏、浙江、福建、山东、广东、重庆、辽宁、吉林（9）	北京、上海（2）	
2011	河北、海南、山西、安徽、江西、河南、湖南、广西、四川、贵州、云南、西藏、青海、宁夏、新疆、黑龙江（16）	天津、浙江、福建、山东、广东、湖北、内蒙古、重庆、陕西、辽宁、吉林（11）	北京、上海、江苏（3）	
2012	河北、海南、山西、江西、河南、湖南、广西、贵州、云南、西藏、青海、宁夏、新疆（13）	福建、山东、广东、安徽、湖北、内蒙古、重庆、四川、陕西、辽宁、吉林、黑龙江（12）	北京、天津、上海、江苏、浙江（5）	
2013	河北、海南、山西、江西、河南、广西、贵州、云南、西藏、青海、宁夏、新疆（12）	福建、山东、广东、安徽、湖北、湖南、内蒙古、重庆、四川、陕西、辽宁、吉林、黑龙江（13）	北京、天津、上海、江苏、浙江（5）	
2014	河北、海南、山西、江西、广西、贵州、云南、西藏、青海、宁夏、新疆（11）	福建、山东、广东、安徽、河南、湖北、湖南、内蒙古、重庆、四川、陕西、辽宁、吉林、黑龙江（14）	北京、天津、上海、江苏、浙江（5）	

续表

年份	低水平	中低水平	中高水平	高水平
2015	海南、广西、云南、西藏、青海（5）	河北、福建、山东、山西、安徽、江西、河南、湖北、湖南、内蒙古、重庆、四川、贵州、陕西、宁夏、新疆、辽宁、吉林、黑龙江（19）	天津、上海、江苏、浙江、广东（5）	北京（1）
2016	海南、广西、贵州、西藏、青海（5）	河北、福建、山西、安徽、江西、河南、湖北、湖南、内蒙古、重庆、四川、云南、陕西、宁夏、新疆、辽宁、吉林、黑龙江（18）	天津、上海、江苏、浙江、山东、广东（6）	北京（1）
2017	广西、西藏、青海（3）	河北、海南、山西、安徽、江西、河南、湖北、湖南、内蒙古、重庆、四川、贵州、云南、陕西、宁夏、新疆、辽宁、吉林、黑龙江（19）	天津、上海、江苏、浙江、福建、山东、广东（7）	北京（1）
2018	西藏（1）	河北、海南、山西、安徽、江西、河南、湖北、湖南、内蒙古、广西、重庆、四川、贵州、云南、陕西、青海、宁夏、新疆、辽宁、吉林、黑龙江（21）	天津、上海、江苏、浙江、福建、山东、广东（7）	北京（1）
2019		河北、海南、山西、安徽、江西、河南、湖北、湖南、内蒙古、广西、四川、贵州、云南、西藏、陕西、青海、宁夏、新疆、辽宁、吉林、黑龙江（21）	天津、江苏、浙江、福建、山东、广东、重庆（7）	上海、北京（2）

同时，本章还观察到了区域内部的不平衡问题。例如，东部地区的河北的知识产权保护水平仍然处于中低水平，而西部地区的重庆在2019年已经跨入了中高水平。这反映出各地区省份之间知识产权保护水平存在发展固化和不平衡的现象。因此，在相关政策制定和实施过程中，需要进一步向中西部和东北地区的省份倾斜，加强当地知识产权保护，激发社会创新活力，推动全国新发展格局的构建。这样的努力有助于促进中国各地区的均衡发展，提升整体的知识产权保护水平，推动中国经济的可持续发展。

图3-3进一步验证了我国省际知识产权保护水平发展的不充分性。从图中可以观察到，2009—2019年，知识产权保护水平的最大值和最小值整体呈现递增的趋势，这表明知识产权保护水平在持续提升，也佐证了前文的观点。然而，最大值的增长明显小于最小值，导致二者之间的差距在不断增大，这表明中国区域间的知识产权保护水平依然存在显著差异，而这种差异在短期内难以弥合。从区域来看，知识产权保护水平从东部区域、中部区域、西部区域和东北区域依次递减，同时东部地区的知识产权保护水平明显高于其他地区。这表明，无论从整体还是分区域来看，中国省际知识产权保护水平发展仍不充分，特别是东北区域和西部区域的水平较低，仍存在较大的提升空间。综上，图3-3强调了加强知识产权保护工作的重要性，尤其是在东北区域和西部区域加大力度，以推动知识产权保护水平的提升。同时，需要采取针对不同区域的政策措施，促进全国范围内知识产权保护的均衡发展，从而为中国经济的创新和可持续发展提供坚实支撑。

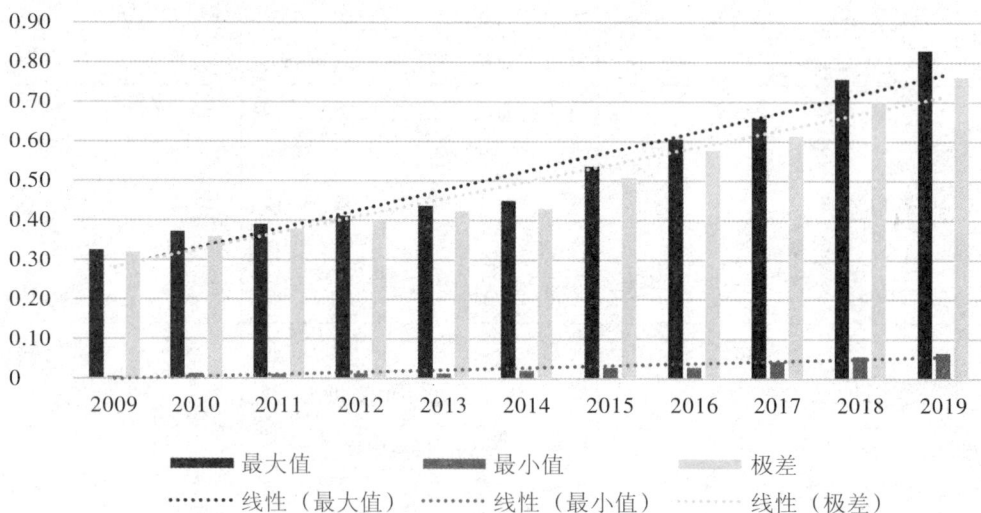

图3-3 2009—2019中国省际知识产权保护水平指数的离散程度

其次，省际知识产权保护水平的发展存在明显不平衡现象。北京、上海、广东、江苏和浙江等地，依托其区位优势，率先步入了知识产权保护的高水平阶段。然而，其他省份直到2018年知识产权保护水平仍然处于中等水平或低水平阶段，表明区域内和区域间的知识产权保护水平的不平衡问题仍然比较突出。就区域间而言，经济发展水平较高的东部地区，特别是长三角经济带的知识产权保护水平和其他区域相比，差距较大，尤其是东北地区和西部地区的部分省份仍然处于较低的知识产权保护水平。因此，区域间的知识产权保护不平衡问题应引起高度关注。同时，就区域内部而言，东部地区的知识产权保护水平名列四大区域之首，但在其背后，河北和海南的知识产权保护水平还有待进一步提高。西部地区的重庆在2009—2019年间知识产权保护水平得到了快速提升，新疆、青海和贵州的知识产权保护水平在同一时间段内也有明显提高。然而，受这三个省份的初始水平较低等多种因素的影响，区域内的不平衡现象同样令人担忧。

3.3.2 知识产权保护水平的空间集聚

为进一步了解知识产权保护水平的空间相关性，本书采用 Anselin（1995）提出的局部莫兰指数（Moran's I）进行测度。该指数可用公式表示为：

$$I = \frac{p_i - \bar{p}}{\frac{1}{n}\sum\left(p_i - \bar{p}\right)^2}\sum_{j \neq i}^{n}\omega_{ij}\left(p_i - \bar{p}\right) \tag{3-6}$$

其中，I 为局部莫兰指数；p_i 为 i 省（自治区、直辖市）的知识产权保护水平；$\bar{p}$ 为 30 个省份知识产权保护水平的平均值；ω_{ij} 为 i 省（自治区、直辖市）和 j 省（自治区、直辖市）之间的空间权重；n 为 30 个样本省份。通过莫兰指数的测算，本章将知识产权保护水平的空间分布划分为四个象限，代表着四种不同的空间联系情况。第一象限为高-高区域：观测省份的知识产权保护水平高且周围省份的水平也高，呈现正相关关系。这意味着在这些省份中，知识产权保护水平的高低相对一致。第二象限为低-高区域：观测省份的知识产权保护水平较低，而周围的省份较高，呈现负相关关系。这说明这些省份的知识产权保护水平相对较低，而其周边省份的水平较高。第三象限为低-低区域：观测省份的知识产权保护水平较低且周边省份的水平同样低，呈现正相关关系。这表明在这些省份中，知识产权保护水平普遍较低。第四象限为高-低区域：观测省份的知识产权保护水平较高，而周围省份的水平较低，呈现负相关关系。这表明在这些省份中，知识产权保护水平较高，但周边省份的水平相对较低。

此外，本章借鉴 Rey（2001）的时空跃迁法，以测度不同时段知识产权保护发展空间关联模式的变化情况。这包括四种情况：观测区跳跃至邻近象限、观测区跳跃至相间象限、观测区无变动且与周围呈正相关，以及观测区无变动且与周围呈负相关。这些情况反映了知识产权保护水平在不同时间段之间的空间变化关系，从而有助于更好地理解知识产权保护的发展趋势及其空间关联性。

根据表3-6呈现的2009—2019年莫兰指数计算的知识产权保护水平区域分布情况，可以得出以下结论：（1）中国省级之间的知识产权保护水平呈现显著的空间相关性，即省级的知识产权保护水平呈现高度聚集的分布。具体来说，位于第一象限高-高区域的主要是东部地区的各省份，而西部地区的内陆省份主要聚集在第三象限的低-低区域。同时，坐落在第一象限和第三象限的省份表现出正相关性。研究时间内，大部分省份并未发生跃迁，但也有一些省份出现了不同象限之间的跃迁。（2）中国知识产权保护水平空间异质性明显。其主要体现在长期处于第二象限低-高区域的省份有辽宁、黑龙江、吉林、河北、内蒙古、山西和安徽等，而处于第四象限高-低区域的有北京和广东，这表明存在负的空间自相关性，即出现了空间聚集异常的情况。另外，较多省份长期处于第三象限低-低区域且未发生明显变化。

表3-6　　　　　　　　2009—2019年我国知识产权保护水平空间分布

时间	高-高	低-高	低-低	高-低
2009—2010	天津、山东、江苏、浙江、上海	辽宁、黑龙江、吉林、河北、内蒙古、山西、安徽、福建	江西、广西、河南、湖南、海南、宁夏、重庆、陕西、湖北、四川、贵州、云南、西藏、青海、新疆	北京、广东
2011	天津、山东、江苏、浙江、上海、福建	辽宁、黑龙江、吉林、河北、内蒙古、山西、安徽	江西、广西、河南、湖南、海南、宁夏、重庆、陕西、湖北、四川、贵州、云南、西藏、青海、新疆	北京、广东
2012—2013	天津、山东、江苏、浙江、上海	辽宁、黑龙江、吉林、河北、内蒙古、山西、安徽、福建	江西、广西、河南、湖南、海南、宁夏、陕西、湖北、四川、贵州、云南、西藏、青海、新疆	北京、广东、重庆
2014	天津、山东、江苏、浙江、上海、福建	辽宁、黑龙江、吉林、河北、内蒙古、山西、安徽	江西、广西、河南、湖南、海南、宁夏、陕西、湖北、四川、贵州、云南、西藏、青海、新疆	北京、广东、重庆
2015—2016	天津、山东、江苏、浙江、上海、福建	辽宁、黑龙江、吉林、河北、内蒙古、山西、安徽、江西	广西、河南、湖南、海南、宁夏、陕西、湖北、四川、贵州、云南、西藏、青海、新疆	北京、广东、重庆
2017—2019	天津、山东、江苏、浙江、上海、福建	辽宁、黑龙江、吉林、河北、内蒙古、山西、安徽、江西	广西、河南、湖南、海南、宁夏、陕西、湖北、四川、贵州、云南、西藏、青海、新疆、重庆	北京、广东

因此，为了促进中国经济的高质量发展，需要着重解决以下问题：一是缩小省际知识产权保护水平差距，推动各省份知识产权保护水平的可持续提升；二是关注存在空间聚集异常的省份，特别是处于第二象限低–高区域和第四象限高–低区域的省份，加强知识产权保护工作，促进其知识产权水平的提升；三是对长期处于第三象限低–低区域的省份也需进行有针对性的政策制定，推动其知识产权保护水平的提升。这些措施可以推动中国的知识产权保护水平逐步趋于均衡，助力中国经济向更高质量的发展阶段迈进。

3.4　本章小结

对外贸易的高质量发展需要准确测量知识产权保护的发展水平及其区域异质性，以便因地制宜地制定政策，充分发挥知识产权保护的积极作用。本章首先从知识产权保护的立法层面、执法层面、社会环境层面构建知识产权保护水平的测算体系，为分析知识产权保护的现状提供了基础。其次采用泰尔指数、自然间断点分级法、莫兰指数以及时空跃迁法对知识产权保护的时空特征进行了分析。研究结果表明：知识产权保护水平在时序上呈现东部地区仍高于其他三大区域及京津冀经济带，但总体、四大区域及四大经济带的泰尔指数逐年递减。这说明知识产权保护水平的不平衡程度逐渐降低，但地区内和地区间的知识产权保护水平发展不平衡问题仍然存在。知识产权保护水平在空间上呈现发展不充分和不平衡的特点。具体来说，呈现出"东—中—西"及"沿海—内陆"依次递减的趋势。同时，莫兰指数与时空跃迁法的研究表明，大部分地区处于低–低区域且长期无跃迁，保持稳态。因此，中国知识产权保护发展的不充分和不平衡问题仍然显著存在，合理化知识产权保护水平仍然面临艰巨任务。

需要特别注意的是，为了贯彻新发展理念，构建新发展格局，推动高质量发展，需要进一步加强对知识产权保护水平的研究和分析，特别是在区域内的差异和不平衡方面。必须根据实际情况因地制宜，综合运用不同的政策措施，不断提升知识产权保护水平，促进各地区的知识产权发展，并实现全国范围内的协调发展。

第4章 高技术产品对"一带一路"沿线国家出口的现状

高技术产业作为科技创新的核心,具有技术含量高、附加值高、能耗低、排放低等优势,是各国争夺新一代经济制高点的战略性产业。高技术产品出口额反映了一个国家高技术产业的出口竞争力和其在国际产业分工中的地位。扩大高技术产品出口规模有利于整合全球生产网络的高端资源,推动高技术产业向全球价值链高端迈进,也有利于加速国内经济发展方式的转变,促进产业结构的升级。因此,深化发展高技术产品出口贸易是中国在国际贸易领域高质量发展的重要途径。

随着"一带一路"倡议的推进,中国与沿线国家之间的贸易和合作不断增加,而高技术产品的出口在这一合作中扮演着重要的角色。在这样的背景下,重新审视中国对"一带一路"沿线国家高技术产品出口的现状和出口质量问题是非常必要的。

4.1 高技术产品和"一带一路"沿线国家的界定

4.1.1 高技术产品的界定

本书参考周坤和李廉水等(2021)的方法,按照2000年版《中国高新技术产品出口目录》的分类,将高技术产品分为三大类:电器机械及机械制造业、电子及通信设备制造业和仪器仪表及文化办公用机械制造业。由于 CEPII 数据库（即法国世界经济研究中心数据库）中关于高新技术产品分类编码和 1992 版 HS 四分位编码最为匹配，本书以 1992 版 HS 四分位编码为基准，将其与高技术产品的定义编码一一对应，得到高技术产品的具体产品目录，详见表 4-1。

表4-1　　　　　　　　　　　　HS92四分位编码对应的产品类别

类别	HS92四分位编码
电器机械及机械制造业	8415；8450；8501—8516；8530—8539；8544—8548；9405
电子及通信设备制造业	8470—8471；8517—8529；8540—8543
仪器仪表及文化办公用机械制造业	8423；8469；8472；9001—9002；9005—9017；9023—9033；9101—9114

4.1.2　"一带一路"沿线国家的界定

共建"一带一路"倡议是习近平总书记于 2013 年在出访期间提出的，旨在共同建设"丝绸之路经济带"和"21 世纪海上丝绸之路"。这一倡议涵盖了五大方向，其中"丝绸之路经济带"包括从中国西北、东北向西延伸至欧洲、波罗的海的线路，从中国西北向西南延伸至波斯湾、地中海的线路，以及从中国西南向南延伸至印度洋的线路。"21 世纪海上丝绸之路"则包括从中国沿海港口城市向西经过印度洋到达欧洲海岸的线路，以及从中国沿海港口城市向东经过南海到达南太平洋的线路。这一倡议覆盖了约 44 亿人口，占世界人口的 60% 以上。

本研究旨在探讨知识产权保护对"一带一路"沿线国家高技术产品出口质量的影响。为了确保数据的可得性和代表性，研究参考了姜峰和段云鹏（2021）及许唯聪（2024）的方法，选择了包括东盟、西亚、南亚、中东欧及中亚等地区在内的 65 个国家作为研究对象。具体国家包括东盟的文莱、缅甸、柬埔寨、印度尼西亚、老挝、马来西亚、菲律宾、新加坡、越南和泰国；西亚的巴林、塞浦路斯、巴勒斯坦、希腊、伊朗、伊拉克、以色列、约旦、科威特、黎巴嫩、阿曼、卡塔尔、沙特阿拉伯、叙利亚、阿联酋、土耳其、埃及和也门；南亚的阿富汗、孟加拉国、不丹、斯里兰卡、马尔代夫、尼泊尔、巴基斯坦和印度；中东欧的阿尔巴尼亚、波黑、保加利亚、克罗地亚、捷克、爱沙尼亚、匈牙利、拉脱维亚、立陶宛、黑山、波兰、罗马尼亚、塞尔维亚、斯洛伐克、斯洛文尼亚和北马其顿；中亚的哈萨克斯坦、吉尔吉斯斯坦、塔吉克斯坦、土库曼斯坦和乌兹别克斯坦。需要特别指出的是，格鲁吉亚于2009年8月退出独联体，乌克兰于2014年宣布退出独联体，并于2024年5月正式退出独联体，在本研究中，这两个国家将不再归入独联体主要国家，此外，在探讨区域差异时中亚国家被单独划分为一个区域，因此，本书将阿塞拜疆、亚美尼亚、白俄罗斯、摩尔多瓦和俄罗斯作为独联体现有成员国家，而将格鲁吉亚、蒙古国和乌克兰认定为其他国家。此研究为了解"一带一路"倡议下不同地区在知识产权保护和高技术产品出口质量方面的关系提供了重要的参考依据。

4.2 高技术产品对"一带一路"沿线国家出口现状

4.2.1 出口总额的变动

图4-1显示了2009—2020年中国高技术产品对"一带一路"沿线国家出口额的变化趋势，从结果可以看出：（1）2009—2020年，中国对沿线国家的高技术产品出口总额呈现显著上升的趋势。具体而言，2009年高技术产品对沿线国家的出口总额为900.67亿美元，而到2020年这一数字增至2 761.57亿美元，实现了2.86倍的增长。除2015年出口额为1 781.15亿美元，较2014年减少了12.26亿美元外，2009—2020年，高技术产品对65个国家的出口额在其他年份均呈现增长态势。（2）从2010年至2020年，中国高技术产品出口额增长率呈现出波动性增长的趋势。具体而言，2010年的出口额增长率达到了31.03%，为该时期的最高值。然而，从2010年开始，出口额增长率逐年下降，直至2015年出现了负增长，达到了-0.68%。这一趋势可能与当时的国际经济形势和市场需求相关。2016年出口额增长率重新转正，为1.67%，并在2017年实现了高达24.17%的迅速增长。2018—2020年，出口额增长率再次出现波动增长，分别为4.95%、5.61%和12.59%。

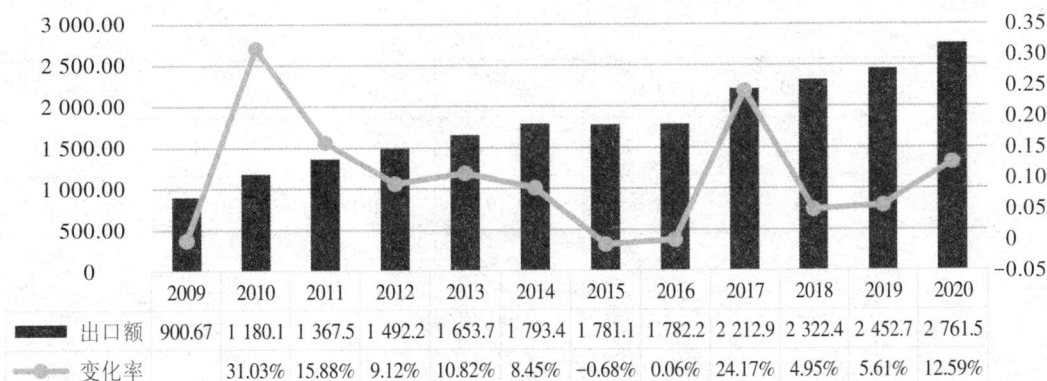

	2009	2010	2011	2012	2013	2014	2015	2016	2017	2018	2019	2020
■ 出口额	900.67	1 180.1	1 367.5	1 492.2	1 653.7	1 793.4	1 781.1	1 782.2	2 212.9	2 322.4	2 452.7	2 761.5
● 变化率		31.03%	15.88%	9.12%	10.82%	8.45%	-0.68%	0.06%	24.17%	4.95%	5.61%	12.59%

图4-1　2009—2020年中国高技术产品对"一带一路"沿线国家出口总额（金额单位：亿美元）

数据来源：CEPII数据库。

表4-2进一步分析了中国高技术产品对"一带一路"沿线国家在不同地区的出口规模情况。

表4-2　　　　　　　　　　　　中国高技术产品对东盟10国出口额　　　　　　　　　　单位：亿美元

	2009	2010	2011	2012	2013	2014
文莱	0.29	0.33	0.92	1.00	1.75	1.96
	2015	2016	2017	2018	2019	2020
	1.43	0.84	0.80	2.19	0.77	0.78
缅甸	2009	2010	2011	2012	2013	2014
	3.14	4.60	4.96	8.05	11.88	17.87
	2015	2016	2017	2018	2019	2020
	17.77	16.50	18.32	19.81	19.82	16.28
柬埔寨	2009	2010	2011	2012	2013	2014
	1.46	1.46	3.68	3.55	4.01	2.56
	2015	2016	2017	2018	2019	2020
	1.27	0.87	1.51	2.11	7.30	8.49
印度尼西亚	2009	2010	2011	2012	2013	2014
	39.18	55.62	71.10	81.82	87.21	89.18
	2015	2016	2017	2018	2019	2020
	80.71	79.95	90.14	113.85	119.86	114.93

续表

	2009	2010	2011	2012	2013	2014
老挝	1.27	0.87	1.51	2.11	7.30	8.49
	2015	2016	2017	2018	2019	2020
	2.79	2.85	3.84	4.12	4.16	3.28
	2009	2010	2011	2012	2013	2014
马来西亚	74.64	90.14	98.48	121.23	133.03	140.06
	2015	2016	2017	2018	2019	2020
	128.89	111.87	134.69	156.21	169.91	186.28
	2009	2010	2011	2012	2013	2014
菲律宾	24.46	29.42	27.93	31.32	35.20	44.52
	2015	2016	2017	2018	2019	2020
	51.76	53.70	64.53	80.34	89.85	91.12
	2009	2010	2011	2012	2013	2014
新加坡	115.71	135.40	148.93	165.22	181.95	188.78
	2015	2016	2017	2018	2019	2020
	196.76	174.08	228.77	190.24	200.40	214.72
	2009	2010	2011	2012	2013	2014
越南	29.31	45.07	56.24	41.73	120.97	130.01
	2015	2016	2017	2018	2019	2020
	137.78	152.44	245.74	262.67	337.16	405.61
	2009	2010	2011	2012	2013	2014
泰国	51.40	69.82	87.93	111.05	111.84	109.36
	2015	2016	2017	2018	2019	2020
	126.98	129.79	133.16	145.63	135.29	163.23

续表

	2009	2010	2011	2012	2013	2014
区域总额	340.87	432.72	501.67	567.08	695.15	732.79
	2015	2016	2017	2018	2019	2020
	748.34	725.43	924.51	980.49	1 086.70	1 207.30

数据来源：CEPII数据库。

就中国对东盟10国高技术产品出口而言，（1）2009—2020年，中国对东盟10国的出口总规模大幅扩大，从2009年的340.87亿美元增至2015年的748.34亿美元，随后略有下降至725.43亿美元（2016年），然而在2017年迅速反弹至924.51亿美元，并在2020年达到了1 207.30亿美元。（2）针对10个国家的个体出口而言，2009年新加坡是中国高技术产品对东盟出口的主要贸易伙伴，但到了2020年，越南成为中国高技术产品对东盟出口的最主要目的地。2004—2020年，中国对越南的出口规模递增幅度在东盟10国中相对最大。

就中国对西亚18国高技术产品出口（见表4-3）而言，（1）2009—2020年，中国对西亚18国的高技术产品出口总规模呈现显著扩大的趋势。具体来说，自2009年的186.65亿美元起，出口额在2014年增至386.52亿美元。之后，虽然在2015年略微下降至380.07亿美元，但在2017年又上涨至461.94亿元。然而，出口额在2018年又降至431.78亿美元，但在2018年、2019年和2020年连续3年高技术产品对西亚18国的出口额逐渐增加。尤其值得注意的是2020年，高技术产品的出口额增至578.31亿元，相当于2009年的3.09倍。（2）中国高技术产品对塞浦路斯和叙利亚的出口呈递减趋势。然而，对于西亚其他16个国家，高技术产品的出口呈递增态势。尤其是对阿联酋的出口增长幅度最为显著，其次是对沙特阿拉伯的出口，排名第三的是对土耳其的出口。（3）尽管中国对西亚18国的高技术产品出口规模增加，但与对东盟国家的出口相比，西亚地区的市场规模和需求尚未得到充分开发，仍存在进一步扩大的潜力。

表4-3 中国高技术产品对西亚18国出口额 单位：亿美元

	2009	2010	2011	2012	2013	2014
巴林	2.03	2.25	2.36	3.78	4.51	4.52
	2015	2016	2017	2018	2019	2020
	4.31	3.97	4.02	4.81	3.10	2.93
	2009	2010	2011	2012	2013	2014
塞浦路斯	1.06	1.16	1.27	0.99	0.73	0.78
	2015	2016	2017	2018	2019	2020
	0.72	0.63	0.71	0.97	1.18	1.15
	2009	2010	2011	2012	2013	2014
巴勒斯坦	0.14	0.16	0.17	0.13	0.28	0.24
	2015	2016	2017	2018	2019	2020
	0.26	0.55	0.43	0.42	0.27	0.55
	2009	2010	2011	2012	2013	2014
希腊	7.63	8.06	9.87	10.70	7.92	11.68
	2015	2016	2017	2018	2019	2020
	11.45	12.15	12.31	16.44	15.67	18.62
	2009	2010	2011	2012	2013	2014
伊朗	15.94	20.72	26.77	20.20	27.26	47.34
	2015	2016	2017	2018	2019	2020
	34.15	37.01	39.51	27.91	23.63	19.42
	2009	2010	2011	2012	2013	2014
伊拉克	6.99	9.69	9.45	11.88	16.60	18.76
	2015	2016	2017	2018	2019	2020
	17.56	17.94	19.15	18.88	21.76	27.11

续表

	2009	2010	2011	2012	2013	2014
以色列	8.03	11.90	13.53	12.60	14.21	13.79
	2015	2016	2017	2018	2019	2020
	14.17	14.48	16.73	29.55	28.43	21.51
约旦	2009	2010	2011	2012	2013	2014
	3.56	3.57	4.29	5.19	5.04	5.27
	2015	2016	2017	2018	2019	2020
	6.62	6.20	6.86	6.41	7.38	6.27
科威特	2009	2010	2011	2012	2013	2014
	2.77	5.05	7.15	3.67	9.36	11.28
	2015	2016	2017	2018	2019	2020
	12.17	10.43	13.14	12.80	12.83	12.03
黎巴嫩	2009	2010	2011	2012	2013	2014
	3.44	3.75	3.78	4.04	5.49	5.17
	2015	2016	2017	2018	2019	2020
	4.71	4.84	4.77	5.61	3.62	2.23
阿曼	2009	2010	2011	2012	2013	2014
	1.68	1.95	2.14	3.14	2.31	2.36
	2015	2016	2017	2018	2019	2020
	5.26	5.13	4.47	4.70	6.93	7.37
卡塔尔	2009	2010	2011	2012	2013	2014
	1.83	2.87	1.93	2.08	4.56	5.28
	2015	2016	2017	2018	2019	2020
	5.45	4.53	6.68	7.91	8.73	6.30

续表

	2009	2010	2011	2012	2013	2014
沙特阿拉伯	20.66	21.15	31.50	38.56	39.28	41.24
	2015	2016	2017	2018	2019	2020
	46.42	43.35	53.32	54.93	73.72	108.79
叙利亚	2009	2010	2011	2012	2013	2014
	4.27	4.53	4.82	2.20	1.10	1.99
	2015	2016	2017	2018	2019	2020
	1.95	1.52	1.99	1.99	2.17	1.36
阿联酋	2009	2010	2011	2012	2013	2014
	56.39	67.63	78.54	112.99	85.01	114.72
	2015	2016	2017	2018	2019	2020
	109.99	98.42	174.72	139.28	146.66	217.62
土耳其	2009	2010	2011	2012	2013	2014
	37.87	49.18	58.82	64.95	78.14	78.91
	2015	2016	2017	2018	2019	2020
	78.02	81.85	76.04	63.01	61.66	84.32
埃及	2009	2010	2011	2012	2013	2014
	10.13	11.62	11.19	11.25	15.43	19.75
	2015	2016	2017	2018	2019	2020
	24.41	24.42	25.20	34.45	34.92	37.45
也门	2009	2010	2011	2012	2013	2014
	2.23	1.86	1.70	2.84	3.00	3.42
	2015	2016	2017	2018	2019	2020
	2.45	1.78	1.88	1.71	2.76	3.24
区域总额	2009	2010	2011	2012	2013	2014
	186.65	227.10	269.29	311.20	320.24	386.52
	2015	2016	2017	2018	2019	2020
	380.07	369.20	461.94	431.78	455.42	578.31

数据来源：CEPII数据库。

就中国对中东欧16国高技术产品出口（见表4-4）而言，（1）2009—2020年，中国对中东欧16国的高技术产品出口总额呈现持续递增的趋势，从2009年的178.80亿美元增长至2015年的275.23亿美元。随后，在2016年虽然略微下调至274.60亿美元，但很快恢复增长势头，在2017年达到279.86亿美元，并在2018年进一步攀升至324.80亿美元。高技术产品出口规模在2019年继续增长，并在2020年达到415.04亿美元的最高值。（2）在中东欧16国中，中国高技术产品对捷克和波兰的出口增长规模表现最为显著。对捷克的高技术产品出口从2009年的42.32亿美元增长至2020年的144.68亿美元，增长幅度超过100亿美元；而对波兰的高技术产品出口从2009年的43.39亿美元增长至2020年的129.37亿美元。除捷克和波兰外，中国高技术产品对斯洛伐克、罗马尼亚、斯洛文尼亚、爱沙尼亚、塞尔维亚、保加利亚、立陶宛、拉脱维亚、北马其顿、波黑和黑山等12个国家的出口均持续增长。然而，对克罗地亚和匈牙利的高技术产品出口则呈现下降趋势。这可能与市场需求的变化、贸易政策的调整以及竞争压力的增加有关。

表4-4 中国高技术产品对中东欧16国出口额 单位：亿美元

	2009[1]	2010	2011	2012	2013	2014
阿尔巴尼亚	0.85	0.68	0.81	0.75	0.72	0.55
	2015	2016	2017	2018	2019	2020
	1.08	1.14	0.82	1.24	1.17	1.66
	2009	2010	2011	2012	2013	2014
波黑	0.81	0.97	1.22	1.29	1.52	2.21
	2015	2016	2017	2018	2019	2020
	1.49	1.58	1.51	1.84	1.85	2.04
	2009	2010	2011	2012	2013	2014
保加利亚	4.55	1.88	3.18	3.48	2.81	2.97
	2015	2016	2017	2018	2019	2020
	2.96	3.31	3.75	4.62	5.14	5.69

	2009	2010	2011	2012	2013	2014
克罗地亚	4.17	4.31	4.47	4.49	3.36	2.02
	2015	2016	2017	2018	2019	2020
	1.91	2.24	2.40	3.39	3.04	4.69
捷克	2009	2010	2011	2012	2013	2014
	42.32	69.76	81.67	64.86	67.82	75.90
	2015	2016	2017	2018	2019	2020
	89.43	81.11	83.90	114.85	130.61	144.68
爱沙尼亚	2009	2010	2011	2012	2013	2014
	1.60	3.40	6.24	6.08	5.71	6.08
	2015	2016	2017	2018	2019	2020
	4.88	5.08	5.92	6.54	5.37	5.63
匈牙利	2009	2010	2011	2012	2013	2014
	46.51	57.98	56.75	48.51	46.77	43.67
	2015	2016	2017	2018	2019	2020
	38.79	38.71	36.39	36.56	40.99	44.35
拉脱维亚	2009	2010	2011	2012	2013	2014
	0.74	1.42	2.23	2.48	2.65	2.61
	2015	2016	2017	2018	2019	2020
	2.54	2.29	2.53	3.04	2.90	3.60
立陶宛	2009	2010	2011	2012	2013	2014
	1.65	2.58	2.38	2.76	2.84	2.98
	2015	2016	2017	2018	2019	2020
	2.56	2.59	3.15	3.27	3.27	4.17

续表

	2009	2010	2011	2012	2013	2014
黑山	0.45	0.33	0.41	0.40	0.48	0.54
	2015	2016	2017	2018	2019	2020
	0.69	0.61	1.06	1.07	0.25	0.90
波兰	2009	2010	2011	2012	2013	2014
	43.39	53.85	55.82	59.98	66.49	77.95
	2015	2016	2017	2018	2019	2020
	79.29	83.28	87.09	96.03	103.74	129.37
罗马尼亚	2009	2010	2011	2012	2013	2014
	13.57	18.54	17.54	10.56	10.59	13.15
	2015	2016	2017	2018	2019	2020
	11.74	14.55	15.75	19.31	19.47	21.72
塞尔维亚	2009	2010	2011	2012	2013	2014
	2.11	2.25	2.73	2.72	3.01	2.81
	2015	2016	2017	2018	2019	2020
	3.07	3.00	3.41	4.37	5.16	6.51
斯洛伐克	2009	2010	2011	2012	2013	2014
	12.18	17.18	20.15	20.80	26.99	26.23
	2015	2016	2017	2018	2019	2020
	27.01	26.78	23.39	18.50	18.86	24.73
斯洛文尼亚	2009	2010	2011	2012	2013	2014
	3.17	5.72	5.55	4.69	5.13	6.21
	2015	2016	2017	2018	2019	2020
	6.59	7.09	7.52	8.56	9.14	13.06

续表

	2009	2010	2011	2012	2013	2014
北马其顿	0.75	0.89	1.04	1.07	1.16	1.32
	2015	2016	2017	2018	2019	2020
	1.19	1.26	1.27	1.61	1.69	2.26
	2009	2010	2011	2012	2013	2014
区域总额	178.80	241.74	262.20	234.92	248.03	267.21
	2015	2016	2017	2018	2019	2020
	275.23	274.60	279.86	324.80	352.66	415.04

数据来源：CEPII数据库。

就中国对南亚8国高技术产品出口（见表4-5）而言，（1）2009—2020年，中国对南亚8国的高技术产品出口总规模呈现出前期显著扩大后期略有下降的趋势。从2009年的126.69亿美元起，高技术产品出口规模在接下来的几年中持续增长。到2016年，这一数字增至273.47亿美元，然后在2017年再次大幅增长至368.03亿美元。2017年的出口总额是2016年的1.35倍，这表明中国对南亚8国的高技术产品出口在这一年有了显著的增长。然而，在2018年、2019年和2020年，高技术产品对南亚8国的出口额开始出现下降。2018年出口额为363.42亿美元，2019年为332.86亿美元，2020年为312.68亿美元。特别是从2017年的368.03亿美元减少到2020年的312.68亿美元，出口额缩减了55.35亿美元，这表明出口规模在这3年间下降明显。（2）中国高技术产品对南亚8国的印度出口增加规模最为显著，从2009年的107.08亿美元增长至2020年的239.86亿美元，增幅超过100亿美元；其次是对巴基斯坦的出口，增长规模不到30亿美元；对其他南亚6国的出口增幅相对较小。然而，值得注意的是，2018—2020年，对南亚8国的出口总规模出现下降，这主要是由于中国向印度出口的高技术产品减少，高技术产品对印度出口规模的萎缩导致了出口规模整体的下降。

表4-5　　　　　　　　　　　中国高技术产品对南亚8国出口额　　　　　　　　单位：亿美元

	2009	2010	2011	2012	2013	2014
阿富汗	0.98	0.58	0.94	1.68	0.80	0.83
	2015	2016	2017	2018	2019	2020
	0.86	0.83	1.17	1.42	1.22	0.95
	2009	2010	2011	2012	2013	2014
孟加拉国	5.14	9.50	8.20	8.88	11.46	14.38
	2015	2016	2017	2018	2019	2020
	16.06	19.50	21.00	20.49	19.70	20.18
	2009	2010	2011	2012	2013	2014
不丹	0.03	0.04	0.04	0.05	0.03	0.02
	2015	2016	2017	2018	2019	2020
	0.02	0.02	0.03	0.03	0.05	0.07
	2009	2010	2011	2012	2013	2014
斯里兰卡	2.12	2.00	3.77	5.31	5.48	5.31
	2015	2016	2017	2018	2019	2020
	6.67	7.72	8.08	7.43	7.06	8.46
	2009	2010	2011	2012	2013	2014
马尔代夫	0.07	0.11	0.15	0.12	0.24	0.25
	2015	2016	2017	2018	2019	2020
	0.33	0.40	0.51	1.12	0.65	0.64
	2009	2010	2011	2012	2013	2014
尼泊尔	1.00	2.14	1.86	2.97	2.31	2.42
	2015	2016	2017	2018	2019	2020
	2.09	2.75	3.57	2.87	4.44	3.36

续表

	2009	2010	2011	2012	2013	2014
巴基斯坦	10.27	13.80	16.23	20.36	23.06	26.41
	2015	2016	2017	2018	2019	2020
	30.39	36.59	42.06	36.62	37.29	39.17
印度	2009	2010	2011	2012	2013	2014
	107.08	127.51	146.57	158.60	162.18	167.21
	2015	2016	2017	2018	2019	2020
	190.45	205.66	291.61	293.44	262.47	239.86
区域总额	2009	2010	2011	2012	2013	2014
	126.69	155.67	177.76	197.97	205.56	216.83
	2015	2016	2017	2018	2019	2020
	246.87	273.47	368.03	363.42	332.86	312.68

数据来源：CEPII数据库。

就中国对中亚5国高技术产品出口（见表4-6）而言，（1）2009—2020年，中国对中亚5国的高技术产品出口总额呈现稳步增长的态势，从2009年的11.15亿美元逐步攀升至2013年的28.81亿美元。然而，在随后的3年中，出口额略有下降，分别为2014年的27.76亿美元、2015年的22.19亿美元和2016年的20.69亿美元。2017年出口额出现反弹，达到23.78亿美元，并在随后的3年中再次上升至2020年的35.83亿美元。这一趋势显示出中国对中亚5国高技术产品出口在波动后继续增长的态势。（2）在中亚5国中，中国高技术产品对哈萨克斯坦的出口规模递增幅度相对其他4国更显著，从2009年的5.52亿美元增长至2020年的21.50美元。其次，对乌兹别克斯坦的高技术产品出口规模在增长方面排名第二，从2009年的2.27亿美元上升至2020年的35.83亿美元。相对而言，中国高技术产品对中亚其他3国的出口规模增长幅度较为有限。

表4-6 中国高技术产品对中亚5国出口额 单位：亿美元

	2009	2010	2011	2012	2013	2014
哈萨克斯坦	5.52	9.79	13.65	16.90	18.42	16.89
	2015	2016	2017	2018	2019	2020
	12.05	11.20	14.61	17.81	18.90	21.50
吉尔吉斯斯坦	2009	2010	2011	2012	2013	2014
	1.38	1.22	2.01	2.38	2.68	2.58
	2015	2016	2017	2018	2019	2020
	1.70	2.10	2.36	3.14	3.41	2.45
塔吉克斯坦	2009	2010	2011	2012	2013	2014
	0.92	0.92	1.38	1.12	1.67	2.04
	2015	2016	2017	2018	2019	2020
	2.15	2.40	1.91	2.25	2.67	1.42
土库曼斯坦	2009	2010	2011	2012	2013	2014
	1.07	1.05	1.86	2.49	2.55	1.76
	2015	2016	2017	2018	2019	2020
	1.77	0.77	0.63	0.49	0.72	0.60
乌兹别克斯坦	2009	2010	2011	2012	2013	2014
	2.27	2.19	2.52	3.54	3.49	4.49
	2015	2016	2017	2018	2019	2020
	4.52	4.21	4.27	6.15	8.87	9.86
区域总额	2009	2010	2011	2012	2013	2014
	11.15	15.16	21.41	26.43	28.81	27.76
	2015	2016	2017	2018	2019	2020
	22.19	20.69	23.78	29.84	34.56	35.83

数据来源：CEPII数据库。

就中国对独联体主要国家高技术产品出口（见表4-7）而言，（1）2009—2020年，中国对独联体主要国家的高技术产品出口总额呈现稳步增长的趋势。出口总额从2009年的49.83亿美元逐步攀升至2014年的144.84亿美元，然而在2015年出现大幅下降，降至99.49亿美元。不过，从2016年开始到2020年，中国高技术产品对独联体主要国家的出口规模又逐步回升，在2020年达到171.10亿美元。（2）在独联体主要国家中，中国高技术产品对阿塞拜疆、亚美尼亚、白俄罗斯和摩尔多瓦的出口规模相对较小，出口额较为有限。然而，与俄罗斯的贸易情况截然不同，中国对俄罗斯的高技术产品出口规模相对较大且呈现明显的波动。自2009年的44.70亿美元起，对俄罗斯的高技术产品出口额在2014年达到138.59亿美元，出口规模持续扩大。然而，在2015年出现了显著的下降，出口额降至88.14亿美元，下降幅度相当显著。中国对俄罗斯的高技术产品出口额自2016年开始逐步回升，并在2020年达到186.68亿美元。

表4-7　　　　　　　　　　中国高技术产品对独联体主要国家出口额　　　　　　　　单位：亿美元

	2009	2010	2011	2012	2013	2014
阿塞拜疆	1.35	1.28	2.01	2.06	1.92	1.65
	2015	2016	2017	2018	2019	2020
	1.40	0.89	1.57	1.93	2.44	3.06
	2009	2010	2011	2012	2013	2014
亚美尼亚	0.71	1.00	0.83	0.76	0.67	0.73
	2015	2016	2017	2018	2019	2020
	0.57	0.86	0.94	1.60	1.60	1.78
	2009	2010	2011	2012	2013	2014
白俄罗斯	2.34	4.19	4.23	5.16	5.65	2.69
	2015	2016	2017	2018	2019	2020
	4.05	4.74	5.19	6.46	7.44	8.77
	2009	2010	2011	2012	2013	2014
摩尔多瓦	0.73	0.81	1.05	1.16	1.31	1.17
	2015	2016	2017	2018	2019	2020
	0.83	0.85	1.20	1.49	1.52	1.97

续表

	2009	2010	2011	2012	2013	2014
俄罗斯	44.70	86.92	106.55	119.56	120.62	138.59
	2015	2016	2017	2018	2019	2020
	88.14	95.31	124.10	149.58	149.05	171.10
区域总额	2009	2010	2011	2012	2013	2014
	49.83	94.20	114.66	128.71	130.18	144.84
	2015	2016	2017	2018	2019	2020
	94.99	102.65	133.01	161.05	162.05	186.68

数据来源：CEPII数据库。

就中国对"一带一路"沿线蒙古国、格鲁吉亚和乌克兰3国高技术产品出口（见表4-8）而言，2009—2020年，中国对上述3个国家（蒙古国、格鲁吉亚和乌克兰）的高技术产品出口总额呈现稳步增长的趋势。其中，相较于其他两国，中国对乌克兰的高技术产品出口规模增长较为显著。从2009年的5.43亿美元起，对乌克兰的高技术产品出口规模迅速增加至2013年的22.20亿美元。然而，在2014年、2015年和2016年，出口额出现大幅下降。值得注意的是，2016年后出口额明显回升，并逐步上升至2020年的22.19亿美元。

表4-8　　　　　　　　　　中国高技术产品对其他3国出口额　　　　　　　　　单位：亿美元

	2009	2010	2011	2012	2013	2014
蒙古国	0.81	1.19	2.82	2.90	2.09	1.94
	2015	2016	2017	2018	2019	2020
	2.04	1.72	2.27	3.03	2.04	1.86
格鲁吉亚	2009	2010	2011	2012	2013	2014
	0.45	0.85	1.42	1.57	1.44	2.00
	2015	2016	2017	2018	2019	2020
	1.56	1.35	1.77	2.24	2.18	1.68

续表

	2009	2010	2011	2012	2013	2014
乌克兰	5.43	11.47	16.27	21.49	22.20	13.51
	2015	2016	2017	2018	2019	2020
	9.85	13.12	17.79	25.76	24.30	22.19
	2009	2010	2011	2012	2013	2014
区域总额	6.68	13.52	20.52	25.97	25.73	17.45
	2015	2016	2017	2018	2019	2020
	13.46	16.19	21.84	31.03	28.52	25.74

数据来源：CEPII数据库。

表4-9展示了2009—2020年中国高技术产品在"一带一路"沿线国家的前十大出口市场。数据显示：（1）2009—2015年，新加坡和印度稳居中国高技术产品对"一带一路"沿线国家的出口第一大市场和第二大市场。然而，2016—2020年，出口主要目的国的排名发生了变化。值得注意的是，越南从第三名上升至第一名，并且在2019年和2020年保持了第一名的地位。与此同时，新加坡在2020年跌出前三名，成为第四大出口市场，取而代之的是阿联酋，成为中国对"一带一路"沿线国家的第三大出口市场。这一趋势显示出中国在该地区高技术产品市场格局中的不断调整和不断发展。（2）高技术产品的前十大出口市场在这几年保持相对稳定。新加坡、印度、越南、马来西亚、泰国、阿联酋、捷克、俄罗斯、印度尼西亚和波兰一直是中国的重要出口目标国。（3）值得一提的是，2009—2010年，中国高技术产品对"一带一路"沿线国家的出口中，东盟国家数量最多。这反映出东盟市场对中国高技术产品出口的重要性。在这段时间内，中国高技术产品在东盟地区有较大的市场份额，这进一步凸显了东盟作为一个重要的贸易合作伙伴，对中国高技术产品出口的积极影响。

表4-9   2009—2020中国高技术产品出口"一带一路"沿线国家前十大市场   单位：万美元

年份/规模 \ 排名	第一位	第二位	第三位	第四位	第五位
2009	新加坡	印度	马来西亚	阿联酋	泰国
出口额	115.71	107.08	74.64	56.39	51.40
2010	新加坡	印度	马来西亚	俄罗斯	泰国
出口额	135.40	127.51	90.14	86.92	69.82
2011	新加坡	印度	俄罗斯	马来西亚	泰国
出口额	148.93	146.57	106.55	98.48	87.93
2012	新加坡	印度	马来西亚	俄罗斯	阿联酋
出口额	165.22	158.60	121.23	119.56	112.99
2013	新加坡	印度	马来西亚	越南	俄罗斯
出口额	181.95	162.18	133.03	120.97	120.62
2014	新加坡	印度	马来西亚	俄罗斯	越南
出口额	188.78	167.21	140.06	138.59	130.01
2015	新加坡	印度	越南	马来西亚	泰国
出口额	196.76	190.45	137.78	128.89	126.98
2016	印度	新加坡	越南	泰国	马来西亚
出口额	205.66	174.08	152.44	129.79	111.87
2017	印度	越南	新加坡	阿联酋	马来西亚
出口额	291.61	245.74	228.77	174.72	134.69
2018	印度	越南	新加坡	马来西亚	俄罗斯
出口额	293.45	262.67	190.25	156.21	149.58
2019	越南	印度	新加坡	马来西亚	俄罗斯
出口额	337.16	262.47	200.40	169.91	149.05
2020	越南	印度	阿联酋	新加坡	马来西亚
出口额	405.61	239.86	217.62	214.72	186.28

续表

排名 年份/规模	第六位	第七位	第八位	第九位	第十位
2009	匈牙利	俄罗斯	波兰	捷克	印度尼西亚
出口额	46.51	44.70	43.39	42.32	39.18
2010	捷克	阿联酋	匈牙利	印度尼西亚	波兰
出口额	69.76	67.63	57.98	55.62	53.85
2011	捷克	阿联酋	印度尼西亚	土耳其	匈牙利
出口额	81.67	78.54	71.10	58.82	56.75
2012	泰国	印度尼西亚	土耳其	捷克	波兰
出口额	111.05	81.82	64.95	64.86	59.98
2013	泰国	印度尼西亚	阿联酋	土耳其	捷克
出口额	111.84	87.21	85.01	78.14	67.82
2014	阿联酋	泰国	印度尼西亚	土耳其	波兰
出口额	114.72	109.36	89.18	78.91	77.95
2015	阿联酋	捷克	俄罗斯	印度尼西亚	波兰
出口额	109.99	89.43	88.14	80.71	79.29
2016	阿联酋	俄罗斯	波兰	土耳其	捷克
出口额	98.42	95.31	83.28	81.85	81.11
2017	泰国	俄罗斯	印度尼西亚	波兰	捷克
出口额	133.16	124.10	90.14	87.09	83.90
2018	泰国	阿联酋	捷克	印度尼西亚	波兰
出口额	145.63	139.28	114.85	113.85	96.03
2019	阿联酋	泰国	捷克	印度尼西亚	波兰
出口额	146.67	135.29	130.61	119.86	103.74
2020	俄罗斯	泰国	捷克	波兰	印度尼西亚
出口额	171.10	163.23	144.68	129.37	114.93

数据来源：CEPII数据库。

4.2.2 分类高技术产品出口规模变动

表4-10显示了2015—2020年三类高技术产品对"一带一路"沿线国家的出口规模。观察数据可发现：（1）电子及通信设备制造业类产品的出口额遥遥领先，约为电器机械及机械制造业类产品出口额的两倍，而电器机械及机械制造业类产品的出口额又是仪器仪表及文化办公用机械制造业类产品出口额的四倍以上。（2）在三类高技术产品的出口中，电子及通信设备制造业类产品的出口占比最高，显示出该类产品在"一带一路"市场上具备较强的出口优势和竞争力。这种出口优势可能源自中国在电子及通信设备制造业方面的技术水平和产能优势，使其在国际市场上处于有利地位。因此，该领域的强劲表现推动了整体高技术产品的出口增长。

表4-10　　中国分类高技术产品对"一带一路"沿线国家出口规模　　　单位：亿美元

年份 \ 产品类别	电器机械及机械制造业	电子及通信设备制造业	仪器仪表及文化办公用机械制造业
2009	261.20	573.45	66.02
2010	351.72	734.16	94.24
2011	438.52	817.88	111.10
2012	467.40	900.17	124.71
2013	530.06	983.95	139.70
2014	609.51	1 047.96	135.94
2015	596.17	1 053.44	131.54
2016	588.60	1 047.34	146.30
2017	647.55	1 404.91	160.49
2018	712.95	1 450.22	159.24
2019	763.98	1 520.52	168.26
2020	855.14	1 723.14	183.30

数据来源：CEPII数据库。

图4-2展示了2015—2020年三类高技术产品对"一带一路"沿线国家的出口规模。值得注意的是：在这三类高技术产品中，电子及通信设备制造业类产品占高技术产品出口总额的一半以上。然而，尽管电子及通信设备制造业类产品在总出口额中仍占主导地位，但其出口额变化呈现小幅下降的趋势。与此相对比，电器机械及机械制造业类产品的出口额呈现小幅上升的趋势，这可能意味着该类产品在"一带一路"市场上逐渐获得了更多的需求。至于仪器仪表及文化办公用机械制造业类产品的出口额变化趋势不太明显，可能因为该类产品在出口总额中所占比重较小，而且受其他因素的影响较大。

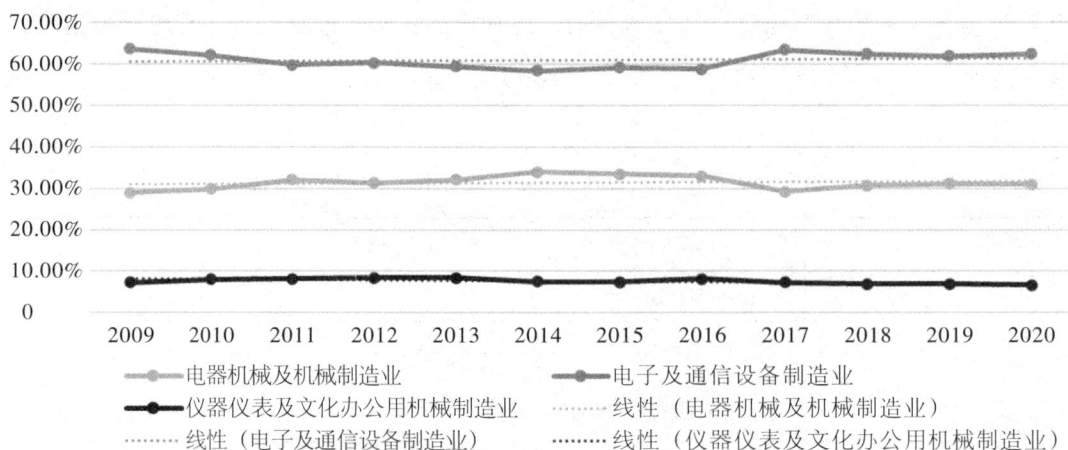

图4-2 三类高技术产品2009—2020年对"一带一路"沿线国家出口总额变化趋势

总体而言，电子及通信设备制造业类产品在"一带一路"沿线国家的高技术产品出口中仍然占据主导地位，但其他两类高技术产品在市场中的地位也在逐渐增强，这体现了中国在高技术产品领域的持续竞争力和多样化出口战略。

4.3 高技术产品出口"一带一路"沿线国家的质量

4.3.1 出口质量的度量方法

早期产品质量度量一般基于单位价值替代产品质量来计算，但这种测度方式存在较大偏误。本书参照 Amiti 和 Khandelwal（2013）、施炳展等（2013）的做法，以需求信息反推产品质量的方法，测算 2009—2020 年中国高技术产品的出口质量。在模型中，产品质量被模型化为一种需求转换角色，捕捉了产品除价格以外的所有属性。模型假定了某一产品的 CES 效用函数：

$$U_{jt} = \left[\sum_{jt} \left(\lambda_{jt} q_{jt} \right)^{\frac{\sigma-1}{\sigma}} \right]^{\frac{\sigma}{\sigma-1}} \tag{4-1}$$

其中，U_{jt} 表示 j 国消费者在时间 t 从该产品获得的效用水平；λ_{jt}、q_{jt} 分别表示在时间 t 出口到 j 国该产品的质量和数量；$\sigma > 1$ 表示产品替代弹性。

根据效用最大化条件，可以推导出产品的需求函数为：

$$q_{jt} = p_{jt}^{-\sigma} \lambda_{jt}^{\sigma-1} \left(E_{jt}/P_{jt} \right) \tag{4-2}$$

其中，E_{jt} 表示在时间 t 进口国 k 在该产品上的总支出；P_{jt} 是式（4-2）对应的价格指数；E_{jt}/P_{jt} 代表市场规模大小。也就是说，该产品的需求量同时取决于价格、质量和市场规模。

对式（4-2）两边取对数可构建模型，如式（4-3）所示：

$$\ln q_{jt} = -\sigma \ln p_{jt} + (\sigma-1)\ln \lambda_{jt} + \ln E_{jt} - \ln P_{jt} \tag{4-3}$$

其中，令 $X_{jt} = \ln E_{jt} - \ln P_{jt}$，控制了国家-时间固定效应；令 $\mu_{jt} = (\sigma-1)\ln \lambda_{jt}$，即产品质量 λ_{jt} 进入到扰动项。由此可构建计量模型（4-4），式（4-4）即为该产品的回归方程，因此本书计量回归在产品层面进行。

$$\ln q_{jt} = X_{jt} - \sigma \ln p_{jt} + \mu_{jt} \tag{4-4}$$

最终根据式（4-4）的回归残差定义产品质量：

$$quality_{jt} = \ln \hat{\lambda}_{jt} = \frac{\hat{\mu}_{jt}}{\sigma-1} = \frac{\ln q_{jt} - \ln \hat{q}_{jt}}{\sigma-1} \tag{4-5}$$

式（4-5）所求的产品质量是一个绝对数值，为了便于不同类别产品质量跨期比较，对式（4-5）做进一步标准化处理：

$$r - quality_{jt} = \frac{quality_{jt} - \min(quality_{jt})}{\max(quality_{jt}) - \min(quality_{jt})} \tag{4-6}$$

其中，$\min(quality_{jt})$ 和 $\max(quality_{jt})$ 分别表示质量的最小值和最大值。标准化后的质量取值范围为 [0，1]，且不具有测度单位，因此可以进行加总分析和跨期、跨截面比较研究。

4.3.2　高技术产品出口质量的现状

基于上述步骤，本章得到了2009—2020年中国对"一带一路"沿线国家高技术产品出口的质量数据，如图4-3所示。从图中可以观察到整体趋势是中国高技术产品出口质量呈现增长的态势。

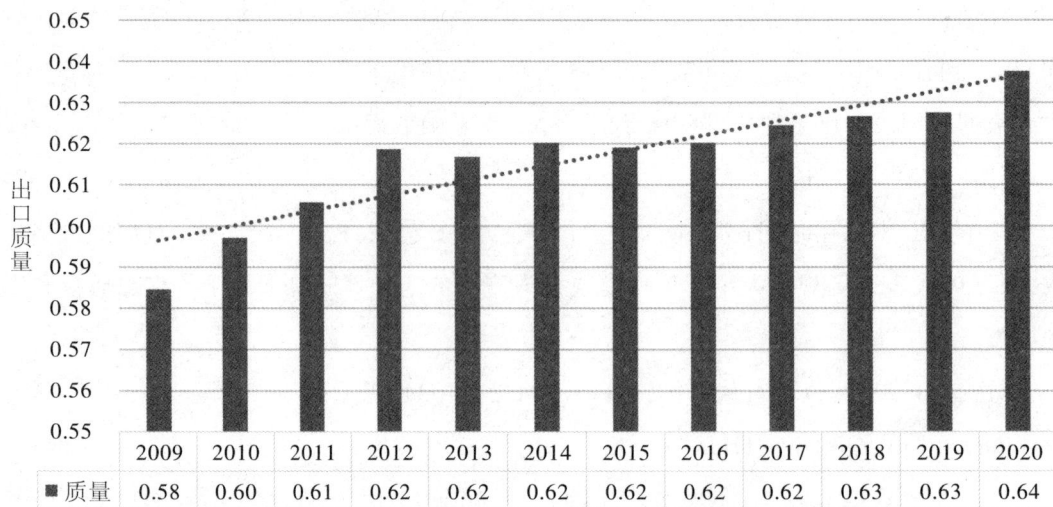

	2009	2010	2011	2012	2013	2014	2015	2016	2017	2018	2019	2020
质量	0.58	0.60	0.61	0.62	0.62	0.62	0.62	0.62	0.62	0.63	0.63	0.64

图4-3　2009—2020年中国高技术产品对"一带一路"沿线国家出口的质量

具体来看，2009年中国高技术产品对"一带一路"沿线国家的出口质量为0.58，到2020年则上升至0.64，这意味着出口产品的质量有了明显的改善。这表明中国在高技术产品出口方面的质量不断提升，为"一带一路"沿线国家提供了更具竞争力的产品，也反映了中国高技术产业的不断进步与发展。

根据图4-4，2009—2020年，中国高技术产品对"一带一路"沿线国家的出口质量的年增长率除了在2013年（-0.31%）和2015年（-0.18%）出现负值外，其余年份的出口质量年增长率均为正值，这意味着在大多数年份，中国高技术产品的出口质量都有所增长。特别值得一提的是，2010年的出口质量年增长率最高，相较于2009年的出口质量值增加了2.15%，这成为2009—2020年这一期间增长率最大的一年。这表明在2010年，中国高技术产品的出口质量有显著的提升，为中国高技术产业在国际市场上的竞争力赢得了更大的优势。总体来看,尽管有少数年份出现了下降,但中国高技术产品对"一带一路"沿线国家出口的质量在绝大多数年份都实现了正向增长,反映了中国高技术产品在出口质量方面的不断进步与提升。

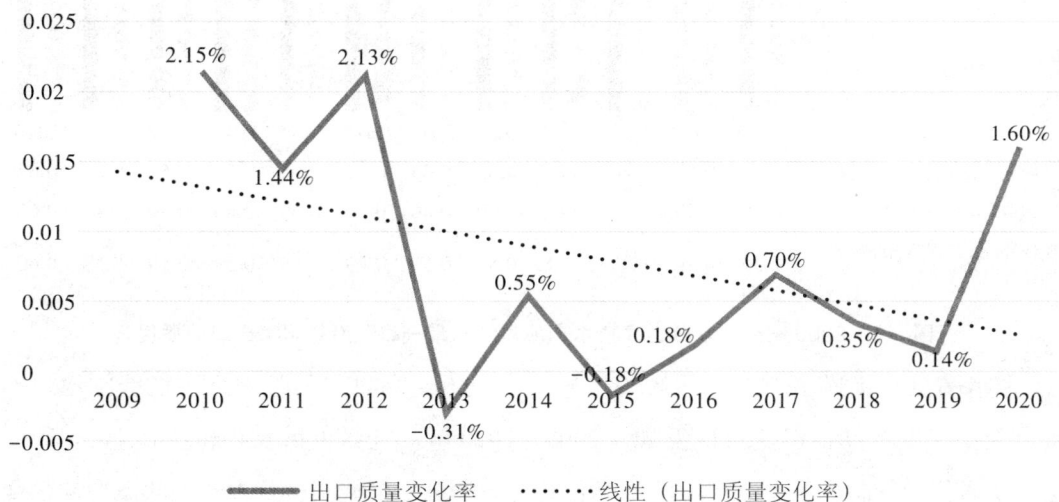

图4-4 2009—2020年中国高技术产品对"一带一路"沿线国出口的质量的变化率

注:在测算增长率时,以2009年作为基准年,该年份未记录增长率。

图4-5显示了2009—2020年分类高技术产品对"一带一路"沿线国家出口的质量的变动情况。(1)2009—2020年,电器机械及机械制造业类产品、电子及通信设备制造业类产品以及仪器仪表及文化办公用机械制造业类产品的出口质量均呈现递增的趋势。电器机械及机械制造业类产品的出口质量值从2009年的0.54增长至2020年的0.67;电子及通信设备制造业类产品的出口质量值从2009年的0.58增长至2020年的0.62;仪器仪表及文化办公用机械制造业类产品的出口质量值从2009年的0.55增长至2020年的0.60。(2)在这三类高技术产品中,电器机械及机械制造业类产品的出口质量均值最高,其次是电子及通信设备制造业类产品的出口质量均值,相对而言,仪器仪表及文化办公用机械制造业类产品的出口质量均值最低。这意味着电器机械及机械制造业类产品在"一带一路"沿线国家的出口质量整体上较高,而仪器仪表及文化办公用机械制造业类产品则在出口质量方面有提升的空间。这一结果可能与各类产品在出口目的国的技术水平、市场需求等方面的差异有关。

出口质量

	2009	2010	2011	2012	2013	2014	2015	2016	2017	2018	2019	2020
电器机械及机械制造业	0.61	0.63	0.64	0.65	0.65	0.65	0.65	0.65	0.66	0.66	0.66	0.67
电子及通信设备制造业	0.58	0.59	0.60	0.60	0.60	0.60	0.59	0.60	0.60	0.60	0.60	0.62
仪器仪表及文化办公用机械制造业	0.55	0.56	0.57	0.58	0.58	0.59	0.59	0.59	0.59	0.59	0.59	0.60

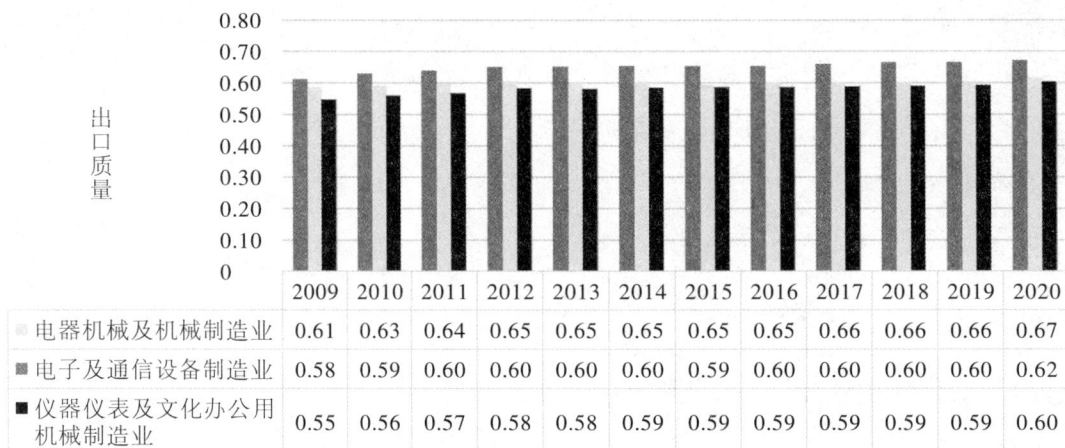

图4-5　2009—2020年分类高技术产品对"一带一路"沿线国家出口的质量

图4-6进一步显示了2009—2020年分类高技术产品对"一带一路"沿线国出口的质量变动率的变动情况。可以发现，2009—2020年，电器机械及机械制造业类产品、电子及通信设备制造业类产品和仪器仪表及文化办公用机械制造业类产品的出口质量变化率呈现整体递增的趋势。这表明这三类高技术产品在出口质量上都有所改善。在这三类产品的出口质量变动情况中，最大的波动发生在2009年至2013年期间。在这个时间段内，这三类产品的出口质量出现了较大的起伏，可能受到了全球金融危机和经济不稳定因素的影响。尽管在此期间出现了波动，但总体来看，随着时间的推移，这三类高技术产品的出口质量稳步上升，反映了中国高技术产业的持续发展与不断提升。

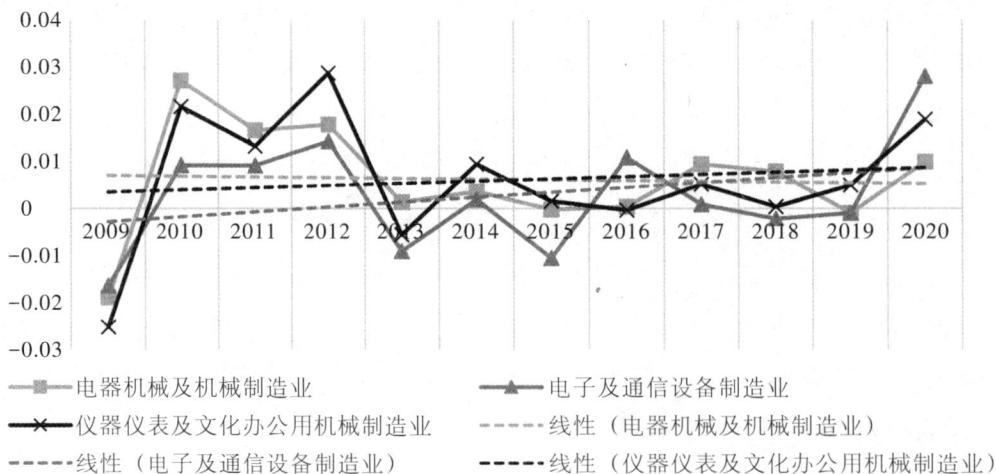

电器机械及机械制造业　　　　电子及通信设备制造业
仪器仪表及文化办公用机械制造业　　　线性（电器机械及机械制造业）
线性（电子及通信设备制造业）　　　线性（仪器仪表及文化办公用机械制造业）

图4-6　2009—2020年分类高技术产品对"一带一路"沿线国家出口的质量的变化率

4.4 本章小结

2009—2020年，中国高技术产品对"一带一路"沿线国家的出口规模和出口质量都呈现总体递增的趋势。

就中国高技术产品对"一带一路"沿线国家的出口规模而言，总体呈现递增的趋势，特别是对越南和阿联酋的出口规模增长显著，但对新加坡的出口份额有所下降。东盟国家一直是中国高技术产品出口的重要市场。在这些高技术产品中，电子及通信设备制造业类产品仍占主导地位，其他两类高技术产品（电器机械及机械制造业类产品和仪器仪表及文化办公用机械制造业类产品）的地位也在逐渐增强。

就中国高技术产品对"一带一路"沿线国家的出口质量而言，总体呈现递增的趋势。虽然少数年份出现了下降，但大部分年份都实现了正向增长，反映了中国高技术产品在出口质量上的提升。在这三类高技术产品中，电器机械及机械制造业类产品的出口质量均值最高，其次是电子及通信设备制造业类产品的出口质量均值，而仪器仪表及文化办公用机械制造业类产品的出口质量均值相对较低。

附表4-1　电器机械及器械制造业类产品对"一带一路"沿线65国出口额　单位：亿美元

	2009	2010	2011	2012	2013	2014	2015	2016	2017	2018	2019	2020
东盟10国												
文莱	0.10	0.15	0.59	0.58	1.00	1.20	1.04	0.45	0.50	1.36	0.39	0.41
缅甸	1.94	2.58	2.54	2.94	3.73	5.07	6.76	6.18	5.85	6.40	6.59	6.42
柬埔寨	0.38	0.55	0.81	1.20	2.07	1.19	1.58	1.66	2.26	2.36	4.49	5.64
印度尼西亚	13.93	18.96	25.34	30.69	34.20	36.51	32.77	31.90	32.83	40.92	44.19	41.39
老挝	0.45	0.33	0.60	1.03	1.68	5.44	1.84	1.53	2.08	1.94	2.28	2.24
马来西亚	16.25	20.28	24.69	32.19	38.52	42.57	42.73	37.14	40.11	43.31	49.25	55.10
菲律宾	6.75	9.57	11.22	13.35	15.00	18.05	19.58	20.77	22.57	26.77	28.63	30.13
新加坡	115.71	135.40	148.93	165.22	181.95	188.78	196.76	174.08	228.77	190.24	200.40	214.72
越南	18.78	22.00	26.47	30.87	33.37	38.18	38.60	33.59	34.33	37.16	38.96	40.26
泰国	16.55	22.64	28.54	36.31	37.42	40.29	45.73	45.37	45.61	52.82	46.91	59.55
区域总额	190.84	232.46	269.73	314.38	348.94	377.28	387.39	352.67	414.91	403.28	422.09	455.86

续表

	2009	2010	2011	2012	2013	2014	2015	2016	2017	2018	2019	2020
西亚18国												
巴林	0.51	0.67	0.72	1.04	1.09	1.13	1.15	1.15	1.34	1.55	1.62	1.82
塞浦路斯	0.62	0.72	0.73	0.53	0.31	0.39	0.35	0.40	0.46	0.59	0.67	0.75
巴勒斯坦	0.02	0.05	0.11	0.10	0.15	0.15	0.15	0.15	0.19	0.19	0.16	0.20
希腊	3.61	3.43	3.48	3.60	3.36	3.64	3.59	4.19	4.45	5.37	5.54	6.69
伊朗	9.18	12.68	15.65	10.96	14.86	28.53	19.53	18.62	18.74	14.72	10.44	8.69
伊拉克	2.45	4.47	5.53	7.56	10.59	13.00	12.30	11.98	13.50	13.15	15.53	19.34
以色列	3.44	4.65	6.03	6.21	7.08	7.06	7.27	7.68	8.44	10.85	10.51	10.54
约旦	1.99	1.61	2.14	2.51	2.48	2.37	2.41	2.64	2.44	2.24	3.07	2.48
科威特	0.96	1.35	1.63	1.65	2.06	2.98	3.10	3.04	3.24	3.55	3.37	3.44
黎巴嫩	1.62	1.92	2.10	2.24	2.56	2.50	2.57	2.56	2.52	2.49	2.16	0.74
阿曼	0.85	1.12	1.25	1.86	1.39	1.48	2.41	2.46	2.82	2.95	3.90	3.24
卡塔尔	0.74	1.27	0.86	0.93	1.92	2.13	2.13	1.73	2.20	2.77	2.83	2.63
沙特阿拉伯	7.21	8.27	13.98	15.68	17.00	19.05	24.76	20.53	21.91	19.17	26.56	37.44
叙利亚	2.32	2.57	2.80	1.43	0.80	1.42	1.29	1.02	1.28	1.33	1.56	1.05
阿联酋	16.74	21.52	24.93	25.94	26.54	31.99	29.08	23.81	25.77	26.48	27.92	30.79
土耳其	13.12	18.82	22.60	23.90	28.61	27.32	26.36	23.19	26.31	24.24	21.86	29.13
埃及	4.27	5.12	5.22	5.94	7.24	8.79	11.25	12.15	10.69	11.86	13.38	15.65
也门	1.30	1.16	1.19	1.91	2.10	2.50	1.59	1.30	1.17	1.11	1.78	2.10
区域总额	70.95	91.40	110.95	113.99	130.14	156.43	151.29	138.6	147.47	144.61	152.86	176.72
中东欧16国												
阿尔巴尼亚	0.43	0.32	0.37	0.32	0.31	0.29	0.39	0.54	0.47	0.61	0.81	0.89
波黑	0.28	0.34	0.44	0.42	0.47	1.01	0.44	0.49	0.54	0.70	0.71	0.79
保加利亚	1.56	1.04	1.42	1.45	1.80	1.89	1.72	2.07	2.45	3.09	3.29	3.64
克罗地亚	1.00	1.04	1.26	1.27	0.70	0.80	0.79	0.99	1.03	1.90	1.42	2.39
捷克	6.09	8.90	10.95	11.45	12.16	13.37	14.07	15.12	17.03	19.27	19.74	24.53
爱沙尼亚	0.75	1.42	2.63	2.80	2.67	2.58	2.27	2.21	2.61	3.04	2.69	2.23
匈牙利	9.72	10.12	10.01	8.44	7.99	9.74	9.73	9.94	9.58	11.60	12.99	14.44
拉脱维亚	0.31	0.50	0.80	0.85	0.87	0.90	0.68	0.73	0.76	0.86	0.84	1.05
立陶宛	0.41	0.79	0.84	1.08	1.17	1.32	1.15	1.21	1.41	1.57	1.66	2.08
黑山	0.12	0.12	0.14	0.14	0.15	0.17	0.31	0.22	0.63	0.65	0.15	0.32
波兰	11.70	15.09	18.30	19.26	20.41	23.64	24.58	26.23	28.16	35.31	40.72	49.22
罗马尼亚	3.48	4.18	4.75	4.52	4.58	5.49	5.37	6.87	7.88	10.14	10.35	11.48
塞尔维亚	0.47	0.52	0.68	0.76	0.82	0.77	0.80	0.92	1.12	1.52	2.05	3.15
斯洛伐克	2.79	3.30	4.12	4.01	4.45	4.62	4.33	4.63	4.98	5.33	6.98	9.43
斯洛文尼亚	1.28	1.74	2.13	2.06	2.45	3.10	3.33	3.57	3.97	4.71	5.04	8.04
马其顿	0.16	0.19	0.26	0.23	0.26	0.27	0.30	0.34	0.46	0.69	0.80	0.97
区域总额	40.55	49.61	59.10	59.06	61.26	69.96	70.26	76.08	83.08	100.99	110.24	134.65

续表

	2009	2010	2011	2012	2013	2014	2015	2016	2017	2018	2019	2020
南亚8国												
阿富汗	0.29	0.37	0.51	0.54	0.39	0.36	0.38	0.51	0.52	0.45	0.50	0.41
孟加拉国	1.96	3.94	3.37	3.73	4.60	7.54	8.03	9.89	11.11	10.78	10.07	8.89
不丹	0.01	0.03	0.02	0.02	0.02	0.01	0.01	0.01	0.01	0.01	0.01	0.03
斯里兰卡	0.80	1.06	1.65	2.24	2.19	1.97	2.42	2.75	2.66	2.69	2.95	3.36
马尔代夫	0.05	0.06	0.08	0.09	0.15	0.17	0.21	0.26	0.28	0.77	0.47	0.44
尼泊尔	0.44	0.63	0.66	0.81	0.80	0.76	0.66	0.84	0.69	0.93	1.72	1.11
巴基斯坦	5.35	6.78	6.99	8.60	10.53	12.00	17.27	21.80	23.07	18.88	19.59	16.87
印度	27.08	36.84	47.89	45.53	46.41	48.19	51.84	54.52	63.58	75.13	73.70	64.06
区域总额	35.98	49.71	61.17	61.56	65.09	71.00	80.82	90.58	101.92	109.64	109.01	95.17
中亚5国												
哈萨克斯坦	2.84	4.96	5.99	7.00	7.44	7.22	6.09	5.34	6.62	6.66	7.80	8.24
吉尔吉斯斯坦	0.49	0.59	0.67	1.17	1.37	1.27	0.86	1.02	1.21	1.61	1.54	0.81
塔吉克斯坦	0.56	0.52	0.72	0.72	0.98	1.30	1.61	1.65	1.38	1.59	1.78	0.91
土库曼斯坦	0.57	0.42	0.61	1.50	1.15	0.89	1.01	0.48	0.33	0.24	0.55	0.34
乌兹别克斯坦	1.07	0.96	1.08	1.63	1.80	2.21	2.63	1.69	1.91	3.11	4.46	4.08
区域总额	5.53	7.45	9.07	12.02	12.74	12.89	12.20	10.18	11.45	13.21	16.13	14.38
独联体主要国家												
阿塞拜疆	0.73	0.56	1.21	1.15	1.01	0.80	0.80	0.47	0.58	0.92	1.28	1.59
亚美尼亚	0.39	0.36	0.26	0.23	0.25	0.24	0.16	0.27	0.37	0.54	0.50	0.53
白俄罗斯	0.66	1.34	1.65	2.13	1.87	1.23	1.52	1.76	1.73	1.83	2.37	2.94
摩尔多瓦	0.22	0.26	0.37	0.39	0.44	0.42	0.40	0.32	0.41	0.50	0.54	0.68
俄罗斯	16.12	30.01	41.00	42.99	47.52	54.04	32.52	33.99	44.40	48.43	49.58	56.39
区域总额	39.71	54.12	66.08	68.48	72.68	78.32	56.89	58.40	69.08	73.81	75.86	83.72
其他3国												
蒙古国	0.36	0.59	1.82	1.83	1.20	1.06	0.87	0.59	1.07	1.73	1.09	0.90
格鲁吉亚	0.19	0.35	0.61	0.72	0.67	0.87	0.73	0.74	0.92	1.28	1.32	0.98
乌克兰	2.92	5.67	8.36	7.74	8.47	6.12	3.76	4.81	5.81	7.98	8.08	9.61
区域总额	3.47	6.61	10.79	10.29	10.34	8.05	5.36	6.14	7.80	10.99	10.49	11.49

数据来源：CEPII数据库。

附表4-2　　电子及通信设备制造业类产品对"一带一路"沿线65国出口额　　单位：亿美元

	2009	2010	2011	2012	2013	2014	2015	2016	2017	2018	2019	2020
东盟10国												
文莱	0.17	0.17	0.31	0.32	0.59	0.53	0.32	0.36	0.25	0.47	0.24	0.31
缅甸	1.03	1.71	2.17	3.79	7.41	12.23	10.51	10.01	12.04	12.76	12.42	9.35
柬埔寨	1.04	0.82	2.73	1.71	1.08	1.21	1.61	1.53	2.05	2.86	4.73	5.06
印度尼西亚	21.44	30.65	36.79	41.75	43.80	44.37	40.81	41.55	49.43	64.42	65.69	63.38
老挝	0.80	0.50	0.85	0.93	5.39	2.97	0.88	1.17	1.67	1.86	1.71	0.91
马来西亚	48.19	55.68	57.88	69.66	73.93	75.95	69.08	61.89	79.50	98.64	106.46	117.32
菲律宾	16.55	18.18	14.39	14.98	17.15	23.09	28.58	28.44	36.82	48.88	56.31	56.46
新加坡	93.04	108.31	117.20	125.81	139.66	140.87	148.46	130.26	184.93	143.68	151.52	163.35
越南	15.98	24.92	29.85	25.39	76.94	79.47	82.33	84.07	165.63	174.40	224.17	256.68
泰国	29.08	38.59	48.20	60.51	62.19	58.67	71.46	74.55	75.95	81.55	78.25	92.52
区域总额	227.32	279.53	310.37	344.85	428.14	439.36	454.04	433.83	608.27	629.52	701.50	765.34
西亚18国												
巴林	1.46	1.50	1.56	2.25	2.63	3.19	3.01	2.68	2.54	3.13	1.42	1.03
塞浦路斯	0.39	0.40	0.50	0.39	0.39	0.37	0.34	0.21	0.22	0.34	0.47	0.36
巴勒斯坦	0.11	0.10	0.05	0.02	0.12	0.07	0.10	0.37	0.23	0.22	0.10	0.34
希腊	3.67	4.31	6.13	6.88	4.30	7.71	7.58	7.64	7.53	10.63	9.60	11.20
伊朗	5.31	5.68	8.27	6.82	9.00	14.53	11.15	13.11	15.28	9.74	9.34	7.98
伊拉克	4.22	4.60	3.40	3.70	5.27	4.74	4.15	5.13	4.97	4.83	5.03	6.72
以色列	4.17	6.69	6.82	5.72	6.39	5.94	5.79	5.84	7.11	17.23	16.50	9.40
约旦	1.43	1.77	1.91	2.39	2.26	2.60	3.91	3.29	4.09	3.90	3.96	3.46
科威特	1.63	3.44	5.19	1.88	6.89	7.87	8.61	7.06	9.50	8.51	9.02	8.20
黎巴嫩	1.63	1.60	1.47	1.57	2.66	2.37	1.81	1.98	2.00	2.84	1.31	1.40
阿曼	0.70	0.75	0.80	1.14	0.84	0.77	2.54	2.35	1.31	1.52	2.61	3.96
卡塔尔	1.00	1.37	1.01	0.80	2.39	2.89	3.08	2.55	4.24	4.93	5.71	3.43
沙特阿拉伯	12.07	12.04	15.98	20.77	20.62	19.81	19.47	20.66	29.54	34.02	45.00	64.11
叙利亚	1.30	1.44	1.61	0.54	0.23	0.39	0.54	0.40	0.62	0.55	0.49	0.23
阿联酋	38.20	44.55	51.78	83.51	56.00	79.79	77.81	71.99	145.67	109.72	114.64	182.76
土耳其	21.37	25.90	30.74	34.41	42.33	45.49	45.94	53.54	42.44	33.23	33.38	47.37
埃及	5.10	5.72	5.01	4.53	6.38	7.94	9.45	9.10	10.16	18.66	16.31	16.36
也门	0.81	0.61	0.37	0.78	0.72	0.79	0.78	0.39	0.61	0.45	0.76	0.90
区域总额	104.57	122.47	142.60	178.10	169.42	207.26	206.06	208.29	288.06	264.45	275.65	369.21

续表

	2009	2010	2011	2012	2013	2014	2015	2016	2017	2018	2019	2020
	中东欧16国											
阿尔巴尼亚	0.38	0.33	0.40	0.38	0.36	0.23	0.65	0.54	0.30	0.59	0.31	0.71
波黑	0.49	0.58	0.72	0.81	1.00	1.13	0.98	1.02	0.91	1.06	1.04	1.15
保加利亚	2.84	0.75	1.66	1.91	0.86	0.92	1.05	1.03	1.03	1.19	1.44	1.59
克罗地亚	3.02	3.13	3.03	3.06	2.59	1.14	1.03	1.14	1.25	1.34	1.47	2.12
捷克	34.39	57.86	67.90	51.89	53.32	59.84	72.83	63.00	64.10	92.39	107.75	117.25
爱沙尼亚	34.39	57.86	67.90	51.89	53.32	59.84	72.83	63.00	64.10	92.39	107.75	117.25
匈牙利	30.50	39.52	38.62	31.87	32.88	27.94	22.41	22.72	21.00	19.74	22.46	23.26
拉脱维亚	0.39	0.84	1.35	1.53	1.65	1.61	1.78	1.48	1.66	2.02	1.82	2.25
立陶宛	1.09	1.60	1.36	1.39	1.43	1.44	1.20	1.12	1.38	1.30	1.20	1.47
黑山	0.32	0.20	0.25	0.24	0.32	0.36	0.36	0.37	0.40	0.39	0.10	0.55
波兰	43.39	53.85	55.82	59.98	66.49	77.95	79.29	83.28	87.09	96.03	103.74	129.37
罗马尼亚	9.57	13.72	11.88	5.17	5.26	6.72	5.54	6.33	5.84	6.62	6.29	7.67
塞尔维亚	1.56	1.64	1.93	1.85	2.06	1.91	2.13	1.90	2.09	2.64	2.85	2.95
斯洛伐克	7.17	9.40	9.45	11.86	15.49	15.66	14.57	11.82	9.44	8.19	7.69	11.67
斯洛文尼亚	1.69	2.82	2.81	2.28	2.36	2.81	2.84	3.05	3.11	3.41	3.70	4.55
马其顿	0.57	0.68	0.75	0.81	0.86	1.00	0.83	0.88	0.77	0.87	0.85	1.22
区域总额	171.76	244.78	265.83	226.92	240.25	260.5	280.32	262.68	264.47	330.17	370.46	425.03
	南亚8国											
阿富汗	0.68	0.18	0.41	1.08	0.36	0.44	0.46	0.27	0.60	0.93	0.67	0.52
孟加拉国	2.87	5.17	4.40	4.62	5.34	5.55	6.67	7.66	7.61	7.81	7.35	9.40
不丹	0.02	0.01	0.02	0.03	0.02	0.00	0.01	0.01	0.02	0.02	0.03	0.04
斯里兰卡	1.18	0.79	1.86	2.81	3.01	3.03	3.86	4.51	4.99	4.35	3.69	4.68
马尔代夫	0.02	0.04	0.06	0.03	0.09	0.08	0.11	0.12	0.19	0.32	0.15	0.16
尼泊尔	0.50	1.42	1.03	1.89	1.31	1.42	1.34	1.80	2.77	1.82	2.49	2.03
巴基斯坦	4.30	6.32	8.22	10.82	11.45	12.75	11.06	12.67	16.95	15.30	15.46	20.52
印度	75.14	84.42	90.66	104.14	104.47	107.05	125.88	137.00	213.45	203.17	174.79	159.35
区域总额	84.71	98.35	106.66	125.42	126.05	130.32	149.39	164.04	246.58	233.72	204.63	196.70

续表

	2009	2010	2011	2012	2013	2014	2015	2016	2017	2018	2019	2020
中亚5国												
哈萨克斯坦	2.23	4.10	7.06	9.06	9.95	8.51	5.29	4.97	7.10	10.10	10.20	12.29
吉尔吉斯斯坦	0.49	0.55	1.23	1.07	1.12	1.17	0.70	0.76	1.04	1.37	1.73	1.55
塔吉克斯坦	0.49	0.55	1.23	1.07	1.12	1.17	0.70	0.76	1.04	1.37	1.73	1.55
土库曼斯坦	0.23	0.53	1.09	0.66	1.07	0.73	0.65	0.24	0.23	0.17	0.15	0.23
乌兹别克斯坦	0.23	0.53	1.09	0.66	1.07	0.73	0.65	0.24	0.23	0.17	0.15	0.23
区域总额	3.67	6.26	11.70	12.52	14.33	12.31	7.99	6.97	9.64	13.18	13.96	15.85
独联体主要国家												
阿塞拜疆	0.47	0.58	0.73	0.83	0.80	0.81	0.53	0.35	0.90	0.90	0.97	1.18
亚美尼亚	0.22	0.50	0.54	0.49	0.38	0.46	0.38	0.54	0.53	0.99	0.95	1.17
白俄罗斯	1.52	2.64	2.29	2.77	3.43	1.19	2.18	2.70	3.09	4.27	4.64	5.28
摩尔多瓦	0.49	0.52	0.64	0.73	0.82	0.70	0.48	0.47	0.74	0.92	0.90	1.19
俄罗斯	26.19	50.70	57.77	68.91	64.70	75.70	49.65	54.98	71.04	89.87	89.06	104.04
区域总额	41.44	67.49	74.52	86.28	82.68	91.41	65.77	71.59	88.85	109.50	109.07	125.41
其他3国												
蒙古国	3.67	6.26	11.70	12.52	14.33	12.31	7.99	6.97	9.64	13.18	13.96	15.85
格鲁吉亚	0.25	0.47	0.76	0.74	0.70	1.03	0.77	0.54	0.80	0.89	0.76	0.60
乌克兰	2.10	5.08	7.29	13.02	12.97	6.88	5.71	7.82	11.43	17.06	15.44	11.58
区域总额	6.02	11.81	19.75	26.28	28.00	20.22	14.47	15.33	21.87	31.13	30.16	28.03

数据来源：CEPII数据库。

附表4-3　　仪器仪表及文化办公用机械制造业类产品对"一带一路"沿线65国出口额　　单位：亿美元

	2009	2010	2011	2012	2013	2014	2015	2016	2017	2018	2019	2020
东盟10国												
文莱	0.02	0.01	0.02	0.10	0.16	0.22	0.07	0.03	0.04	0.36	0.14	0.05
缅甸	0.17	0.32	0.25	1.31	0.74	0.57	0.50	0.31	0.44	0.65	0.81	0.51
柬埔寨	0.05	0.09	0.14	0.63	0.86	0.16	0.30	0.22	0.19	0.20	0.25	0.37
印度尼西亚	3.80	6.01	8.97	9.38	9.21	8.30	7.13	6.51	7.89	8.51	9.98	10.15
老挝	0.01	0.04	0.05	0.16	0.24	0.08	0.06	0.15	0.09	0.32	0.17	0.13
马来西亚	10.21	14.17	15.91	19.38	20.58	21.55	17.09	12.85	15.08	14.26	14.19	13.86
菲律宾	1.16	1.66	2.32	3.00	3.05	3.38	3.60	4.49	5.14	4.68	4.91	4.52
新加坡	3.88	5.09	5.25	8.53	8.92	9.73	9.69	10.23	9.51	9.40	9.92	11.11
越南	1.86	2.80	4.25	1.93	11.64	4.59	5.12	16.78	17.89	20.02	23.72	29.44
泰国	5.77	8.60	11.18	14.24	12.23	10.40	9.79	9.87	11.60	11.27	10.14	11.16
区域总额	26.93	38.79	48.34	58.66	67.63	58.98	53.35	61.44	67.87	69.67	74.23	81.30

续表

	2009	2010	2011	2012	2013	2014	2015	2016	2017	2018	2019	2020
					西亚18国							
巴林	0.06	0.08	0.08	0.50	0.80	0.20	0.15	0.14	0.13	0.13	0.05	0.09
塞浦路斯	0.05	0.04	0.04	0.07	0.03	0.03	0.03	0.02	0.03	0.05	0.04	0.04
巴勒斯坦	0.01	0.01	0.01	0.01	0.01	0.01	0.02	0.02	0.01	0.02	0.01	0.02
希腊	0.35	0.32	0.26	0.22	0.27	0.32	0.28	0.33	0.34	0.45	0.52	0.73
伊朗	1.44	2.37	2.85	2.43	3.41	4.28	3.47	5.28	5.48	3.46	3.86	2.74
伊拉克	0.33	0.63	0.52	0.62	0.73	1.02	1.11	0.83	0.68	0.90	1.20	1.05
以色列	0.43	0.56	0.68	0.67	0.75	0.78	1.12	0.95	1.18	1.47	1.42	1.57
约旦	0.14	0.19	0.24	0.28	0.29	0.31	0.30	0.27	0.33	0.27	0.35	0.33
科威特	0.17	0.26	0.33	0.14	0.41	0.43	0.45	0.34	0.40	0.74	0.44	0.39
黎巴嫩	0.19	0.24	0.21	0.23	0.27	0.30	0.33	0.30	0.26	0.28	0.15	0.09
阿曼	0.12	0.07	0.10	0.13	0.09	0.11	0.31	0.33	0.34	0.23	0.41	0.17
卡塔尔	0.09	0.22	0.06	0.35	0.25	0.26	0.25	0.25	0.24	0.21	0.19	0.24
沙特阿拉伯	1.38	0.85	1.53	2.11	1.67	2.38	2.19	2.16	1.87	1.74	2.16	7.25
叙利亚	0.65	0.52	0.40	0.23	0.06	0.18	0.13	0.10	0.09	0.11	0.12	0.07
阿联酋	1.44	1.56	1.83	3.54	2.47	2.94	3.11	2.62	3.28	3.08	4.11	4.07
土耳其	3.38	4.46	5.48	6.64	7.20	6.10	5.72	5.11	7.29	5.55	6.42	7.82
埃及	0.77	0.78	0.96	0.78	1.82	3.03	3.71	3.18	4.36	3.92	5.22	5.45
也门	0.12	0.10	0.14	0.15	0.17	0.13	0.08	0.09	0.11	0.15	0.23	0.24
区域总额	11.12	13.26	15.72	19.10	20.70	22.81	22.76	22.32	26.42	22.76	26.90	32.36
					中东欧16国							
阿尔巴尼亚	0.04	0.03	0.04	0.05	0.05	0.03	0.05	0.06	0.05	0.04	0.06	0.06
波黑	0.03	0.05	0.06	0.06	0.05	0.08	0.07	0.07	0.07	0.08	0.09	0.10
保加利亚	0.14	0.09	0.10	0.11	0.15	0.15	0.19	0.21	0.27	0.34	0.41	0.46
克罗地亚	0.14	0.14	0.19	0.16	0.07	0.08	0.09	0.11	0.13	0.14	0.15	0.18
捷克	1.84	3.00	2.81	1.52	2.34	2.69	2.53	2.99	2.77	3.19	3.12	2.90
爱沙尼亚	0.06	0.09	0.14	0.24	0.19	0.23	0.21	0.21	0.25	0.24	0.22	0.24
匈牙利	6.30	8.34	8.13	8.19	5.89	5.98	6.65	6.06	5.82	5.22	5.54	6.65
拉脱维亚	0.04	0.07	0.09	0.10	0.12	0.11	0.08	0.08	0.11	0.16	0.24	0.30
立陶宛	0.15	0.20	0.18	0.29	0.24	0.22	0.22	0.26	0.36	0.40	0.41	0.62
黑山	0.01	0.01	0.02	0.01	0.02	0.02	0.02	0.02	0.02	0.03	0.00	0.03
波兰	5.45	7.40	6.80	7.96	7.63	9.78	10.69	12.08	13.58	13.87	14.70	14.15
罗马尼亚	0.52	0.64	0.91	0.87	0.75	0.94	0.84	1.35	2.02	2.56	2.84	2.58
塞尔维亚	0.09	0.10	0.13	0.11	0.12	0.13	0.14	0.17	0.20	0.20	0.26	0.41
斯洛伐克	2.22	4.48	6.58	4.93	7.05	5.95	8.12	10.33	8.97	4.98	4.18	3.63
斯洛文尼亚	0.20	1.15	0.60	0.36	0.32	0.30	0.41	0.47	0.45	0.43	0.39	0.47
马其顿	0.02	0.02	0.03	0.03	0.04	0.05	0.06	0.04	0.05	0.05	0.05	0.07
区域总额	17.25	25.81	26.81	24.99	25.03	26.74	30.35	34.51	35.12	31.93	32.66	32.85

续表

	2009	2010	2011	2012	2013	2014	2015	2016	2017	2018	2019	2020
南亚8国												
阿富汗	0.01	0.02	0.01	0.06	0.05	0.03	0.02	0.05	0.05	0.04	0.04	0.03
孟加拉国	0.31	0.39	0.44	0.53	1.51	1.28	1.36	1.96	2.28	1.90	2.27	1.89
不丹	0.00	0.00	0.00	0.00	0.00	0.00	0.00	0.00	0.00	0.00	0.00	0.00
斯里兰卡	0.14	0.15	0.26	0.26	0.29	0.31	0.38	0.46	0.43	0.39	0.42	0.42
马尔代夫	0.00	0.00	0.00	0.00	0.00	0.01	0.01	0.02	0.04	0.02	0.02	0.03
尼泊尔	0.07	0.09	0.16	0.27	0.20	0.24	0.10	0.11	0.12	0.12	0.22	0.21
巴基斯坦	0.62	0.70	1.02	0.94	1.07	1.66	2.07	2.11	2.04	2.43	2.24	1.79
印度	4.85	6.26	8.02	8.93	11.30	11.98	12.73	14.15	14.59	15.14	13.97	16.45
区域总额	6.00	7.61	9.91	10.99	14.42	15.51	16.67	18.86	19.55	20.04	19.18	20.82
中亚5国												
哈萨克斯坦	0.44	0.73	0.60	0.84	1.02	1.16	0.67	0.89	0.89	1.06	0.90	0.97
吉尔吉斯斯坦	0.41	0.08	0.11	0.15	0.19	0.14	0.13	0.32	0.10	0.16	0.14	0.09
塔吉克斯坦	0.03	0.09	0.14	0.06	0.20	0.11	0.16	0.20	0.10	0.11	0.11	0.09
土库曼斯坦	0.27	0.10	0.16	0.34	0.34	0.14	0.11	0.05	0.06	0.07	0.03	0.03
乌兹别克斯坦	0.19	0.18	0.20	0.31	0.25	0.38	0.30	0.26	0.38	0.58	1.83	1.84
区域总额	1.34	1.18	1.21	1.70	2.00	1.93	1.37	1.72	1.53	1.98	3.01	3.02
独联体主要国家												
阿塞拜疆	0.15	0.14	0.07	0.08	0.12	0.04	0.07	0.07	0.09	0.12	0.19	0.28
亚美尼亚	0.10	0.14	0.03	0.03	0.03	0.03	0.04	0.05	0.05	0.07	0.15	0.09
白俄罗斯	0.15	0.21	0.30	0.26	0.36	0.27	0.34	0.28	0.37	0.35	0.43	0.56
摩尔多瓦	0.02	0.03	0.04	0.05	0.05	0.05	0.04	0.04	0.05	0.07	0.10	0.10
俄罗斯	2.39	6.21	7.77	7.67	8.40	8.86	5.97	6.34	8.65	11.29	10.41	10.66
区域总额	2.81	6.73	8.21	8.09	8.96	9.25	6.46	6.79	9.21	11.90	11.26	11.69
其他3国												
蒙古国	0.13	0.14	0.23	0.31	0.14	0.11	0.18	0.10	0.16	0.19	0.14	0.12
格鲁吉亚	0.01	0.03	0.05	0.12	0.07	0.10	0.06	0.07	0.06	0.08	0.10	0.10
乌克兰	0.41	0.72	0.62	0.73	0.76	0.51	0.39	0.49	0.56	0.71	0.77	1.00
区域总额	0.55	0.89	0.90	1.16	0.97	0.72	0.63	0.66	0.78	0.98	1.01	1.22

数据来源：CEPII数据库。

第5章 知识产权保护水平对高技术产品出口"一带一路"沿线国家质量影响的研究

2009—2020 年，中国高技术产品出口始终占据约 40% 的比例，凸显了这类产品对中国出口总额的重要贡献，也凸显了中国在全球价值链中扮演的日益重要的角色。因此，本章将重点研究高技术产品的出口，探究中国知识产权保护水平对"一带一路"沿线国家的出口质量产生的影响，以及相关的影响机制和路径。这一研究不仅有助于评估知识产权保护对出口产品质量提升的作用，还能为优化政策措施提供参考，推动我国对外贸易结构的升级优化。

5.1 知识产权保护水平影响出口质量的机制研究

本章侧重于从创新能力和模仿能力双维度考察知识产权保护水平对高技术产品出口"一带一路"沿线国家质量影响的机制。

对于一个利润最大化的出口企业来说，其对产品质量的决策受到多个因素的影响。我们可以把它的目标函数写为：

$$\max_s q(p, s)p - c[q(p, s), s] - I(s) - T(q) \tag{5-1}$$

其中，s 为产品质量，同时也代表了企业创新生产或模仿生产的强度；$q(\cdot)$ 为需求量，取决于产品的价格 p 和质量 s；$c(\cdot)$ 为生产成本，取决于产量和质量；$I(\cdot)$ 为创新和模仿的（机会）成本；T(·)为贸易成本。由此可见，产品质量的提升有利于企业扩大市场需求（当价格内生时，帮助企业提高价格）从而增加收益，当然也同时影响企业的各种成本。出口企业在决定出口商品的质量时，需要对成本和收益进行权衡，实现利润最大化。

当知识产权保护水平提升时，它通过两个途径影响企业的质量决策。首先，加强对知识产权的保护可能改变企业创新生产和模仿生产的机会成本"I（s）"。具体来说，如果创新产品的成本低于模仿产品的成本，企业倾向于选择创新生产，以生产更高质量的产品；如果创新产品的成本高于模仿产品的成本，企业可能更倾向于选择模仿生产，以确保产品质量相对较高。

值得强调的是，知识产权保护水平的提升会促使企业在创新生产和模仿生产两个路径上进行成本最优的权衡选择。因此，降低生产成本"c（s）"能够激励企业提高产品质量，尤其在考虑企业面临资源约束的情况下，这种影响更为显著。总的来说，生产成本的降低在这个过程中发挥着关键的推动作用，使企业更有动力应对质量提升的挑战。

5.1.1　以自主创新能力为中介的影响机制

大量实证分析结果表明，知识产权保护对于企业创新具有正向促进作用（史宇鹏和顾全林，2013；Sweet 和 Maggio，2015；吴超鹏和唐菂，2019；黄先海和卿陶，2021；方中秀，2022），而创新能力的提升对出口质量又有促进作用。卿陶（2020）在研究中指出创新能力越强的企业其产品的质量也越高，李强（2021）也发现类似结论，较强的创新能力可以显著提升企业的出口质量，从而实现出口贸易的高质量增长。不过也有研究指出发展中国家提高知识产权保护水平对技术转移和溢出效应影响很小，并要为此而付出很高的保护成本，不利于国内的资本积累（Philip，2005）。从国内的研究来看，张伟君和单晓光（2008）认为在经济发展初期，企业创新能力差，知识产权保护水平太高不利于发展中国家"逆向技术溢出"和发达国家技术转移效应；郭春野和庄子银（2012）以南北贸易模型为基础，发现发展中国家过于宽松或严格的知识产权保护都不利于长期持续发展，应当寻找最优知识产权保护点，采取适度知识产权保护制度实现经济增长。胡国恒和刘珊（2022）研究发现适度的知识产权保护有利于提升企业出口国内附加值率，而过度的知识产权保护会抑制自主创新而不利于提升企业出口国内附加值率。

　　需要特别指出的是，对于微观企业而言，传统观点认为知识产权保护与市场竞争相互矛盾，知识产权保护通过排他性专利授权提高了企业垄断势力，从而损害市场公平竞争，出现"诺德豪斯困境"（Nordhaus，1969）；垄断不但破坏市场公平，还会抑制创新，因为市场竞争减弱会增加来自企业的额外利润，会削弱垄断企业自身的创新动力，同时，垄断带来的行业进入门槛提升，又会削弱落后者的创新激励（Arrow，1972）；Aghion（2005）也发现当企业均处于较高技术水平时，扩大竞争有利于刺激企业研发，而抑制市场竞争反而不利于处于前沿技术水平的企业的创新，因此过强的知识产权保护导致垄断进而抑制企业创新。这一系列文献的基本观点是：知识产权保护力度加强从长远看会促进发明者的创新积极性，但是由于"诺德豪斯困境"的存在，最优专利制度设计应是垄断产生的静态损失和动态收益之间的平衡。因此，本书提出以研发创新能力为中介的机制假设1：

　　假设1：优化知识产权保护水平将鼓励出口企业开展更多的研发活动，进一步营造鼓励创新的环境，激发社会创新能力，推动企业进行自主创新，从而有效提升高技术产品的出口质量。

5.1.2　以模仿能力为中介的影响机制

　　有研究认为过于严苛的知识产权保护会使企业失去技术模仿的机会。对于发达国家而言，它们是知识产权净输出国，因此加强对外国知识产权的保护无疑是有益的。然而，对于发展中国家的出口企业而言，外国知识产权保护的加强可能会使得模仿成本上升，从而增加其生产成本，进而导致出口量减少。换句话说，过度强调知识产权保护对于发展中国家的出口企业可能产生负面影响。这是因为加强知识产权保护使得这些企业难以通过模仿先进技术来降低生产成本，从而可能限制了它们在国际市场上的竞争力，进而导致出口减少。

　　一个不可忽视的事实是，发展中国家的自主创新能力相对较低，且技术创新是一个渐进积累的过程，在短期内，创新对产品质量提升的作用可能有限。Furukawa（2010）在不考虑规模效应的内生增长模型中分析得出，知识产权保护与自主创新的关系呈现倒U形的曲线。Wu（2010）认为一个国家在发展的初期应该选择模仿创新，之后在某个时点转向自主创新。Branstetter 等（2011）的研究指出，知识产权保护对合法模仿产生的正向效应及由其带来的利得，可充分抵消因知识产权保护抑制非法模仿而造成的损失。创新不仅包括自主创新，还包括模仿创新，知识产权的过强保护会阻碍自主创新能力较弱的企业的模仿创新。祝树金等（2018）关注合法的技术模仿行为，认为加强知识产权保护有利于保证企业有偿购买的技术不被第三方窃取，从而提高企业的技术购买意愿；同时，对非法模仿的打击，能增强技术垄断者在合法交易中的定价权，提高其技术转移意愿。这会有效提高技术转移频率，加速行业内的技术模仿、技术扩散与标准形成，提升原有出口产品的技术含量与标准化程度。知识产权保护对国际贸易的影响可能会受到一国模仿能力的制约。对于那些模仿能力比较强的发展中国家而言，加强知识产权保护对发达国家的出口企业很重要，因为这样减少了被模仿的风险，从而促进了国际贸易。在模仿能力较弱的发展中国家，加强知识产权保护对国际贸易的影响可能并不那么显著。因此，本书提出以技术模仿为中介的机制假设2：

假设2：知识产权保护水平的提升会鼓励外资企业或跨国公司积极承接母国的技术转移，有效的知识产权保护会促进高技术流入，行业内其他企业可利用R&D溢出、技术转移、技术人员的流动等获取可供模仿的前沿技术和"隐性技术"，实现更高水平的技术进步，从而生产质量更高的产品。

5.2　模型构建和变量选择

5.2.1　模型设定

根据前文分析，本书构建的回归模型如式（5-2）所示：

$$\ln \text{quality}_{kijt} = \beta_0 + \beta_1 \ln \text{regp}_{it} + \beta_2 \sum X_{ijt} + \mu_t + \mu_j + \varepsilon_{ijt} \tag{5-2}$$

其中，i 代表中国；j 代表高技术产品的出口目的国；k 代表高技术产品；t 代表时间。$\ln \text{quality}_{kijt}$ 代表 t 期第 k 类高技术产品的出口质量；$\ln \text{regp}_{it}$ 为模型的核心变量，代表知识产权保护水平；$\sum X_{ijt}$ 为一系列控制变量；μ_j 和 μ_t 分别代表国家和年份固定效应；ε_{ijt} 为残差项。

5.2.2 变量选取及数据说明

（1）被解释变量

如图5-1所示，2009—2020年，中国高技术产品对"一带一路"沿线国家的出口质量从0.58提高到0.64，这意味着出口产品的质量明显改善。在这段时期内，出口质量提升了1.10倍。这一数据表明中国在向"一带一路"沿线国家出口的高技术产品中，产品质量的提升是显著的，这也反映了中国在高技术产品领域的技术实力和竞争力的增强。关于中国高技术产品对"一带一路"沿线各国的出口质量参见第4章4.3节。

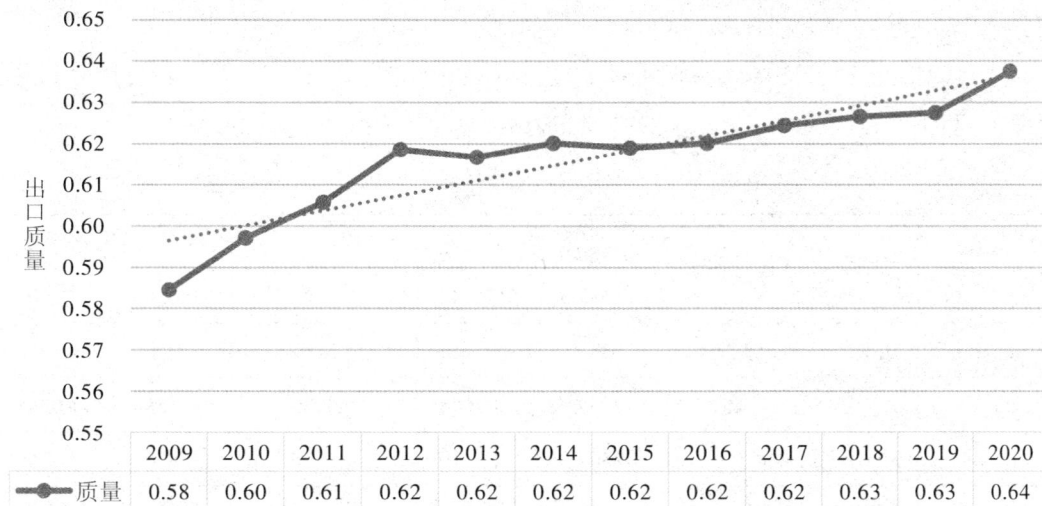

	2009	2010	2011	2012	2013	2014	2015	2016	2017	2018	2019	2020
质量	0.58	0.60	0.61	0.62	0.62	0.62	0.62	0.62	0.62	0.63	0.63	0.64

图5-1 2009—2020年中国高技术产品对"一带一路"沿线国家出口的质量

（2）核心解释变量

①核心解释变量——知识产权保护水平

第3章知识产权保护水平测算数据显示，从全国平均水平来说，中国知识产权保护水平从2009年的0.064上升至2019年的0.202，年均增长率为12.22%。

②其余控制变量

模型中的控制变量主要包括：第一，进口国的人均国内生产总值pgdp，用以衡量各国经济发展水平，其值越高，表明该国居民的购买力越强，对高质量的高技术产品需求越强，数据源自世界银行WDI数据库。第二，进口国的高技术产品的进口关税税率tax，用以衡量进口成本的高低，其值越高，表明需承受更高的进口成本，可能会降低对高质量产品的需求，数据源自世界银行WDI数据库。第三，进口国的创新能力edu，用以测度自主研发能力，使用25岁以上公民受教育年限进行测度，该值越高，对进口高技术产品的质量要求也越高，数据源自Barro-Lee网站。第四，制度距离sysdis，用以衡量两个国家（地区）在制度方面的差异，使用世界治理指数（WGI）数据库公众话语权与问责制、政治稳定与杜绝暴力及恐怖主义、ZF效率、监管质量、法治水平、腐败控制这6个维度对制度距离加以测度，该值越高代表两国（地区）在规范、认知等方面的差距越大，市场的不确定性增大，从而可能约束高技术产品出口质量的提升。第五，中国实际利用外商直接投资fdi，用以衡量中国利用外资在推动技术进步等方面的情况，其值越高，越有助于引进先进技术及人才，从而推动出口产品质量的提升，数据源自世界银行WDI数据库。第六，是否签署自由贸易协定fta，该变量为虚拟变量，同中国签订自贸协议取1，反之取0，数据源自中国自由贸易区服务网。表5-1为变量的描述性统计。

表5-1　　　　　　　　　　　　变量的描述性统计

变量	变量说明	观测值	均值	标准差	最小值	最大值
quality	出口质量	253 451	0.6148	0.1820	0.0000	1.0000
ln regp	知识产权保护水平	253 451	1.5144	0.2662	1.0666	1.9533
ln pgdp	人均国内生产总值	250 627	8.7645	1.0932	6.1588	11.0841
ln edu	进口国的创新能力	250 703	2.2010	0.3396	0.8346	2.5759
ln sysdis	制度距离	250 944	0.7281	0.4205	-0.3761	1.6603
ln tax	进口关税税率	240 104	1.3603	0.8017	-2.1203	3.1437
ln fdi	外商直接投资	253 451	0.0242	0.0088	0.0130	0.0400
fta	是否签署自由贸易协定	253 451	0.1551	0.3620	0.0000	1.0000

5.3　实证分析

5.3.1　基准回归结果

表5-2报告了知识产权保护水平对高技术产品出口质量影响的基准回归结果。列

（1）至列（7）是在控制企业固定效应和年份固定效应的情况下，依次引入核心变量和控制变量的回归结果。根据结果可知，核心变量知识产权保护水平的回归系数在各回归结果中均显著为正，说明出口国知识产权保护水平的提高对出口至"一带一路"沿线国家的高技术产品出口质量表现出显著的提高作用，即本书在机理研究中知识产权保护水平对出口质量的假设是合理的。

表5-2　　　　　　　　　　　　　　　　　基准回归结果

变量	（1）	（2）	（3）	（4）	（5）	（6）	（7）
ln regp	0.062***	0.041***	0.040***	0.041***	0.041***	0.073***	0.070***
	（0.001）	（0.001）	（0.002）	（0.002）	（0.002）	（0.005）	（0.005）
ln pgdp		0.083***	0.084***	0.079***	0.085***	0.085***	0.079***
		（0.003）	（0.003）	（0.003）	（0.003）	（0.003）	（0.003）
ln edu			0.011*	0.007	0.001	0.001	0.001
			（0.007）	（0.007）	（0.007）	（0.007）	（0.007）
ln sysdis				−0.018***	−0.017***	−0.017***	−0.016***
				（0.002）	（0.002）	（0.002）	（0.002）
ln tax					−0.002*	−0.002*	−0.000
					（0.001）	（0.001）	（0.001）
ln fdi						2.183***	2.165***
						（0.392）	（0.392）
fta							0.019***
							（0.002）
常数项	0.324***	−0.165***	−0.187***	−0.128***	−0.154***	−0.245***	−0.205***
	（0.004）	（0.017）	（0.017）	（0.018）	（0.019）	（0.025）	（0.025）
观测值	253 451	250 627	250 386	250 386	239 787	239 787	239 787
r^2	0.594	0.594	0.594	0.594	0.593	0.593	0.594
国家固定效应	Yes	Yes	Yes	Yes	Yes	Yes	Yes
年份固定效应	Yes	Yes	Yes	Yes	Yes	Yes	Yes

注：括号里为标准误，*、**、***分别表示在10%、5%、1%水平上通过显著性检验。

5.3.2　稳健性检验

为了进一步增加实证结果的可靠性，表5-3使用替代变量、更换回归样本和更换回归方法三种方法验证基准回归结果的稳健性。具体而言，方法一：替代变量处理。本章重新测算了中国知识产权的保护水平，即采用在未考虑省级研发强度环境下的知识产权保护水平来替代考虑研发强度的知识产权保护水平进行稳健性检验。方法二：更换回归样本处理。为了防止回归样本的异常值影响本章的基准回归结果，本章采用双边缩尾1%对数据进行回归。方法三：更换回归方法处理。为了进一步确保回归结果的稳健性，本章选择GMM回归加以估计。表5-3的第（1）列至第（3）列分别为这三种方法对应的回归结果，结果显示，知识产权保护水平的回归系数方向和显著性均未发生较大变化，这表明本章的基准回归结果是稳健的。这意味着出口国知识产权保护水平的提升对于拉动出口至"一带一路"沿线国家的高技术产品的质量具有显著的影响。

表5-3　　　　　　　　　　　　　　稳健性检验结果

变量	（1） 替代变量处理	（2） 更换回归样本	（3） 更换回归方法
ln regp	0.062***	0.070***	0.085***
	(0.005)	(0.005)	(0.007)
ln pgdp	0.079***	0.077***	0.081***
	(0.003)	(0.003)	(0.004)
ln edu	0.001	0.001	0.018**
	(0.007)	(0.007)	(0.008)
ln sysdis	−0.016***	−0.016***	−0.010***
	(0.002)	(0.002)	(0.002)
ln tax	0.000	0.000	−0.001
	(0.001)	(0.001)	(0.001)
ln fdi	2.082***	2.118***	2.580***
	(0.386)	(0.385)	(0.476)

续表

变量	（1）替代变量处理	（2）更换回归样本	（3）更换回归方法
fta	0.019***	0.019***	0.017***
	（0.002）	（0.002）	（0.002）
常数项	−0.186***	−0.192***	−0.181***
	（0.025）	（0.025）	（0.031）
观测值	239 787	239 787	177 836
r²	0.594	0.597	0.411
国家固定效应	是	是	是
年份固定效应	是	是	是

注：括号里为标准误，*、**、***分别表示在10%、5%、1%水平上通过显著性检验。

5.3.3　内生性处理

鉴于可能存在遗漏变量和对核心变量测度的偏差，从而可能导致内生性问题，本章参考了虞义华、赵奇锋和鞠晓生（2018）的方法，采用核心变量的滞后二期作为第一个工具变量。另外，考虑到政府工作报告中对"知识产权"重复次数可以反映政府层面对加强知识产权保护的重视程度，但与高技术产品出口质量的相关性较低，因此，我们选取政府工作报告中"知识产权"一词的词频数量作为第二个工具变量进行回归分析。

表5-4显示了工具变量回归的结果。第（1）列和第（2）列分别为2SLS第二阶段和GMM回归估计的结果。结果表明，核心解释变量—知识产权保护水平在1%的显著性水平上呈现正向关系，与基准回归结果一致。这进一步验证了中国知识产权保护水平的提升对于提高出口至"一带一路"国家的高技术产品的质量具有显著作用。此外，在工具变量回归中进行的不可识别检验中，Anderson LM统计量结果显著拒绝原假设，而弱工具变量检验结果中，Cragg-Donald Wald F统计量远大于Stock-Yogo10%的临界值19.93，Sargan检验统计量对应的P值为0.86。这些结果综合来看，表明所选的工具变量与内生变量相关，不存在弱工具变量问题，因此工具变量在本章中是有效且适当的。

表5-4　　　　　　　　　　　　　内生性检验结果

变量	（1）2SLS回归	（2）GMM回归
ln regp	0.014 (0.002)***	0.650 (0.239)***
观测值	145 472	145 472
r^2	0.0311	0.3807
国家固定效应	yes	yes
年份固定效应	yes	yes

注：括号里为标准误，*、**、***分别表示在10%、5%、1%水平上通过显著性检验。

5.3.4　机制检验

在机理研究中，本章提出知识产权保护的加强通过两条路径来影响高技术产品的出口质量，即企业提高自主创新能力和企业获取外部的技术模仿制造。为了验证这两个影响机制，本章将进行实证检验。

（1）以自主创新为中介的影响机制

为检验该理论的合理性，本章以各省份地区生产总值占比作为权重，用熵值法计算得到自主研发创新能力指标（ln innovation1$_{it}$），并将其交互项引入模型，具体参见式（5-3），同时使用主成分分析法计算该指标（ln innovation2$_{it}$），以验证结果的稳健性。

$$\ln quality_{kijt} = \beta_0 + \beta_1 \ln innovation1_{it}*\ln regp_{it} + \beta_n\sum X_{ijt} + \mu_t + \mu_j + \varepsilon_{ijt} \qquad (5-3)$$

其中，ln innovation1$_{it}$*ln regp$_{it}$代表的是自主研发创新能力和知识产权保护水平的交互项；$\sum X_{ijt}$为控制变量，和前文保持一致，不再重复说明。由表5-5机制检验的回归结果第（1）列可知，知识产权保护水平的提升有助于提高高技术产品出口质量，但交互项的系数显著为负，表明创新能力的提升在一定程度上会弱化加强知识产权保护对产品出口质量的提升作用，利用简单平均计算所得的创新能力也得到类似结论，如第（2）列所示。

列（1）和列（2）交互项的回归结果为负，和预期相反，即创新弱化了知识产权保护对高技术产品出口质量的提升作用。目前中国正面临发展阶段，这一现状与企业在创新活动中所面临的成本–收益相关。在强化知识产权保护的环境下，企业为了提升生产效率和获取先进生产技术，往往采取创新和模仿行为。创新成功可以带来巨大收益，但同时也伴随着高昂的投入成本和市场不确定性的风险。因此，过高的知识产权保护水平在一定程度上抑制了自主创新对高技术产品出口质量的提升作用。然而，在当前美国对我们施加压力，迫使我们在一些关键领域进行脱钩的背景下，尤其是在"卡脖子"领域，我们不得不对高技术产品进行创新。在这种情况下，关键是如何有效地激励创新并保护知识产权，以提升高技术产品出口的质量。

（2）以模仿能力为中介的影响机制

为检验模仿能力的影响渠道，本章参考沈国兵和黄铄珺（2019）的做法，在模型中引入知识产权保护水平和模仿能力的交互项，即使用引进国外技术经费支出（ln np_imtech）表示模仿能力，并使用购买技术经费支出（ln np_buytech）进行稳健性检验，具体参见式（5-4）。

$$\ln quality_{kijt} = \beta_0 + \beta_1 \ln np\_imtech * \ln regp_{it} + \beta_n \sum X_{ijt} + \mu_t + \mu_j + \varepsilon_{ijt} \qquad (5\text{-}4)$$

其中，$\ln np\_imtech * \ln regp_{it}$ 表示模仿能力和知识产权保护水平的交互项；$\sum X_{ijt}$ 为控制变量，和前文保持一致，不再重复说明。由表5-5回归结果第（3）列和第（4）列可知，虽然知识产权保护水平的系数显著为负，但其同模仿能力的交互项的系数显著为正，模仿能力的增强会强化知识产权保护对企业出口质量的提升作用，这也验证了之前的假设。

表5-5　　　　　　　　　　　　　　　机制检验结果

因变量 自变量	（1） $\ln quality_{kijt}$	（2） $\ln quality_{kijt}$	（3） $\ln quality_{kijt}$	（4） $\ln quality_{kijt}$
$\ln regp_{it}$	0.0850*** (0.0279)	0.0729*** (0.0279)	−0.585*** (0.0718)	−1.073*** (0.168)
$\ln innovation1_{it} * \ln regp_{it}$	−0.402*** (0.0652)			

续表

因变量 自变量	（1） ln quality$_{kijt}$	（2） ln quality$_{kijt}$	（3） ln quality$_{kijt}$	（4） ln quality$_{kijt}$
ln innovation2$_{it}$*ln regp$_{it}$		-0.741^{***} （0.0720）		
ln np_buytech*ln regp$_{it}$			0.106^{***} （0.0132）	
ln np_imtech*ln regp$_{it}$				0.157^{***} （0.0278）
ln innovation1$_{it}$	0.378^{*} （0.206）			
ln innovation2$_{it}$		0.438^{**} （0.186）		
ln np_buytech			-0.140^{***} （0.0156）	
ln np_imtech				-0.189^{***} （0.0411）
观测值	239 787	239 787	217 340	217 340
r^2	0.360	0.361	0.361	0.361
国家固定效应	是	是	是	是
年份固定效应	是	是	是	是

注：括号里为标准误，*、**、***分别表示在10%、5%、1%水平上通过显著性检验。

一些企业由于内部资源有限，为追求利润最大化，常常以"模仿者"的角色进行生产，类似于智猪博弈中的小猪。通过模仿效应，这些企业在一定程度上有效地降低了成本，优化了资源配置，并取得了较高的收益。特别是对于发展中国家的高技术企业而言，它们的生产和发展对于加强知识产权保护可能需要逐步适应。企业盲目增加创新投入可能会提高生产成本，挤压有限的企业资源，导致企业跨越出口固定成本获得的利润受限，从而限制了企业产品质量的提升。因此，当前情况下，这些企业在追求利润最大化的同时，需要权衡创新投入和模仿效应的平衡，根据自身资源状况和市场情况做出明智的决策，以实现利润最大化和可持续发展。

5.4　异质性分析

5.4.1　出口产品的异质性

考虑到知识产权保护水平会提高市场准入门槛，使企业重新分配资源，此时，出口企业会加大力度提升出口规模较小的高技术产品质量，提升其出口市场竞争力，而对市场份额较大且出口规模递增的高技术产品出口质量提升的意愿不强。因此，为了解对不同类型产品出口质量的影响是否存在差异，将高技术产品分为电器机械及机械制造业类产品（Pt1）、电子及通信设备制造业类产品（Pt2）、仪器仪表及文化办公用机械制造业类产品（Pt3）。表5-6的列（1）、列（2）和列（3）为出口产品异质性的回归结果，从中可知知识产权保护水平的提升对电器机械及机械制造业类产品和仪器仪表及文化办公用机械制造业类产品的出口质量有积极的拉动作用，但对电子及通信设备制造业类产品的出口质量并没有显著的促进作用。这可能是因为在上述三类产品出口中，电子及通信设备制造业类产品对"一带一路"沿线国家出口规模相对其他两类产品更为显著，出口增幅也较大。这可能导致出口企业在提升该类产品质量方面的积极性相对较低。

表5-6　　　　　　　　　　　　　出口产品异质性回归结果

产品类别 自变量	P_{t1}	P_{t2}	P_{t3}
ln regp	0.041***	0.004	0.025***
	(0.003)	(0.005)	(0.004)
ln pgdp	0.019***	0.028***	0.027***
	(0.001)	(0.001)	(0.001)

续表

产品类别 自变量	P_{t1}	P_{t2}	P_{t3}
ln edu	0.061*** (0.002)	0.054*** (0.003)	0.041*** (0.002)
ln sysdis	−0.024*** (0.001)	−0.022*** (0.002)	−0.029*** (0.001)
ln tax	0.037*** (0.001)	0.033*** (0.001)	0.042*** (0.001)
ln fdi	0.279*** (0.095)	−0.068 (0.162)	−0.074 (0.115)
fta	0.111*** (0.001)	0.107*** (0.003)	0.105*** (0.002)
常数项	0.231*** (0.009)	0.179*** (0.015)	0.164*** (0.011)
观测值	113 462	41 116	85 209
r^2	0.202	0.281	0.243
国家固定效应	是	是	是
年份固定效应	是	是	是

注：括号里为标准误，*、**、***分别表示在10%、5%、1%水平上通过显著性检验。

5.4.2　出口地区的异质性

在"一带一路"沿线国家中，国家之间发展不平衡的问题也普遍存在，因此考虑到地区之间的发展不平衡问题可能会影响本章的基准回归结果，除蒙古国外，本章将"一带一路"沿线国家主要分为六大区域，分别是东盟地区、独联体地区、南亚地区、西亚地区、中东欧地区和中亚地区[①]，用以考察地区异质性对本章基准回归的影响。表5-7中列（1）至列（6）为地区异质性的检验结果，从中可知知识产权保护水平的提升对高技术产品出口质量均具有拉动作用，其中对南亚地区出口质量的提升作用最为显著，而对东盟地区出口质量的提升作用相对有限。

表5-7　　　　　　　　　　　　　出口地区异质性回归结果

国家 变量	（1） 东盟 （10国）	（2） 独联体 主要国家 （5国）	（3） 南亚 （8国）	（4） 西亚 （18国）	（5） 中东欧 （16国）	（6） 中亚 （5国）
ln regp	0.028* （0.015）	0.142*** （0.015）	0.152*** （0.018）	0.048*** （0.010）	0.033*** （0.012）	0.056** （0.024）
ln pgdp	0.068*** （0.015）	0.032*** （0.011）	−0.019 （0.014）	0.053*** （0.005）	0.146*** （0.014）	0.220*** （0.034）
ln edu	0.045 （0.031）	−0.273*** （0.071）	−0.114*** （0.012）	0.091*** （0.012）	−0.028** （0.014）	0.229*** （0.081）
ln sysdis	0.000 （0.005）	−0.025*** （0.006）	−0.035*** （0.009）	−0.026*** （0.003）	−0.021** （0.008）	−0.007 （0.009）
ln tax	−0.008*** （0.002）	0.030*** （0.003）	0.002 （0.009）	−0.011*** （0.002）	0.004* （0.002）	0.027*** （0.008）
ln fdi	0.505 （0.552）	2.942*** （1.022）	2.468** （1.182）	2.003*** （0.713）	2.105*** （0.742）	2.414 （1.494）
fta	0.037** （0.013）	0.021*** （0.007）	0.024*** （0.006）	—	—	—

① 东盟地区具体包括缅甸、文莱、柬埔寨、印度尼西亚、老挝、马来西亚、菲律宾、新加坡、越南、泰国10国；独联体地区具体包括阿塞拜疆、亚美尼亚、白俄罗斯、摩尔多瓦、俄罗斯5国；南亚地区具体包括阿富汗、孟加拉国、不丹、斯里兰卡、马尔代夫、尼泊尔、巴基斯坦、印度8国；西亚地区包括巴林、塞浦路斯、巴勒斯坦、希腊、伊朗、伊拉克、以色列、约旦、科威特、黎巴嫩、阿曼、卡塔尔、沙特阿拉伯、叙利亚、阿联酋、土耳其、埃及、也门18国；中东欧地区包括阿尔巴尼亚、波黑、保加利亚、克罗地亚、捷克、爱沙尼亚、匈牙利、拉脱维亚、立陶宛、黑山、波兰、罗马尼亚、塞尔维亚、斯洛伐克、斯洛文尼亚、北马其顿16国；中亚地区包括哈萨克斯坦、吉尔吉斯斯坦、塔吉克斯坦、土库曼斯坦、乌兹别克斯坦5国。

续表

国家 变量	（1） 东盟 （10国）	（2） 独联体 主要国家 （5国）	（3） 南亚 （8国）	（4） 西亚 （18国）	（5） 中东欧 （16国）	（6） 中亚 （5国）
常数项	−0.428*** （0.132）	0.518*** （0.174）	0.440*** （0.098）	−0.284*** （0.000）	−0.746*** （0.112）	−2.090*** （0.315）
观测值	36 411	27 811	27 404	65 469	65 458	13 710
r^2	0.6864	0.6778	0.6925	0.5856	0.6260	0.5738
国家固定效应	Yes	Yes	Yes	Yes	Yes	Yes
年份固定效应	Yes	Yes	Yes	Yes	Yes	Yes

注：蒙古国未纳入上述区域范围，括号里为标准误，*、**、***分别表示在10%、5%、1%水平上通过显著性检验。

5.5　本章小结

本章实证考察了知识产权保护对我国向 "一带一路" 沿线国家出口高技术产品质量的影响及其内在作用机制，主要研究结论如下：（1）提升知识产权保护水平能从总体上提高对 "一带一路" 沿线国家出口高技术产品的质量，且该结论通过一系列稳健性检验。（2）知识产权保护主要通过两种效应，即创新效应和模仿效应对高技术产品出口质量产生影响。创新效应在一定程度上会弱化知识产权保护对产品出口质量的提升作用，而模仿效应会强化知识产权保护对出口质量的拉升作用。（3）异质性分析表明，知识产权保护水平的提升对电器机械及机械制造业类产品和仪器仪表及文化办公用机械制造业类产品出口 "一带一路" 沿线国家的质量均有拉动作用，对电子及通信设备制造业类产品出口质量不具有促进作用；另外，知识产权保护水平的提升对高技术产品出口东盟地区、独联体地区、南亚地区、西亚地区、中东欧地区和中亚地区的质量均有推动作用，相较而言，对南亚地区的提升作用最为显著，对东盟地区的拉动作用相对有限。

第6章 知识产权保护水平对高技术产品出口东盟国家质量的影响

东南亚国家联盟[①]（ASEAN，简称东盟）成立于1967年，时值第一次区域经济一体化浪潮，是较早成立且内部成员关系密切的主要区域经济一体化组织之一。东盟在我国"一带一路"和RCEP合作机制中占有重要地位，是我国对外经贸发展的关键性合作伙伴。自2002年11月《中国与东盟全面经济合作框架协议》签订以来，中国与东盟间的合作领域不断扩大，经贸合作越来越紧密。2020年第一季度，东盟超越欧盟成为我国最大的贸易伙伴，与东盟国家间的贸易合作成为我国对外贸易长期发展的重要组成部分。中国作为全球最大的制造业国家和高科技产品的主要生产及出口国，与东盟的贸易关系近年来日益紧密。中国的科技实力在不断增强，这在很大程度上推动了对外贸易的持续扩大，尤其是高技术产品的出口。东盟作为中国最大的贸易伙伴之一，成为这一增长趋势的重要受益者。近10年间，中国-东盟自由贸易区的升级进一步助力了中国高技术产品对东盟的出口，推动出口量持续增长。这些高技术产品包括电子产品、机械设备、医疗器械、新能源汽车等，涵盖了信息技术、生物技术、航空航天、新材料等多个领域。

在中国与东盟的进出口贸易中，拉动中国出口额增长的一大要素是集成电路产品出口的增长，拉动幅度达3.3%[②]。以集成电路产品为代表的高技术产品，在中国与东盟的

[①] 东南亚国家联盟成员国有：文莱、柬埔寨、印度尼西亚、老挝、马来西亚、缅甸、菲律宾、新加坡、泰国、越南。

[②] 数据来源于海关总署2020年第一季度货物贸易进出口数据。

经贸合作中体现出了对双边贸易结构的持续性优化作用。统计数据显示，2009—2020年，我国对东盟国家的出口规模显著增长。2009年，中国所有产品出口规模为1 113.05亿美元，到2020年增长到3 628.81亿美元。在高技术产品出口额方面，2009年为340.86亿美元，到2020年已经增长至1 207.31亿美元，这表明高技术产品出口的增长速度非常明显。另外，关于高技术产品出口占比，2009年占所有产品品类出口规模的比例为30.62%，到2020年这一比例上涨至33.27%，增长了2.65%[①]。可以看出，高技术产品在整体出口中所占比例逐年上升。这些数据显示了中国对东盟地区出口的规模和高技术产品出口的比重有所增加，反映了中国与东盟国家之间经济贸易关系的日益密切与合作的加强。中国对东盟的出口结构由以资源型产品为主，转向以高技术产品等技术密集型产品为主，而高技术产品出口结构的优化是促进中国和东盟各成员国贸易合作深化的关键因素之一。

6.1 高技术产品对东盟10国出口质量现状

6.1.1 高技术产品总体出口东盟国家质量

表6-1显示的是我国高技术产品对东盟10国2009—2020年出口质量的变化情况。从表中可知：（1）高技术产品对东盟各国出口质量在2009—2020年间均呈现出递增的趋势。（2）出口质量的递增程度在东盟10国之间的差距明显。其中，我国高技术产品对柬埔寨的出口质量的年均增长率提升最为显著，其次是对越南的出口；而我国高技术产品对新加坡的出口质量的提升相对其他9国而言最小，但出口质量在2009—2020年间的年均增长率也达到了0.58%，2009年出口质量值为0.77，2020年该值为0.82，增长了6.49%。上述数据也充分说明我国在2009—2020年间对高技术产品出口质量的提升高度重视，也力求推进高技术产品出口质量的提升，优化高技术产品对东盟国家的出口。

---

① 数据来源于CEPII数据库（即法国世界经济研究中心数据库）。

表6-1　　　　　　　　　　　高技术产品对东盟10国出口质量变化

国家 年份	文莱	缅甸	柬埔寨	印度 尼西亚	老挝	马来 西亚	菲律宾	新加坡	越南	泰国
2009	0.40	0.57	0.47	0.75	0.46	0.76	0.68	0.77	0.72	0.75
2010	0.42	0.58	0.50	0.77	0.46	0.78	0.70	0.79	0.74	0.77
2011	0.45	0.59	0.54	0.78	0.48	0.79	0.71	0.79	0.76	0.79
2012	0.50	0.60	0.55	0.81	0.49	0.81	0.73	0.81	0.80	0.81
2013	0.50	0.62	0.57	0.81	0.50	0.82	0.73	0.81	0.78	0.80
2014	0.51	0.63	0.56	0.81	0.51	0.82	0.74	0.82	0.79	0.81
2015	0.48	0.64	0.57	0.80	0.48	0.81	0.74	0.81	0.80	0.82
2016	0.46	0.63	0.57	0.80	0.49	0.81	0.76	0.80	0.81	0.82
2017	0.47	0.63	0.56	0.81	0.51	0.81	0.78	0.80	0.81	0.82
2018	0.51	0.63	0.58	0.81	0.52	0.81	0.77	0.80	0.82	0.82
2019	0.47	0.63	0.60	0.82	0.52	0.82	0.78	0.80	0.83	0.82
2020	0.46	0.63	0.62	0.82	0.52	0.82	0.79	0.82	0.85	0.84

资料来源：原始数据来源于CEPII数据库，经作者计算所得。

6.1.2　电器机械及机械制造业类产品出口质量

表6-2显示的是我国电器机械及机械制造业类产品对东盟10国2009—2020年出口质量的变化情况。从表中可知电器机械及机械制造业类高技术产品对东盟10国出口质量总体呈现递增的趋势。就对10国出口质量的具体情况而言：（1）2009—2020年，电器机械及机械制造业类产品出口质量年均增长率最高的出口目的国是柬埔寨，这可能与我国在2010年前电器机械及机械制造业类产品的出口质量值相对偏低相关。（2）我国电器机械及机械制造业类产品对老挝、越南和菲律宾的出口质量的年均增长率也相对较高，分别达到2.21%、1.63%和1.16%。从第4章的分析中可知，越南在2019年和2020年跃居我国高技术产品的第一大出口目的国，这可能与电器机械及机械制造业类产品对越南出口质量提升有关。（3）我国电器机械及机械制造业类产品对泰国、印度尼西亚、

马来西亚、文莱和新加坡的出口质量年均增长率大于0小于1，分别为0.70%、0.52%、0.24%、0.16%和0.01%。

表6-2　　　　　电器机械及机械制造业类产品对东盟10国出口质量变化

国家 年份	文莱	缅甸	柬埔寨	印度 尼西亚	老挝	马来 西亚	菲律宾	新加坡	越南	泰国
2009	0.45	0.55	0.46	0.72	0.45	0.79	0.67	0.81	0.68	0.76
2010	0.44	0.57	0.48	0.74	0.44	0.79	0.69	0.82	0.72	0.79
2011	0.46	0.57	0.54	0.75	0.47	0.81	0.68	0.81	0.72	0.80
2012	0.51	0.54	0.53	0.78	0.44	0.82	0.69	0.83	0.75	0.81
2013	0.49	0.60	0.55	0.76	0.45	0.81	0.70	0.81	0.72	0.80
2014	0.50	0.62	0.56	0.75	0.50	0.80	0.70	0.82	0.74	0.79
2015	0.45	0.60	0.52	0.75	0.50	0.80	0.71	0.80	0.74	0.79
2016	0.45	0.59	0.54	0.74	0.52	0.81	0.73	0.80	0.75	0.79
2017	0.43	0.59	0.50	0.76	0.49	0.79	0.75	0.81	0.76	0.80
2018	0.46	0.61	0.57	0.77	0.50	0.78	0.75	0.81	0.77	0.80
2019	0.44	0.58	0.54	0.78	0.49	0.81	0.75	0.80	0.80	0.80
2020	0.45	0.60	0.60	0.76	0.55	0.81	0.76	0.81	0.81	0.82

资料来源：原始数据来源于CEPII数据库，经作者计算所得。

6.1.3　电子及通信设备制造业类产品出口质量

表6-3显示的是我国电子及通信设备制造业类产品对东盟10国2009—2020年出口质量的变化情况。从表中可知电子及通信设备制造业类产品对东盟10国出口质量总体呈现递增的趋势。就对10国出口质量的具体情况而言：（1）2009—2020年，我国电子及通信设备制造业类产品出口质量增长最快的目的国是柬埔寨，其次是文莱。2009年，对这两个国家的出口质量相对较低，但到了2020年，对柬埔寨的出口质量从0.50提高到0.69，是2009年的1.38倍，年均增长率为3.03%，位居10国之首；对文莱的出口质量从0.41提高到0.49，是2009年的1.20倍，年均增长率为1.79%，排名第二。（2）我国

电子及通信设备制造业类产品对老挝、越南、菲律宾和缅甸的出口质量也有较大幅度的提升，年均增长率分别为1.44%、1.33%、1.20%和1.15%。其中，对老挝的出口质量增长较快与其初始值偏低有关。（3）我国电子及通信设备制造业类产品对泰国、印度尼西亚、马来西亚、新加坡的出口质量增长较缓慢，年均增长率都在1%以下，分别为0.87%、0.77%、0.77%和0.46%。

表6-3　　　　　　　电子及通信设备制造业类产品对东盟10国出口质量变化

国家 年份	文莱	缅甸	柬埔寨	印度 尼西亚	老挝	马来 西亚	菲律宾	新加坡	越南	泰国
2009	0.41	0.61	0.50	0.80	0.48	0.80	0.72	0.79	0.77	0.80
2010	0.45	0.61	0.54	0.82	0.49	0.82	0.74	0.81	0.79	0.82
2011	0.49	0.63	0.57	0.84	0.51	0.82	0.77	0.82	0.80	0.83
2012	0.52	0.64	0.59	0.86	0.52	0.84	0.78	0.83	0.83	0.84
2013	0.54	0.65	0.61	0.86	0.53	0.85	0.78	0.83	0.83	0.85
2014	0.55	0.68	0.59	0.86	0.52	0.86	0.79	0.84	0.84	0.85
2015	0.52	0.70	0.62	0.84	0.52	0.86	0.80	0.84	0.85	0.85
2016	0.50	0.70	0.62	0.85	0.51	0.86	0.80	0.83	0.86	0.85
2017	0.51	0.68	0.62	0.86	0.54	0.85	0.82	0.82	0.87	0.86
2018	0.54	0.68	0.63	0.86	0.55	0.85	0.81	0.82	0.87	0.86
2019	0.50	0.69	0.68	0.87	0.56	0.86	0.82	0.82	0.88	0.86
2020	0.49	0.69	0.69	0.87	0.56	0.87	0.82	0.83	0.89	0.88

资料来源：原始数据来源于CEPII数据库，经作者计算所得。

6.1.4 仪器仪表及文化办公用机械制造业类产品出口质量

表6-4显示的是我国仪器仪表及文化办公用机械制造业类产品对东盟10国2009—2020年出口质量的变化情况。从表中可知仪器仪表及文化办公用机械制造业类产品对东盟10国出口质量总体呈现递增的趋势。就对10国出口质量的具体情况而言：

（1）2009—2020年，我国仪器仪表及文化办公用机械制造业类产品出口质量增长最快的目的国是柬埔寨，对柬埔寨的出口质量从0.42提高到0.54，是2009年的1.29倍，年均增长率为2.38%，位居10国之首。（2）我国仪器仪表及文化办公用机械制造业类产品对东盟10国的出口质量年均增长率相较其他两类高技术产品出口质量年均增长率较快，对文莱、菲律宾、越南、泰国、缅甸和印度尼西亚的出口质量也有较大幅度的提升，年均增长率分别为2.03%、1.89%、1.65%、1.49%、1.03%和1.02%。（3）我国仪器仪表及文化办公用机械制造业类产品对老挝、马来西亚和新加坡的出口质量增长较缓慢，年均增长率都在1%以下，分别为0.98%、0.87%和0.85%。

表6-4　　仪器仪表及文化办公用机械制造业类产品对东盟10国出口质量变化

国家\年份	文莱	缅甸	柬埔寨	印度尼西亚	老挝	马来西亚	菲律宾	新加坡	越南	泰国
2009	0.35	0.52	0.42	0.70	0.41	0.71	0.62	0.73	0.67	0.69
2010	0.35	0.53	0.44	0.72	0.41	0.73	0.65	0.75	0.69	0.71
2011	0.39	0.53	0.48	0.73	0.42	0.75	0.67	0.76	0.71	0.73
2012	0.46	0.56	0.51	0.78	0.48	0.76	0.69	0.79	0.75	0.76
2013	0.45	0.57	0.50	0.77	0.48	0.78	0.69	0.79	0.73	0.75
2014	0.48	0.58	0.52	0.78	0.48	0.78	0.69	0.80	0.76	0.76
2015	0.45	0.58	0.51	0.78	0.44	0.77	0.69	0.78	0.76	0.79
2016	0.41	0.56	0.51	0.78	0.45	0.76	0.72	0.78	0.76	0.79
2017	0.43	0.58	0.50	0.79	0.46	0.76	0.74	0.79	0.77	0.78
2018	0.48	0.57	0.50	0.77	0.47	0.76	0.73	0.78	0.77	0.78
2019	0.45	0.57	0.51	0.79	0.47	0.76	0.74	0.78	0.78	0.78
2020	0.42	0.58	0.54	0.78	0.45	0.78	0.76	0.80	0.80	0.81

资料来源：原始数据来源于CEPII数据库，经作者计算所得。

综合表6-1、表6-2、表6-3和表6-4的结果可知，中国高技术产品对东盟10国出口的质量均呈现增长趋势。就三类高技术产品的出口质量而言，2009—2020年，在东盟10国中，我国电器机械及机械制造业类产品、电子及通信设备制造业类产品和仪器仪表及文化办公用机械制造业类产品出口质量年均增长率最快的国家是柬埔寨，最慢的是新加坡，这可能与我国在早期出口新加坡的高技术产品质量高于对柬埔寨的出口质量有关。

6.2　知识产权保护水平对高技术产品出口东盟国家质量影响的实证分析

参考本书第5章的实证模型、应变量的选择和自变量的选择，本章采用变系数逐步回归方法并通过逐步回归从列（1）至列（7）进一步分析我国知识产权保护水平对高技术产品出口东盟10国质量的影响。从表6-5的结果可知：（1）我国的知识产权保护水平提高在一定程度上对我国向缅甸、柬埔寨、印度尼西亚、马来西亚、菲律宾、越南和泰国的高技术产品出口质量产生了正面的推动效应。其中，对印度尼西亚的高技术产品出口质量的提升效果最为明显，而对柬埔寨的正向推动作用相对较小。（2）知识产权保护水平的提高对我国向文莱和老挝的高技术产品出口质量产生了负向影响。在这两个国家中，对文莱的出口质量负面影响要大于老挝。（3）对于新加坡，我国知识产权保护水平的变化并未对我国高技术产品出口质量产生影响。

表6-5　　　　知识产权保护水平对高技术产品出口质量影响的国别差异

变量	（1）	（2）	（3）	（4）	（5）	（6）	（7）
ln regp（文莱）	0.038***	−0.299***	−0.314***	−0.293***	−0.315***	−0.315***	−0.303***
	(0.004)	(0.012)	(0.013)	(0.013)	(0.013)	(0.013)	(0.013)
ln regp（缅甸）	0.184***	0.121***	0.117***	0.115***	0.112***	0.112***	0.102***
	(0.004)	(0.004)	(0.005)	(0.005)	(0.005)	(0.005)	(0.005)
ln regp（柬埔寨）	0.114***	0.053***	0.050***	0.041***	0.041***	0.041***	0.028***
	(0.004)	(0.004)	(0.005)	(0.005)	(0.005)	(0.005)	(0.005)
ln regp（印尼）	0.385***	0.238***	0.226***	0.227***	0.222***	0.222***	0.218***
	(0.004)	(0.006)	(0.007)	(0.007)	(0.008)	(0.008)	(0.008)

变量	（1）	（2）	（3）	（4）	（5）	（6）	（7）
ln regp（老挝）	0.046***	−0.064***	−0.070***	−0.075***	−0.081***	−0.081***	−0.088***
	（0.004）	（0.006）	（0.006）	（0.006）	（0.006）	（0.006）	（0.006）
ln regp（马来西亚）	0.388***	0.151***	0.135***	0.146***	0.136***	0.136***	0.138***
	（0.004）	（0.009）	（0.010）	（0.010）	（0.011）	（0.011）	（0.011）
ln regp（菲律宾）	0.321***	0.182***	0.169***	0.171***	0.167***	0.167***	0.163***
	（0.004）	（0.006）	（0.008）	（0.008）	（0.008）	（0.008）	（0.008）
ln regp（新加坡）	0.386***	0.005	−0.014	0.022			
	（0.004）	（0.013）	（0.014）	（0.015）			
ln regp（越南）	0.363***	0.236***	0.225***	0.212***	0.209***	0.209***	0.204***
	（0.004）	（0.006）	（0.007）	（0.007）	（0.007）	（0.007）	（0.007）
ln regp（泰国）	0.388***	0.192***	0.180***	0.177***	0.170***	0.170***	0.168***
	（0.004）	（0.007）	（0.008）	（0.008）	（0.008）	（0.008）	（0.008）

注：括号里为标准误，*、**、***分别表示在10%、5%、1%水平上通过显著性检验，印度尼西亚在表格中简称印尼。

6.2.1　知识产权保护水平对三类高技术产品出口质量的不同影响

如表6-6所示，2009—2019年，（1）我国知识产权保护水平提高对电器机械及机械制造业类产品具有正向拉动作用的国家有缅甸、柬埔寨、印度尼西亚、马来西亚、菲律宾、越南和泰国。其中，对出口印度尼西亚高技术产品的拉动作用最显著，其次是越南，对柬埔寨的拉动作用虽然为正向，但较为有限。（2）我国知识产权保护水平提高对电器机械及机械制造业类产品出口质量具有负向拉动作用的国家有文莱和老挝。对文莱出口质量的负面影响要大于对老挝的影响。（3）由于数据受限，无法直接衡量知识产权保护水平对电器机械及机械制造业类产品对新加坡出口质量的具体影响。

表6-6 知识产权保护水平对电器机械及机械制造业类产品出口质量影响的国别差异

变量	（1）	（2）	（3）	（4）	（5）	（6）	（7）
ln regp （文莱）	0.028***	−0.322***	−0.334***	−0.317***	−0.340***	−0.340***	−0.328***
	(0.005)	(0.016)	(0.017)	(0.017)	(0.018)	(0.018)	(0.018)
ln regp （缅甸）	0.190***	0.124***	0.122***	0.121***	0.117***	0.117***	0.108***
	(0.005)	(0.006)	(0.006)	(0.006)	(0.006)	(0.006)	(0.007)
ln regp （柬埔寨）	0.122***	0.060***	0.057***	0.052***	0.051***	0.051***	0.039***
	(0.005)	(0.006)	(0.006)	(0.006)	(0.006)	(0.006)	(0.006)
ln regp （印尼）	0.381***	0.228***	0.221***	0.222***	0.216***	0.216***	0.213***
	(0.005)	(0.008)	(0.010)	(0.010)	(0.010)	(0.010)	(0.010)
ln regp （老挝）	0.041***	−0.073***	−0.077***	−0.081***	−0.086***	−0.086***	−0.093***
	(0.006)	(0.008)	(0.008)	(0.008)	(0.008)	(0.008)	(0.008)
ln regp （马来西亚）	0.375***	0.128***	0.118***	0.127***	0.116***	0.116***	0.118***
	(0.005)	(0.012)	(0.014)	(0.014)	(0.014)	(0.014)	(0.014)
ln regp （菲律宾）	0.317***	0.173***	0.165***	0.167***	0.162***	0.162***	0.159***
	(0.005)	(0.008)	(0.011)	(0.011)	(0.011)	(0.011)	(0.011)
ln regp （新加坡）	0.354***	−0.042**	−0.055***	−0.028			
	(0.005)	(0.018)	(0.019)	(0.020)			
ln regp （越南）	0.366***	0.235***	0.228***	0.219***	0.216***	0.216***	0.211***
	(0.005)	(0.007)	(0.010)	(0.010)	(0.010)	(0.010)	(0.010)
ln regp （泰国）	0.376***	0.173***	0.165***	0.163***	0.156***	0.156***	0.154***
	(0.005)	(0.010)	(0.011)	(0.011)	(0.011)	(0.011)	(0.011)

注：括号里为标准误，*、**、***分别表示在10%、5%、1%水平上通过显著性检验，印度尼西亚在表格中简称印尼。

如表6-7所示，2009—2019年，（1）我国知识产权保护水平提高对电子及通信设备制造业类产品具有正向拉动作用的国家有缅甸、柬埔寨、印度尼西亚、马来西亚、菲律宾、越南和泰国。其中，对出口印度尼西亚高技术产品的拉动作用最显著，其次是泰国，对柬埔寨的拉动作用虽然为正向，但较为有限。（2）我国知识产权保护水平提高对电子及通信设备制造业类产品出口质量具有负向拉动作用的国家有文莱和老挝。对文莱出口质量的负面影响要大于对老挝的影响。（3）由于数据受限，无法直接衡量知识产权保护水平对电子及通信设备制造业类产品对新加坡出口质量的具体影响。

表6-7 知识产权保护水平对电子及通信设备制造业类产品出口质量影响的国别差异

变量	(1)	(2)	(3)	(4)	(5)	(6)	(7)
ln regp （文莱）	0.041*** (0.009)	−0.306*** (0.030)	−0.314*** (0.031)	−0.303*** (0.031)	−0.307*** (0.033)	−0.307*** (0.033)	−0.297*** (0.033)
ln regp （缅甸）	0.173*** (0.009)	0.108*** (0.010)	0.106*** (0.011)	0.105*** (0.011)	0.105*** (0.011)	0.105*** (0.011)	0.097*** (0.011)
ln regp （柬埔寨）	0.102*** (0.009)	0.041*** (0.010)	0.039*** (0.011)	0.034*** (0.011)	0.031*** (0.011)	0.031*** (0.011)	0.022* (0.011)
ln regp （印尼）	0.365*** (0.008)	0.214*** (0.015)	0.208*** (0.018)	0.208*** (0.018)	0.206*** (0.018)	0.206*** (0.018)	0.203*** (0.018)
ln regp （老挝）	0.032*** (0.010)	−0.080*** (0.014)	−0.084*** (0.014)	−0.087*** (0.014)	−0.089*** (0.015)	−0.089*** (0.015)	−0.095*** (0.015)
ln regp （马来西亚）	0.409*** (0.008)	0.165*** (0.022)	0.156*** (0.025)	0.162*** (0.025)	0.159*** (0.025)	0.159*** (0.025)	0.161*** (0.025)
ln regp （菲律宾）	0.320*** (0.008)	0.177*** (0.014)	0.170*** (0.019)	0.171*** (0.019)	0.172*** (0.019)	0.172*** (0.019)	0.168*** (0.019)
ln regp （新加坡）	0.415*** (0.008)	0.023 (0.033)	0.012 (0.035)	0.033 (0.036)			
ln regp （越南）	0.339*** (0.008)	0.209*** (0.013)	0.203*** (0.017)	0.195*** (0.017)	0.193*** (0.017)	0.193*** (0.017)	0.188*** (0.017)
ln regp （泰国）	0.404*** (0.008)	0.203*** (0.018)	0.196*** (0.020)	0.194*** (0.020)	0.189*** (0.020)	0.189*** (0.020)	0.188*** (0.020)

注：括号里为标准误，*、**、***分别表示在10%、5%、1%水平上通过显著性检验，印度尼西亚在表格中简称印尼。

如表6-8所示，2009—2019年，（1）我国知识产权保护水平提高对仪器仪表及文化办公用机械制造业类产品具有正向拉动作用的国家有缅甸、柬埔寨、印度尼西亚、马来西亚、菲律宾、越南和泰国。其中，对出口印度尼西亚高技术产品的拉动作用最显著，其次是越南，对柬埔寨的拉动作用虽然为正向，但较为有限。（2）我国知识产权保护水平提高对仪器仪表及文化办公用机械制造业类产品出口质量具有负向拉动作用的国家有文莱和老挝。对文莱出口质量的负面影响要大于对老挝的影响。（3）由于数据受限，无法直接衡量知识产权保护水平对仪器仪表及文化办公用机械制造业类产品对新加坡出口质量的具体影响。

表6-8　　　　　　　　　　知识产权保护水平对仪器仪表及文化办公用机械
制造业类产品出口质量影响的国别差异

变量	（1）	（2）	（3）	（4）	（5）	（6）	（7）
ln regp（文莱）	0.058*** (0.008)	−0.271*** (0.022)	−0.297*** (0.023)	−0.264*** (0.023)	−0.295*** (0.024)	−0.295*** (0.024)	−0.282*** (0.025)
ln regp（缅甸）	0.189*** (0.008)	0.126*** (0.009)	0.118*** (0.009)	0.116*** (0.009)	0.109*** (0.010)	0.109*** (0.010)	0.097*** (0.010)
ln regp（柬埔寨）	0.112*** (0.008)	0.052*** (0.009)	0.045*** (0.009)	0.031*** (0.010)	0.031*** (0.010)	0.031*** (0.010)	0.016* (0.010)
ln regp（印尼）	0.407*** (0.007)	0.263*** (0.012)	0.242*** (0.014)	0.243*** (0.014)	0.236*** (0.014)	0.236*** (0.014)	0.230*** (0.014)
ln regp（老挝）	0.066*** (0.009)	−0.042*** (0.011)	−0.051*** (0.012)	−0.061*** (0.012)	−0.070*** (0.012)	−0.070*** (0.012)	−0.078*** (0.012)
ln regp（马来西亚）	0.403*** (0.008)	0.170*** (0.016)	0.142*** (0.019)	0.158*** (0.019)	0.145*** (0.019)	0.145*** (0.019)	0.147*** (0.019)
ln regp（菲律宾）	0.334*** (0.008)	0.198*** (0.011)	0.174*** (0.015)	0.176*** (0.015)	0.169*** (0.015)	0.169*** (0.015)	0.164*** (0.015)
ln regp（新加坡）	0.419*** (0.008)	0.046* (0.024)	0.014 (0.026)	0.070*** (0.027)			
ln regp（越南）	0.376*** (0.008)	0.253*** (0.011)	0.232*** (0.014)	0.209*** (0.014)	0.205*** (0.014)	0.205*** (0.014)	0.199*** (0.014)
ln regp（泰国）	0.402*** (0.008)	0.211*** (0.014)	0.190*** (0.016)	0.184*** (0.016)	0.174*** (0.016)	0.174*** (0.016)	0.173*** (0.016)

注：括号里为标准误，*、**、***分别表示在10%、5%、1%水平上通过显著性检验，印度尼西亚在表格中简称印尼。

综合表6-5、表6-6、表6-7和表6-8的结果可知：（1）在东盟10国中，我国知识产权保护水平的提高对三类高技术产品出口东盟10国质量均具有正向显著作用的出口目的国有缅甸、柬埔寨、印度尼西亚、马来西亚、菲律宾、越南和泰国7国，知识产权保护水平的提高对高技术产品出口新加坡的质量提升由于缺失数据无法衡量，而其对文莱和老挝的出口质量却起到了负面影响。（2）就分类产品对东盟各国出口而言，知识产权保护水平的提升对电器机械及机械制造业类产品、电子及通信设备制造业类产品和仪器仪表及文化办公用机械制造业类产品出口文莱和老挝的影响为负，而对东盟其余7国（不含新加坡）的出口质量产生正向影响。知识产权保护水平的提升对三类高技术产品出口新加坡质量的影响同样由于数据缺失而无法统计。

6.2.2　知识产权保护水平对高技术产品出口质量的稳健性检验

为了进一步增加实证结果的可靠性，表6-9借鉴第5章的方法，同样借助替代变量、更换回归样本和更换回归方法三种方法，进一步验证了结果的稳健性。具体而言，方法一：替代变量处理。本章重新测算了我国知识产权的保护水平，即采用在未考虑省级研发强度环境下的知识产权保护水平来替代考虑研发强度的知识产权保护水平进行稳健性检验，表6-9的列（2）为变量替换的检验结果，从中可知知识产权保护水平的回归系数方向和显著性均未发生较大变化，说明本章的基准回归结果是稳健的，即出口国知识产权保护水平的提升会拉动高技术产品对"一带一路"沿线国家的出口质量。方法二：更换回归样本处理。为了防止回归样本的异常值影响本章的基准回归结果，本章采用双边缩尾1%对数据进行回归，表6-9中的列（3）知识产权保护水平的回归系数方向和显著性均未发生较大变化，说明本章的基准回归结果是稳健的。方法三：更换回归方法处理。为了进一步确保回归结果的稳健性，本章进一步选择更换估计方法——GMM方法进行再次回归，从表6-9列（4）的数据可知，本章的基本结论并未因回归方法的改变而产生显著改变。

通过方法一、方法二和方法三的分析可知：就东盟各国而言，知识产权保护水平的提升对高技术产品出口文莱和老挝的负向作用是显著且稳健的；对缅甸、柬埔寨、印度尼西亚、马来西亚、菲律宾、越南和泰国出口质量影响的正向作用是显著且稳健的。

表6-9　　知识产权保护水平对高技术产品出口质量影响国别差异的稳健性检验

变量	(1) 基准回归	(2) 替代变量处理	(3) 更换回归样本	(4) 更换回归方法
ln regp （文莱）	−0.303*** (0.013)	−0.282*** (0.025)	−0.278*** (0.024)	−0.268*** (0.028)
ln regp （缅甸）	0.102*** (0.005)	0.097*** (0.010)	0.096*** (0.009)	0.072*** (0.010)
ln regp （柬埔寨）	0.028*** (0.005)	0.016* (0.010)	0.016* (0.009)	0.007 (0.010)
ln regp （印尼）	0.218*** (0.008)	0.230*** (0.014)	0.229*** (0.014)	0.206*** (0.016)
ln regp （老挝）	−0.088*** (0.006)	−0.078*** (0.012)	−0.078*** (0.012)	−0.078*** (0.013)
ln regp （马来西亚）	0.138*** (0.011)	0.147*** (0.019)	0.147*** (0.019)	0.134*** (0.022)
ln regp （菲律宾）	0.163*** (0.008)	0.164*** (0.015)	0.163*** (0.015)	0.143*** (0.017)
ln regp （新加坡）				
ln regp （越南）	0.204*** (0.007)	0.199*** (0.014)	0.197*** (0.014)	0.186*** (0.015)
ln regp （泰国）	0.168*** (0.008)	0.173*** (0.016)	0.172*** (0.015)	0.158*** (0.018)

注：括号里为标准误，*、**、***分别表示在10%、5%、1%水平上通过显著性检验，印度尼西亚在表格中简称印尼。

同样，借助替代变量、更换回归样本和更换回归方法三种方法进一步验证了知识产权保护水平对电器机械及机械制造业类产品出口质量影响的稳健性。从表6-10中可知：除新加坡受数据缺失影响，无法计算回归结果外，在我国高技术产品出口东盟9国中，知识产权保护水平对缅甸、柬埔寨、印度尼西亚、马来西亚、菲律宾、越南和泰国高技术产品的出口质量始终表现为显著提升作用，对文莱和老挝表现为负向作用，上述研究结论同基准回归结果一致。综上，可以认为表6-6的基准回归结果是稳健的。

表6-10　　　　　　知识产权保护水平对电器机械及机械制造业类

产品出口质量影响国别差异的稳健性检验

变量	基准回归	（2）替代变量处理	（3）更换回归样本	（4）更换回归方法
ln regp（文莱）	−0.328*** (0.018)	−0.328*** (0.018)	−0.323*** (0.018)	−0.322*** (0.020)
ln regp（缅甸）	0.108*** (0.007)	0.108*** (0.007)	0.107*** (0.006)	0.093*** (0.007)
ln regp（柬埔寨）	0.039*** (0.006)	0.039*** (0.006)	0.038*** (0.006)	0.029*** (0.007)
ln regp（印尼）	0.213*** (0.010)	0.213*** (0.010)	0.213*** (0.010)	0.198*** (0.011)
ln regp（老挝）	−0.093*** (0.008)	−0.093*** (0.008)	−0.092*** (0.008)	−0.096*** (0.009)
ln regp（马来西亚）	0.118*** (0.014)	0.118*** (0.014)	0.120*** (0.014)	0.109*** (0.016)
ln regp（菲律宾）	0.159*** (0.011)	0.159*** (0.011)	0.159*** (0.011)	0.145*** (0.012)
ln regp（新加坡）				
ln regp（越南）	0.211*** (0.010)	0.211*** (0.010)	0.211*** (0.010)	0.200*** (0.011)
ln regp（泰国）	0.154*** (0.011)	0.154*** (0.011)	0.155*** (0.011)	0.145*** (0.012)

注：括号里为标准误，*、**、***分别表示在10%、5%、1%水平上通过显著性检验，印度尼西亚在表格中简称印尼。

同样，借助替代变量、更换回归样本和更换回归方法三种方法验证的知识产权保护水平对电子及通信设备产品制造业类产品出口质量影响的稳健性如表6-11所示。根据列（2）、列（3）和列（4）的数据，除新加坡以外（受数据缺失影响，无法进行有效的回归分析），知识产权保护水平对缅甸、柬埔寨、印度尼西亚、马来西亚、菲律宾、越南和泰国的该类产品出口质量均表现为显著的提升作用。然而，对于文莱和老挝，知识产权保护水平对电子及通信设备产品制造业类产品的出口质量产生了逆向影响。根据研究结论与基准回归结果的一致性，可以得出，表6-7的基准回归分析结果显示出了稳健性。

表6-11　　　　知识产权保护水平对电子及通信设备产品制造业类
产品出口质量影响国别差异的稳健性检验

变量	基准回归	（2）替代变量处理	（3）更换回归样本	（4）更换回归方法
ln regp（文莱）	−0.297***	−0.297***	−0.294***	−0.268***
	（0.033）	（0.033）	（0.032）	（0.040）
ln regp（缅甸）	0.097***	0.097***	0.095***	0.064***
	（0.011）	（0.011）	（0.011）	（0.014）
ln regp（柬埔寨）	0.022*	0.022*	0.021*	0.002
	（0.011）	（0.011）	（0.011）	（0.013）
ln regp（印尼）	0.203***	0.203***	0.202***	0.167***
	（0.018）	（0.018）	（0.018）	（0.022）
ln regp（老挝）	−0.095***	−0.095***	−0.095***	−0.089***
	（0.015）	（0.015）	（0.014）	（0.017）
ln regp（马来西亚）	0.161***	0.161***	0.160***	0.145***
	（0.025）	（0.025）	（0.025）	（0.030）
ln regp（菲律宾）	0.168***	0.168***	0.167***	0.134***
	（0.019）	（0.019）	（0.019）	（0.023）
ln regp（新加坡）				
ln regp（越南）	0.188***	0.188***	0.186***	0.167***
	（0.017）	（0.017）	（0.017）	（0.021）
ln regp（泰国）	0.188***	0.188***	0.187***	0.163***
	（0.020）	（0.020）	（0.020）	（0.024）

注：括号里为标准误，*、**、***分别表示在10%、5%、1%水平上通过显著性检验，印度尼西亚在表格中简称印尼。

　　本章进一步使用替代变量、更改回归样本和改变回归方法三种方式来验证知识产权保护水平对仪器仪表及文化办公用机械制造业类产品出口质量影响的稳健性，结果如表6-12所示。从表中的列（2）、列（3）和列（4）可以看出，除了新加坡（因数据缺失无法进行有效回归分析）之外，知识产权保护水平对缅甸、柬埔寨、印度尼西亚、马来西亚、菲律宾、越南和泰国的该类产品出口质量均有显著提升效果。然而，对于文莱和老挝，知识产权保护水平对电子和通信设备制造业类产品出口质量呈现出逆向影响。这一研究结果与表6-8的基准回归结果一致，说明基准回归结果具有稳健性。

表6-12　　　　　　知识产权保护水平对仪器仪表及文化办公用机械制造业

类产品出口质量影响国别差异的稳健性检验

变量	（1） 基准回归	（2） 替代变量处理	（3） 更换回归样本	（4） 更换回归方法
ln regp （文莱）	−0.282*** (0.025)	−0.282*** (0.025)	−0.278*** (0.024)	−0.268*** (0.028)
ln regp （缅甸）	0.097*** (0.010)	0.097*** (0.010)	0.096*** (0.009)	0.072*** (0.010)
ln regp （柬埔寨）	0.016* (0.010)	0.016* (0.010)	0.016* (0.009)	0.007 (0.010)
ln regp （印尼）	0.230*** (0.014)	0.230*** (0.014)	0.229*** (0.014)	0.206*** (0.016)
ln regp （老挝）	−0.078*** (0.012)	−0.078*** (0.012)	−0.078*** (0.012)	−0.078*** (0.013)
ln regp （马来西亚）	0.147*** (0.019)	0.147*** (0.019)	0.147*** (0.019)	0.134*** (0.022)
ln regp （菲律宾）	0.164*** (0.015)	0.164*** (0.015)	0.163*** (0.015)	0.143*** (0.017)
ln regp （新加坡）				
ln regp （越南）	0.199*** (0.014)	0.199*** (0.014)	0.197*** (0.014)	0.186*** (0.015)
ln regp （泰国）	0.173*** (0.016)	0.173*** (0.016)	0.172*** (0.015)	0.158*** (0.018)

　　注：括号里为标准误，*、**、***分别表示在10%、5%、1%水平上通过显著性检验，印度尼西亚在表格中简称印尼。

6.3　本章小结

就高技术产品对东盟10国的出口质量而言：首先，就总体而言，高技术产品出口至东盟10国的质量呈现出逐年提升的趋势。其次，从具体产品类别来看，电器机械和机械制造类产品、电子和通信设备制造类产品以及仪器仪表和文化办公用机械制造类产品的出口质量均呈现出上升态势。

就知识产权保护水平提高对我国向东盟10国出口高技术产品质量的影响而言：（1）就高技术产品总体而言，知识产权保护水平对我国高技术产品对缅甸、柬埔寨、印度尼西亚、马来西亚、菲律宾、越南和泰国等7个国家的出口质量产生积极作用。然而，由于数据缺失，无法准确评估知识产权保护水平对新加坡市场的影响。此外，对于文莱和老挝两国，虽然知识产权保护水平提高，但出口质量受到了负面影响。这可能与这些国家的市场特点和产业环境有关，需要进一步研究以深入了解其中的原因。（2）就分类产品对东盟各国出口而言，知识产权保护水平的提升对电器机械及机械制造业类产品、电子及通信设备制造业类产品以及仪器仪表及文化办公用机械制造业类产品出口到文莱和老挝的质量影响为负，而对东盟其他7个国家的出口质量产生了正向影响。对于出口到新加坡的高技术产品质量的影响由于数据缺失而无法进行分析。

第7章　知识产权保护水平对高技术产品出口西亚国家质量的影响

　　西亚地区是一个地理位置优越、历史悠久、资源丰富的地区，它连接了亚洲、非洲和欧洲三大洲，也连接了大西洋和印度洋两大洋，是"五海三洲①"的中心。自古以来，西亚一直是中西方文化和贸易往来的重要枢纽，在古代丝绸之路中扮演着关键角色。如今，西亚地区是"丝绸之路经济带"的重要节点，对陆上丝绸之路向欧洲和非洲的延伸发展有着重要影响。此外，西亚地区拥有众多重要的海湾国家，控制着被称为"世界油阀"的霍尔木兹海峡，还拥有众多重要的港口，对于"21世纪海上丝绸之路"具有重要意义。西亚国家也积极响应"一带一路"倡议，18个西亚国家②都参加了2017年第一届"一带一路"国际合作高峰论坛。同时，西亚国家也积极参与亚洲基础设施投资银行，截至2017年共有13个西亚国家参与亚洲基础设施投资银行，其中有11个西亚国家是意向创始成员国。因此，加强与西亚国家的合作，不仅符合中国的利益，也符合西亚国家和整个国际社会的利益。

　　自20世纪90年代起，随着中国对西亚石油进口的快速增加和国际石油价格的高位运行，以及中国资本品和轻工业产品的制造生产及出口能力的显著提高，中国与西亚的双边货物进出口规模迅速扩大。中国与西亚18国之间的经贸合作近年来呈现出积极的增长态势。20世纪80年代，西亚主要和欧盟、美国、日本等发达国家和地区从事进出

---

① "五海"指里海、地中海、红海、阿拉伯海以及黑海，"三洲"是指亚洲、非洲和欧洲。
② 18个西亚国家是指沙特阿拉伯、阿拉伯联合酋长国、土耳其、叙利亚、亚美尼亚、也门、伊拉克、伊朗、以色列、约旦、阿曼、阿塞拜疆、巴勒斯坦、巴林、格鲁吉亚、卡塔尔、科威特、黎巴嫩。

口贸易，然而随着中国制造业的崛起，统计数据显示，从 2009 年到 2020 年，中国对西亚国家的出口规模经历了显著的增长。2009 年，中国所有产品出口规模为 746.02 亿美元，到 2020 年增长到 1 577.75 亿美元。在高技术产品出口额方面，2009 年为 214.39 亿美元，到 2020 年已经增长至 625.14 亿美元，这表明高技术产品出口的增长速度非常明显。另外，关于高技术产品出口占比，2009 年占所有产品品类出口规模的比例为 28.74%，到 2020 年这一比例上涨至 39.62%，增长了 10.88%[①]。可以看出，高技术产品在整体出口中所占比例逐年上升，从原来出口占比小于三分之一上升至接近 40%。上述数据均显示了中国高技术产品对西亚地区出口规模和出口比重有所增加，从西亚对外贸易的视角来看，中国作为西亚各国贸易伙伴的地位也日益重要。

7.1 高技术产品对西亚 18 国出口质量现状

7.1.1 高技术产品总体出口西亚国家质量

表 7-1 显示的是中国高技术产品对西亚 18 国 2009—2020 年出口质量的变化情况。从表中可知：（1）在这 18 个国家中，除了巴林、塞浦路斯、伊朗、黎巴嫩、叙利亚以外，对其余国家的高技术产品出口质量在 2009—2020 年间都呈现了增长趋势。（2）具体到这 13 个出口质量增长的国家，可以看到年平均增长率之间存在显著差异。中国对卡塔尔的高技术产品出口质量年均增长率提升最为明显，其次是对伊拉克和巴勒斯坦的出口。相对而言，高技术产品对希腊和约旦的出口质量提升最小，即便如此，年均增长率仍然有 0.70% 和 0.34% 的提升。（3）就出口质量递减的 5 国而言，中国对巴林、塞浦路斯、伊朗、黎巴嫩和叙利亚高技术产品出口质量年均增长率的均值为负值，其中，对叙利亚出口质量的变化率的下降趋势最为明显，年均增长率的降幅达 -1.00%，且对叙利亚高技术产品出口质量的年均降幅相较巴林、塞浦路斯、伊朗和黎巴嫩更为显著。总的来说，数据充分表明，2009—2020 年，中国高技术产品对西亚大部分国家的出口质量都有所提升，这凸显了中国高技术产品"集约化"发展的明显势头。

---

① 数据来源于 CEPII 数据库（即法国世界经济研究中心数据库）。

表7-1   中国高技术产品对西亚18国出口质量变化

国家＼年份	巴林	塞浦路斯	巴勒斯坦	希腊	伊朗	伊拉克	以色列	约旦	科威特
2009	0.53	0.50	0.36	0.62	0.71	0.58	0.63	0.57	0.54
2010	0.54	0.50	0.37	0.63	0.73	0.62	0.66	0.57	0.59
2011	0.54	0.49	0.40	0.62	0.74	0.63	0.66	0.59	0.60
2012	0.55	0.49	0.40	0.62	0.75	0.67	0.66	0.61	0.59
2013	0.57	0.47	0.42	0.61	0.75	0.65	0.65	0.60	0.60
2014	0.57	0.47	0.43	0.62	0.77	0.67	0.67	0.59	0.61
2015	0.55	0.46	0.42	0.61	0.76	0.68	0.66	0.61	0.62
2016	0.55	0.46	0.42	0.62	0.76	0.68	0.67	0.60	0.62
2017	0.56	0.47	0.41	0.63	0.76	0.68	0.68	0.60	0.62
2018	0.55	0.47	0.42	0.64	0.73	0.66	0.70	0.59	0.62
2019	0.49	0.48	0.39	0.64	0.70	0.68	0.70	0.60	0.62
2020	0.51	0.48	0.43	0.66	0.71	0.70	0.69	0.59	0.63

国家＼年份	黎巴嫩	阿曼	卡塔尔	沙特阿拉伯	叙利亚	阿联酋	土耳其	埃及	也门
2009	0.60	0.52	0.50	0.69	0.62	0.72	0.73	0.65	0.54
2010	0.61	0.52	0.59	0.70	0.62	0.74	0.76	0.66	0.53
2011	0.61	0.54	0.52	0.72	0.62	0.74	0.77	0.66	0.55
2012	0.62	0.55	0.55	0.75	0.61	0.79	0.78	0.66	0.56
2013	0.61	0.54	0.59	0.72	0.54	0.76	0.78	0.67	0.59
2014	0.62	0.55	0.61	0.73	0.55	0.77	0.78	0.68	0.57
2015	0.62	0.60	0.60	0.73	0.56	0.77	0.78	0.69	0.53
2016	0.62	0.60	0.62	0.73	0.54	0.76	0.77	0.70	0.54
2017	0.62	0.56	0.59	0.73	0.56	0.77	0.77	0.69	0.54
2018	0.61	0.56	0.59	0.71	0.57	0.76	0.77	0.70	0.52
2019	0.57	0.55	0.59	0.73	0.55	0.77	0.76	0.71	0.56
2020	0.55	0.57	0.61	0.76	0.55	0.79	0.79	0.73	0.59

资料来源：原始数据来源于CEPII数据库，经作者计算所得。

7.1.2　电器机械及机械制造业类产品出口质量

表 7-2 显示的是我国电器机械及机械制造业类产品 2009—2020 年间对西亚 18 国出口质量的变化情况。数据表明，该类高技术产品对西亚 18 国的出口质量呈现总体递增的趋势。对各国出口质量的具体状况如下：（1）除了对巴林、塞浦路斯、伊朗、黎巴嫩和叙利亚的出口外，我国对其他西亚国家的电器机械及机械制造业类产品出口质量均呈现上升趋势。（2）在电器机械及机械制造业类产品出口质量的年均增速排行中，巴勒斯坦、伊拉克和卡塔尔位列前三，年均增速分别为 2.39%、2.20% 和 2.07%。相反，增速较慢的 3 个国家是约旦、希腊和以色列，其增速分别为 0.69%、0.31% 和 0.17%。（3）我国对巴林、塞浦路斯、伊朗、黎巴嫩和叙利亚的电器机械及机械制造业类产品出口质量呈现年均增长率递减趋势，黎巴嫩和叙利亚的年均递减率分别为 -0.76% 和 -1.00%，其中叙利亚的年均递减幅度最大。

表7-2　　　　　　　　　　电器机械及机械制造业类产品对西亚18国出口质量变化

国家 年份	巴林	塞浦路斯	巴勒斯坦	希腊	伊朗	伊拉克	以色列	约旦	科威特
2009	0.54	0.48	0.34	0.62	0.66	0.53	0.65	0.56	0.56
2010	0.57	0.50	0.35	0.63	0.68	0.56	0.68	0.53	0.58
2011	0.56	0.49	0.37	0.61	0.71	0.54	0.65	0.57	0.59
2012	0.57	0.47	0.40	0.61	0.71	0.59	0.65	0.59	0.56
2013	0.56	0.45	0.44	0.60	0.70	0.55	0.64	0.57	0.61
2014	0.56	0.46	0.42	0.61	0.71	0.60	0.65	0.58	0.59
2015	0.54	0.43	0.38	0.60	0.70	0.62	0.66	0.60	0.60
2016	0.54	0.43	0.38	0.61	0.71	0.63	0.64	0.58	0.60
2017	0.54	0.44	0.39	0.62	0.72	0.62	0.66	0.58	0.59
2018	0.54	0.44	0.41	0.62	0.69	0.58	0.67	0.58	0.58
2019	0.46	0.46	0.38	0.62	0.65	0.59	0.67	0.59	0.59
2020	0.49	0.47	0.43	0.64	0.69	0.66	0.66	0.60	0.60

国家 年份	黎巴嫩	阿曼	卡塔尔	沙特 阿拉伯	叙利亚	阿联酋	土耳其	埃及	也门
2009	0.60	0.52	0.50	0.68	0.59	0.73	0.71	0.66	0.53
2010	0.60	0.49	0.55	0.70	0.59	0.75	0.74	0.64	0.49
2011	0.59	0.48	0.53	0.71	0.57	0.72	0.75	0.63	0.54
2012	0.59	0.53	0.52	0.72	0.55	0.78	0.75	0.62	0.54
2013	0.58	0.50	0.60	0.69	0.51	0.74	0.73	0.63	0.57
2014	0.59	0.54	0.59	0.70	0.47	0.75	0.74	0.66	0.53
2015	0.57	0.58	0.58	0.69	0.50	0.73	0.74	0.65	0.49
2016	0.59	0.57	0.60	0.71	0.49	0.74	0.74	0.65	0.49
2017	0.60	0.50	0.57	0.72	0.50	0.75	0.74	0.65	0.51
2018	0.58	0.50	0.69	0.69	0.53	0.74	0.72	0.66	0.47
2019	0.51	0.53	0.56	0.71	0.50	0.74	0.71	0.66	0.54
2020	0.53	0.52	0.63	0.73	0.49	0.76	0.76	0.69	0.58

资料来源：原始数据来源于CEPII数据库，经作者计算所得。

7.1.3　电子及通信设备制造业类产品出口质量

表7-3显示的是我国电子及通信设备制造业类高技术产品2009—2020年间对西亚18国出口质量的变化情况。数据表明，该类高技术产品对西亚18国的出口质量呈现总体递增的趋势。对各国出口质量的具体状况如下：（1）除了对巴林、塞浦路斯、伊朗、约旦、黎巴嫩、叙利亚和也门7国的出口外，我国电子及通信设备制造业类产品对其他西亚国11国的出口质量均呈现上升趋势。（2）在电子及通信设备制造业类产品的年均增速排行中，卡塔尔、巴勒斯坦和科威特列前三，增速分别为1.97%、1.88%和1.55%。相反，增速较慢的三个国家是阿联酋、土耳其和希腊，其增速分别为0.71%、0.68%和0.55%。（3）我国电子及通信设备制造业类产品对巴林、塞浦路斯、伊朗、约旦、黎巴嫩、叙利亚和也门的出口质量呈现年均增长率递减趋势，叙利亚的年均递减率最大，为-0.77%。

表7-3 电子及通信设备制造业类产品对西亚18国出口质量变化

国家\年份	巴林	塞浦路斯	巴勒斯坦	希腊	伊朗	伊拉克	以色列	约旦	科威特
2009	0.55	0.53	0.37	0.66	0.75	0.63	0.66	0.61	0.56
2010	0.57	0.54	0.38	0.67	0.77	0.67	0.69	0.61	0.62
2011	0.56	0.54	0.41	0.67	0.79	0.69	0.70	0.64	0.63
2012	0.60	0.53	0.41	0.66	0.79	0.73	0.69	0.66	0.63
2013	0.60	0.51	0.43	0.66	0.79	0.72	0.69	0.64	0.63
2014	0.59	0.51	0.44	0.66	0.82	0.73	0.70	0.63	0.65
2015	0.58	0.50	0.45	0.66	0.73	0.73	0.70	0.64	0.65
2016	0.57	0.50	0.46	0.67	0.80	0.74	0.71	0.63	0.64
2017	0.59	0.50	0.44	0.67	0.81	0.74	0.71	0.64	0.65
2018	0.58	0.51	0.45	0.69	0.77	0.72	0.73	0.62	0.65
2019	0.53	0.52	0.42	0.68	0.75	0.74	0.73	0.63	0.65
2020	0.53	0.51	0.45	0.70	0.76	0.74	0.72	0.61	0.66

国家\年份	黎巴嫩	阿曼	卡塔尔	沙特阿拉伯	叙利亚	阿联酋	土耳其	埃及	也门
2009	0.63	0.55	0.52	0.72	0.66	0.76	0.78	0.70	0.60
2010	0.64	0.55	0.61	0.73	0.66	0.78	0.80	0.71	0.59
2011	0.65	0.58	0.54	0.75	0.66	0.79	0.82	0.69	0.59
2012	0.67	0.59	0.58	0.78	0.65	0.82	0.83	0.71	0.61
2013	0.66	0.59	0.61	0.76	0.58	0.80	0.83	0.71	0.64
2014	0.66	0.58	0.63	0.77	0.59	0.81	0.83	0.73	0.63
2015	0.65	0.63	0.63	0.76	0.60	0.80	0.82	0.75	0.58
2016	0.66	0.63	0.63	0.76	0.57	0.79	0.82	0.75	0.58
2017	0.65	0.60	0.62	0.76	0.60	0.80	0.82	0.74	0.58
2018	0.65	0.59	0.62	0.74	0.62	0.79	0.82	0.75	0.57
2019	0.61	0.58	0.62	0.76	0.60	0.81	0.82	0.76	0.60
2020	0.58	0.60	0.63	0.79	0.60	0.82	0.84	0.78	0.63

资料来源：原始数据来源于CEPII数据库，经作者计算所得。

7.1.4　仪器仪表及文化办公用机械制造业类产品出口质量

表7-4显示的是我国仪器仪表及文化办公用机械制造业类产品2009—2020年间对西亚18国出口质量的变化情况。数据表明，该类高技术产品对西亚18国的出口质量总体呈现递增的趋势。对各国出口质量的具体状况如下：（1）除了对巴林、塞浦路斯、伊朗、黎巴嫩和叙利亚的出口，我国仪器仪表及文化办公用机械制造业类产品对其他西亚13国的出口质量均呈现上升趋势。（2）在仪器仪表及文化办公用机械制造业类产品的年均增速排行中，卡塔尔、科威特和伊拉克位列前三，增速分别为2.79%、2.14%和2.11%。相反，增速较慢的3个国家是土耳其、巴林和希腊，其增速分别为0.80%、0.50%和0.47%。（3）我国仪器仪表及文化办公用机械制造业类产品对巴林、塞浦路斯、伊朗、黎巴嫩和叙利亚的出口质量呈现年均增长率递减趋势，其中黎巴嫩的递减幅度最大，为-1.03%。

表7-4　　仪器仪表及文化办公用机械制造业类产品对西亚18国出口质量变化

国家\年份	巴林	塞浦路斯	巴勒斯坦	希腊	伊朗	伊拉克	以色列	约旦	科威特
2009	0.48	0.46	0.36	0.58	0.67	0.52	0.58	0.51	0.49
2010	0.50	0.45	0.35	0.57	0.70	0.57	0.62	0.52	0.56
2011	0.49	0.44	0.40	0.56	0.71	0.58	0.61	0.53	0.57
2012	0.50	0.44	0.36	0.57	0.72	0.62	0.62	0.55	0.53
2013	0.53	0.43	0.38	0.56	0.72	0.60	0.60	0.56	0.57
2014	0.54	0.43	0.40	0.56	0.73	0.61	0.63	0.55	0.58
2015	0.52	0.43	0.39	0.56	0.73	0.62	0.63	0.56	0.59
2016	0.52	0.42	0.37	0.57	0.72	0.62	0.64	0.56	0.60
2017	0.54	0.44	0.38	0.58	0.72	0.62	0.65	0.56	0.59
2018	0.53	0.43	0.38	0.59	0.68	0.61	0.67	0.56	0.59
2019	0.43	0.44	0.35	0.59	0.66	0.63	0.66	0.56	0.61
2020	0.49	0.44	0.40	0.61	0.65	0.65	0.66	0.57	0.61

国家\年份	黎巴嫩	阿曼	卡塔尔	沙特阿拉伯	叙利亚	阿联酋	土耳其	埃及	也门
2009	0.56	0.48	0.45	0.65	0.57	0.67	0.68	0.59	0.48
2010	0.57	0.48	0.58	0.66	0.58	0.68	0.72	0.61	0.48
2011	0.58	0.50	0.47	0.68	0.59	0.68	0.72	0.62	0.49
2012	0.58	0.52	0.53	0.72	0.57	0.77	0.73	0.61	0.52
2013	0.57	0.48	0.57	0.69	0.48	0.73	0.74	0.62	0.53
2014	0.59	0.50	0.58	0.70	0.51	0.74	0.75	0.61	0.51
2015	0.59	0.58	0.58	0.70	0.51	0.74	0.74	0.65	0.48
2016	0.58	0.58	0.61	0.69	0.52	0.73	0.73	0.66	0.49
2017	0.58	0.53	0.57	0.69	0.52	0.73	0.73	0.65	0.48
2018	0.58	0.54	0.56	0.68	0.50	0.73	0.74	0.65	0.47
2019	0.52	0.50	0.56	0.70	0.49	0.75	0.72	0.67	0.51
2020	0.50	0.53	0.57	0.74	0.50	0.76	0.74	0.70	0.54

资料来源：原始数据来源于CEPII数据库，经作者计算所得。

从表 7-1、表 7-2、表 7-3 和表 7-4 的分析可知，2009—2020 年，我国分类高技术产品对西亚 18 国的出口中，对卡塔尔、巴勒斯坦和科威特出口质量的提升相对更高，叙利亚则下降幅度最显著。

7.2　知识产权保护水平对高技术产品出口西亚国家质量影响的实证分析

7.2.1　知识产权保护水平对高技术产品出口质量的不同影响

参考本书第 5 章的实证模型、应变量的选择和自变量的选择，本章采用变系数逐步回归法从列（1）至列（7）进一步分析我国知识产权保护水平对高技术产品出口西亚18国质量的影响。从表7-5的结果可知：（1）我国的知识产权保护水平提高在一定程度上对我国向伊朗、叙利亚、土耳其、埃及和也门的高技术产品出口质量产生了正面的推动效应。其中，对伊朗的高技术产品出口质量的提升效果最为明显，而对也门的正向推动作用相对较小。（2）知识产权保护水平的提高对我国向巴林、塞浦路斯、希腊、以色列、约旦、科威特、黎巴嫩、阿曼和卡塔尔高技术产品的出口质量产生了负向影响。在这9个国家中，对塞浦路斯出口质量的负面影响相对较显著，对黎巴嫩出口质量的负面影响相对最小，为-0.035。（3）知识产权保护水平对高技术产品出口沙特阿拉伯和阿联酋没有影响。（4）在对巴勒斯坦和伊拉克的出口中，知识产权保护水平对这两国出口质量的影响由于数据缺失而无法评估。

表7-5　　　　　　　知识产权保护水平对高技术产品出口质量影响的国别差异

变量	（1）	（2）	（3）	（4）	（5）	（6）	（7）
ln regp（巴林）	0.123***	−0.183***	−0.199***	−0.191***	−0.207***	−0.207***	−0.183***
	(0.004)	(0.011)	(0.012)	(0.012)	(0.012)	(0.012)	(0.012)
ln regp（塞浦路斯）	0.045***	−0.273***	−0.291***	−0.265***	−0.282***	−0.282***	−0.257***
	(0.004)	(0.011)	(0.013)	(0.013)	(0.014)	(0.014)	(0.014)
ln regp（巴勒斯坦）	−0.052***						
	(0.004)						
ln regp（希腊）	0.199***	−0.096***	−0.113***	−0.094***	−0.111***	−0.111***	−0.087***
	(0.004)	(0.010)	(0.012)	(0.012)	(0.012)	(0.012)	(0.013)
ln regp（伊朗）	0.320***	0.129***	0.115***	0.119***	0.115***	0.115***	0.128***
	(0.004)	(0.007)	(0.009)	(0.009)	(0.009)	(0.009)	(0.009)
ln regp（伊拉克）	0.213***	0.035***	0.025***	0.036***			
	(0.004)	(0.007)	(0.008)	(0.008)			
ln regp（以色列）	0.243***	−0.104***	−0.124***	−0.096***	−0.114***	−0.114***	−0.087***
	(0.004)	(0.012)	(0.014)	(0.014)	(0.014)	(0.014)	(0.015)
ln regp（约旦）	0.163***	−0.009	−0.024***	−0.026***	−0.030***	−0.030***	−0.017*
	(0.004)	(0.007)	(0.009)	(0.009)	(0.009)	(0.009)	(0.009)

续表

变量	（1）	（2）	（3）	（4）	（5）	（6）	（7）
ln regp（科威特）	0.181*** (0.004)	−0.153*** (0.012)	−0.166*** (0.012)	−0.157*** (0.012)	−0.176*** (0.012)	−0.176*** (0.012)	−0.150*** (0.012)
ln regp（黎巴嫩）	0.187*** (0.004)	−0.037*** (0.008)	−0.050*** (0.009)	−0.042*** (0.009)	−0.053*** (0.010)	−0.053*** (0.010)	−0.035*** (0.010)
ln regp（阿曼）	0.120*** (0.004)	−0.175*** (0.011)	−0.190*** (0.011)	−0.179*** (0.011)	−0.195*** (0.012)	−0.195*** (0.012)	−0.171*** (0.012)
ln regp（卡塔尔）	0.152*** (0.004)	−0.240*** (0.014)	−0.257*** (0.014)	−0.234*** (0.014)	−0.256*** (0.015)	−0.256*** (0.015)	−0.226*** (0.015)
ln regp（沙特阿特伯）	0.297*** (0.004)	−0.002 (0.011)	−0.018 (0.012)	−0.019* (0.012)	−0.033*** (0.012)	−0.033*** (0.012)	−0.010 (0.012)
ln regp（叙利亚）	0.136*** (0.004)	0.071*** (0.005)	0.064*** (0.006)	0.065*** (0.006)	0.065*** (0.006)	0.065*** (0.006)	0.069*** (0.006)
ln regp（阿联酋）	0.343*** (0.004)	−0.006 (0.012)	−0.024* (0.013)	−0.010 (0.013)	−0.028** (0.014)	−0.028** (0.014)	−0.000 (0.014)
ln regp（土耳其）	0.354*** (0.004)	0.110*** (0.009)	0.098*** (0.010)	0.104*** (0.010)	0.089*** (0.010)	0.089*** (0.010)	0.110*** (0.010)
ln regp（埃及）	0.259*** (0.004)	0.102*** (0.006)	0.092*** (0.007)	0.089*** (0.007)	0.083*** (0.007)	0.083*** (0.007)	0.095*** (0.007)
ln regp（也门）	0.114*** (0.004)	0.009 (0.005)	0.009 (0.006)	0.013** (0.006)	0.005 (0.006)	0.005 (0.006)	0.013** (0.006)

注：括号里为标准误，*、**、***分别表示在10%、5%、1%水平上通过显著性检验。在对巴勒斯坦和伊拉克的出口中，知识产权保护水平对这两国出口质量的影响由于数据缺失而无法评估。

7.2.2　知识产权保护水平对三类高技术产品出口质量的不同影响

如表7-6所示，2009—2019年，（1）我国知识产权保护水平提高对电器机械及机械制造业类产品具有正向拉动作用的国家有伊朗、叙利亚、土耳其、埃及和也门。其中，对出口伊朗高技术产品质量的拉动作用最显著，其次是土耳其，再次是埃及和叙利亚，对也门的拉动作用虽然为正向，但较为有限。（2）我国知识产权保护水平提高对电器机械及机械制造业类产品出口质量具有负向拉动作用的国家有巴林、塞浦路斯、希腊、以色列、科威特、黎巴嫩、阿曼、卡塔尔、沙特阿拉伯。在这9个国家中，对塞浦路斯和卡塔尔出口质量的负面影响相对较显著。（3）知识产权保护水平对电器机械及机械制造业类产品出口约旦和阿联酋的质量没有影响。（4）在对巴勒斯坦和伊拉克的出口中，知识产权保护水平对电器机械及机械制造业类产品出口这两个国家质量的影响由于数据缺失而无法评估。

表7-6   知识产权保护水平对电器机械及机械制造业类产品出口质量影响的国别差异

变量	（1）	（2）	（3）	（4）	（5）	（6）	（7）
ln regp （巴林）	0.105*** （0.005）	-0.213*** （0.014）	-0.224*** （0.016）	-0.218*** （0.016）	-0.234*** （0.016）	-0.234*** （0.016）	-0.211*** （0.016）
ln regp （塞浦路斯）	0.041*** （0.005）	-0.289*** （0.015）	-0.302*** （0.017）	-0.281*** （0.018）	-0.300*** （0.019）	-0.300*** （0.019）	-0.275*** （0.019）
ln regp （巴勒斯坦）	-0.061*** （0.005）						
ln regp （希腊）	0.199*** （0.005）	-0.107*** （0.014）	-0.119*** （0.016）	-0.105*** （0.016）	-0.122*** （0.017）	-0.122*** （0.017）	-0.099*** （0.017）
ln regp （伊朗）	0.319*** （0.005）	0.121*** （0.010）	0.112*** （0.012）	0.115*** （0.012）	0.110*** （0.013）	0.110*** （0.013）	0.123*** （0.013）
ln regp （伊拉克）	0.236*** （0.005）	0.051*** （0.009）	0.044*** （0.010）	0.053*** （0.011）			
ln regp （以色列）	0.229*** （0.005）	-0.130*** （0.016）	-0.144*** （0.019）	-0.123*** （0.019）	-0.143*** （0.020）	-0.143*** （0.020）	-0.117*** （0.020）
ln regp （约旦）	0.161*** （0.005）	-0.018** （0.009）	-0.027** （0.012）	-0.028** （0.012）	-0.033*** （0.012）	-0.033*** （0.012）	-0.020 （0.012）

续表

变量	（1）	（2）	（3）	（4）	（5）	（6）	（7）
ln regp （科威特）	0.162*** （0.005）	−0.185*** （0.016）	−0.195*** （0.016）	−0.188*** （0.016）	−0.208*** （0.017）	−0.208*** （0.017）	−0.184*** （0.017）
ln regp （黎巴嫩）	0.178*** （0.005）	−0.054*** （0.011）	−0.063*** （0.013）	−0.056*** （0.013）	−0.067*** （0.013）	−0.067*** （0.013）	−0.051*** （0.013）
ln regp （阿曼）	0.116*** （0.005）	−0.189*** （0.014）	−0.200*** （0.015）	−0.192*** （0.016）	−0.208*** （0.016）	−0.208*** （0.016）	−0.186*** （0.016）
ln regp （卡塔尔）	0.129*** （0.005）	−0.278*** （0.018）	−0.291*** （0.019）	−0.273*** （0.019）	−0.297*** （0.020）	−0.297*** （0.020）	−0.268*** （0.020）
ln regp （沙特阿拉伯）	0.285*** （0.005）	−0.025* （0.014）	−0.036** （0.016）	−0.036** （0.016）	−0.051*** （0.016）	−0.051*** （0.016）	−0.028* （0.016）
ln regp （叙利亚）	0.144*** （0.005）	0.076*** （0.006）	0.072*** （0.007）	0.074*** （0.007）	0.073*** （0.007）	0.073*** （0.007）	0.077*** （0.007）
ln regp （阿联酋）	0.329*** （0.005）	−0.033** （0.016）	−0.046*** （0.018）	−0.035* （0.018）	−0.053*** （0.019）	−0.053*** （0.019）	−0.028 （0.019）
ln regp （土耳其）	0.350*** （0.005）	0.097*** （0.012）	0.088*** （0.013）	0.094*** （0.013）	0.078*** （0.014）	0.078*** （0.014）	0.098*** （0.014）
ln regp （埃及）	0.260*** （0.005）	0.097*** （0.008）	0.091*** （0.010）	0.088*** （0.010）	0.083*** （0.010）	0.083*** （0.010）	0.094*** （0.010）
ln regp （也门）	0.124*** （0.005）	0.016** （0.007）	0.015* （0.007）	0.018** （0.007）	0.009 （0.008）	0.009 （0.008）	0.016** （0.008）

注：括号里为标准误，*、**、***分别表示在10%、5%、1%水平上通过显著性检验。在对巴勒斯坦和伊拉克的出口中，知识产权保护水平对这两国出口质量的影响由于数据缺失而无法评估

如表7-7所示，2009—2019年，（1）我国知识产权保护水平提高对电子及通信设备制造业类产品具有正向拉动作用的国家有伊朗、叙利亚、土耳其和埃及。其中，对出口伊朗高技术产品质量的拉动作用最显著，其次是土耳其，再次是埃及，对叙利亚的拉动作用虽然为正向，但较为有限。（2）我国知识产权保护水平提高对电子及通信设备制造

业类产品出口质量具有负向拉动作用的国家有巴林、塞浦路斯、希腊、以色列、黎巴嫩、科威特、阿曼和卡塔尔。在这8个国家中，对塞浦路斯出口质量的负面影响相较最显著。（3）知识产权保护水平对电子及通信设备制造业类产品出口约旦、沙特阿拉伯、阿联酋和也门4国的质量无影响。（4）在对巴勒斯坦和伊拉克的出口中，知识产权保护水平对电子及通信设备制造业类产品出口这两个国家质量的影响由于数据缺失而无法评估。

表7-7　知识产权保护水平对电子及通信设备制造业类产品出口质量影响的国别差异

变量	（1）	（2）	（3）	（4）	（5）	（6）	（7）
ln regp （巴林）	0.146*** (0.008)	−0.169*** (0.027)	−0.178*** (0.029)	−0.174*** (0.029)	−0.180*** (0.029)	−0.180*** (0.029)	−0.160*** (0.030)
ln regp （塞浦路斯）	0.038*** (0.008)	−0.289*** (0.028)	−0.299*** (0.031)	−0.284*** (0.032)	−0.287*** (0.033)	−0.287*** (0.033)	−0.265*** (0.033)
ln regp （巴勒斯坦）	−0.064*** (0.009)						
ln regp （希腊）	0.208*** (0.008)	−0.096*** (0.026)	−0.105*** (0.029)	−0.095*** (0.029)	−0.098*** (0.030)	−0.098*** (0.030)	−0.077** (0.030)
ln regp （伊朗）	0.297*** (0.008)	0.101*** (0.018)	0.093*** (0.022)	0.095*** (0.022)	0.091*** (0.022)	0.091*** (0.022)	0.102*** (0.022)
ln regp （伊拉克）	0.149*** (0.009)	−0.034* (0.017)	−0.039** (0.019)	−0.033* (0.019)			
ln regp （以色列）	0.244*** (0.008)	−0.112*** (0.030)	−0.123*** (0.033)	−0.108*** (0.034)	−0.111*** (0.035)	−0.111*** (0.035)	−0.088** (0.035)
ln regp （约旦）	0.162*** (0.008)	−0.015 (0.017)	−0.022 (0.021)	−0.024 (0.021)	−0.026 (0.021)	−0.026 (0.021)	−0.014 (0.022)
ln regp （科威特）	0.189*** (0.008)	−0.154*** (0.029)	−0.161*** (0.030)	−0.156*** (0.030)	−0.166*** (0.030)	−0.166*** (0.030)	−0.144*** (0.031)
ln regp （黎巴嫩）	0.177*** (0.008)	−0.052** (0.021)	−0.060*** (0.023)	−0.056** (0.023)	−0.059** (0.023)	−0.059** (0.023)	−0.045* (0.023)

变量	（1）	（2）	（3）	（4）	（5）	（6）	（7）
ln regp （阿曼）	0.102***	−0.201***	−0.210***	−0.204***	−0.209***	−0.209***	−0.190***
	(0.009)	(0.026)	(0.028)	(0.028)	(0.029)	(0.029)	(0.029)
ln regp （卡塔尔）	0.156***	−0.247***	−0.257***	−0.244***	−0.253***	−0.253***	−0.228***
	(0.009)	(0.034)	(0.035)	(0.036)	(0.036)	(0.036)	(0.037)
ln regp （沙特阿拉伯）	0.296***	−0.011	−0.020	−0.021	−0.028	−0.028	−0.009
	(0.008)	(0.026)	(0.028)	(0.028)	(0.029)	(0.029)	(0.029)
ln regp （叙利亚）	0.100***	0.030***	0.027**	0.027**	0.026**	0.026**	0.030**
	(0.009)	(0.011)	(0.013)	(0.013)	(0.013)	(0.013)	(0.013)
ln regp （阿联酋）	0.348***	−0.011	−0.021	−0.013	−0.020	−0.020	0.002
	(0.008)	(0.030)	(0.033)	(0.033)	(0.033)	(0.033)	(0.034)
ln regp （土耳其）	0.339***	0.088***	0.081***	0.085***	0.082***	0.082***	0.099***
	(0.008)	(0.022)	(0.023)	(0.023)	(0.024)	(0.024)	(0.025)
ln regp （埃及）	0.243***	0.082***	0.076***	0.074***	0.071***	0.071***	0.081***
	(0.008)	(0.016)	(0.017)	(0.017)	(0.018)	(0.018)	(0.018)
ln regp （也门）	0.097***	−0.012	−0.012	−0.009	−0.014	−0.014	−0.007
	(0.009)	(0.013)	(0.014)	(0.014)	(0.014)	(0.014)	(0.014)

注：括号里为标准误，*、**、***分别表示在10%、5%、1%水平上通过显著性检验。在对巴勒斯坦和伊拉克的出口中，知识产权保护水平对这两国出口质量的影响由于数据缺失而无法评估。

如表7-8所示，2009—2019年，（1）我国知识产权保护水平提高对仪器仪表及文化办公用机械制造业类产品具有正向拉动作用的国家有伊朗、叙利亚、土耳其和埃及。其中，对出口伊朗高技术产品质量的拉动作用最显著，其次是土耳其，再次是埃及，对叙利亚的拉动作用虽然为正向，但较为有限。（2）我国知识产权保护水平提高对仪器仪表及文化办公用机械制造业类产品出口质量具有负向拉动作用的国家有巴林、塞浦路斯、希腊、以色列、科威特、阿曼、卡塔尔。在这7个国家中，对塞浦路斯出口质量的负面影响相较最显著。（3）知识产权保护水平对仪器仪表及文化办公用机械制造业类产品出口黎巴嫩、沙特阿拉伯、约旦、也门、阿联酋5国的质量无影响。（4）在对巴勒斯坦和伊拉克的出口中，知识产权保护水平对仪器仪表及文化办公用机械制造业类产品出口这两个国家质量的影响由于数据缺失而无法评估。

表7-8　　知识产权保护水平对仪器仪表及文化办公用机械
制造业类产品出口质量影响的国别差异

变量	（1）	（2）	（3）	（4）	（5）	（6）	（7）
ln regp （巴林）	0.142*** （0.008）	−0.157*** （0.020）	−0.183*** （0.022）	−0.171*** （0.022）	−0.193*** （0.022）	−0.193*** （0.022）	−0.165*** （0.022）
ln regp （塞浦路斯）	0.061*** （0.008）	−0.250*** （0.021）	−0.283*** （0.024）	−0.241*** （0.024）	−0.266*** （0.025）	−0.266*** （0.025）	−0.237*** （0.025）
ln regp （巴勒斯坦）	−0.025*** （0.008）						
ln regp （希腊）	0.203*** （0.008）	−0.085*** （0.019）	−0.115*** （0.022）	−0.087*** （0.022）	−0.110*** （0.023）	−0.110*** （0.023）	−0.083*** （0.023）
ln regp （伊朗）	0.340*** （0.008）	0.153*** （0.014）	0.127*** （0.017）	0.132*** （0.017）	0.127*** （0.017）	0.127*** （0.017）	0.142*** （0.017）
ln regp （伊拉克）	0.215*** （0.008）	0.041*** （0.013）	0.023 （0.015）	0.040*** （0.015）			
ln regp （以色列）	0.267*** （0.008）	−0.071*** （0.022）	−0.107*** （0.025）	−0.063** （0.026）	−0.089*** （0.026）	−0.089*** （0.026）	−0.058** （0.027）
ln regp （约旦）	0.173*** （0.008）	0.005 （0.013）	−0.023 （0.017）	−0.027 （0.017）	−0.033** （0.017）	−0.033** （0.017）	−0.018 （0.017）
ln regp （科威特）	0.209*** （0.008）	−0.117*** （0.022）	−0.138*** （0.022）	−0.125*** （0.022）	−0.151*** （0.022）	−0.151*** （0.022）	−0.121*** （0.023）
ln regp （黎巴嫩）	0.209*** （0.008）	−0.009 （0.016）	−0.033* （0.017）	−0.021 （0.017）	−0.036** （0.018）	−0.036** （0.018）	−0.016 （0.018）

变量	（1）	（2）	（3）	（4）	（5）	（6）	（7）
ln regp （阿曼）	0.140*** (0.008)	−0.148*** (0.020)	−0.174*** (0.021)	−0.158*** (0.021)	−0.179*** (0.022)	−0.179*** (0.022)	−0.153*** (0.022)
ln regp （卡塔尔）	0.189*** (0.008)	−0.195*** (0.025)	−0.223*** (0.026)	−0.186*** (0.026)	−0.216*** (0.027)	−0.216*** (0.027)	−0.182*** (0.027)
ln regp （沙特阿拉伯）	0.319*** (0.008)	0.028 (0.020)	0.000 (0.021)	−0.004 (0.021)	−0.023 (0.022)	−0.023 (0.022)	0.004 (0.022)
ln regp （叙利亚）	0.147*** (0.008)	0.083*** (0.009)	0.071*** (0.011)	0.071*** (0.011)	0.071*** (0.011)	0.071*** (0.011)	0.076*** (0.011)
ln regp （阿联酋）	0.366*** (0.007)	0.024 (0.023)	−0.007 (0.024)	0.015 (0.024)	−0.009 (0.025)	−0.009 (0.025)	0.022 (0.025)
ln regp （土耳其）	0.373*** (0.008)	0.134*** (0.017)	0.113*** (0.018)	0.123*** (0.018)	0.101*** (0.018)	0.101*** (0.018)	0.125*** (0.019)
ln regp （埃及）	0.273*** (0.008)	0.120*** (0.012)	0.102*** (0.014)	0.095*** (0.014)	0.087*** (0.014)	0.087*** (0.014)	0.101*** (0.014)
ln regp （也门）	0.113*** (0.008)	0.009 (0.010)	0.012 (0.011)	0.019* (0.011)	0.007 (0.011)	0.007 (0.011)	0.016 (0.011)

注：括号里为标准误，*、**、***分别表示在10%、5%、1%水平上通过显著性检验。在对巴勒斯坦和伊拉克的出口中，知识产权保护水平对这两国出口质量的影响由于数据缺失而无法评估。

综合表7-5、表7-6、表7-7和表7-8的结果可知：（1）在西亚18国中，我国知识产权保护水平的提高对三类高技术产品出口均具有正向作用的出口目的国有伊朗、叙利亚、阿联酋、土耳其和埃及5国，知识产权保护水平的提高对高技术产品对巴林、塞浦路斯、希腊、以色列、约旦、科威特、黎巴嫩、阿曼和卡塔尔的出口质量均起到了负面影响。（2）我国知识产权保护水平的提升对电器机械与机械制造业类产品和仪器仪表和文化办公用机械制造业类产品出口沙特阿拉伯和也门的质量影响为正，而对电子及通信设备制造业类产品出口上述两国质量的影响为负。

7.2.3　知识产权保护水平对高技术产品出口质量的稳健性检验

为了进一步增加实证结果的可靠性，表7-9同样借鉴第5章的方法，借助替代变量、更换回归样本和更换回归方法三种方法进一步验证结果的稳健性。通过方法一、方法二和方法三的分析可知：就西亚18国而言：（1）知识产权保护水平的提升对伊朗、叙利亚、土耳其、埃及4国出口质量影响的正向作用是显著且稳健的，对高技术产品出口巴林、塞浦路斯、希腊、以色列、科威特、阿曼、卡塔尔7国的负向作用是显著且稳健的；对沙特阿拉伯和阿联酋出口质量无影响也是稳健的；（2）知识产权保护水平对约旦和黎巴嫩的出口质量在基准回归中是负向的，但经过三种稳健性检验后，发现知识产权保护水平对高技术产品出口上述两国并未产生影响。除此之外，知识产权保护水平对也门的出口质量在基准回归中是负向的，但经过三种稳健性检验后，发现知识产权保护水平对高技术产品出口也门并未产生影响。（3）巴勒斯坦和伊拉克的数据由于存在缺失问题而无法考察知识产权保护水平提升对高技术产品出口质量的相关影响。

表7-9　　知识产权保护水平对高技术产品出口质量影响国别差异的稳健性检验

变量	（1）基准回归	（2）替代变量处理	（3）更换回归样本	（4）更换回归方法
ln regp（巴林）	−0.183***	−0.165***	−0.163***	−0.155***
	(0.012)	(0.022)	(0.022)	(0.025)
ln regp（塞浦路斯）	−0.257***	−0.237***	−0.234***	−0.223***
	(0.014)	(0.025)	(0.024)	(0.028)
ln regp（巴勒斯坦）				
ln regp（希腊）	−0.087***	−0.083***	−0.081***	−0.077***
	(0.013)	(0.023)	(0.022)	(0.026)
ln regp（伊朗）	0.128***	0.142***	0.142***	0.137***
	(0.009)	(0.017)	(0.017)	(0.019)

续表

变量	（1） 基准回归	（2） 替代变量处理	（3） 更换回归样本	（4） 更换回归方法
ln regp （伊拉克）				
ln regp （以色列）	-0.087*** (0.015)	-0.058** (0.027)	-0.056** (0.026)	-0.053* (0.030)
ln regp （约旦）	-0.017* (0.009)	-0.018 (0.017)	-0.018 (0.017)	-0.018 (0.019)
ln regp （科威特）	-0.150*** (0.012)	-0.121*** (0.023)	-0.119*** (0.022)	-0.109*** (0.026)
ln regp （黎巴嫩）	-0.035*** (0.010)	-0.016 (0.018)	-0.015 (0.017)	-0.020 (0.020)
ln regp （阿曼）	-0.171*** (0.012)	-0.153*** (0.022)	-0.150*** (0.021)	-0.133*** (0.025)
ln regp （卡塔尔）	-0.226*** (0.015)	-0.182*** (0.027)	-0.179*** (0.027)	-0.161*** (0.031)
ln regp （沙特阿拉伯）	-0.010 (0.012)	0.004 (0.022)	0.005 (0.022)	0.018 (0.025)
ln regp （叙利亚）	0.069*** (0.006)	0.076*** (0.011)	0.074*** (0.010)	0.075*** (0.012)
ln regp （阿联酋）	-0.000 (0.014)	0.022 (0.025)	0.024 (0.025)	0.030 (0.029)
ln regp （土耳其）	0.110*** (0.010)	0.125*** (0.019)	0.125*** (0.018)	0.112*** (0.021)
ln regp （埃及）	0.095*** (0.007)	0.101*** (0.014)	0.100*** (0.014)	0.084*** (0.016)
ln regp （也门）	0.013** (0.006)	0.016 (0.011)	0.015 (0.011)	0.003 (0.012)

注：括号里为标准误，*、**、***分别表示在10%、5%、1%水平上通过显著性检验。在对巴勒斯坦和伊拉克的出口中，知识产权保护水平对这两国出口质量的影响由于数据缺失而无法评估。

除了约旦、黎巴嫩和也门外，上述研究结论同基准回归结果一致。综上，可以认为表7-5的基准回归结果基本是稳健的。

同样，借助替代变量、更换回归样本和更换回归方法三种方法进一步验证知识产权保护水平对电器机械及机械制造业类产品出口质量影响的稳健性。从表7-10中可知：（1）除巴勒斯坦和伊拉克两国受数据缺失影响，无法计算回归结果外，在对西亚各国的出口中，知识产权保护水平提升对伊朗、叙利亚、土耳其、埃及和也门5国出口质量影响的正向作用是显著且稳健的，对巴林、塞浦路斯、希腊、以色列、科威特、黎巴嫩、阿曼、卡塔尔、沙特阿拉伯9国电器机械及机械制造业类产品的出口质量始终表现为显著负向作用。（2）知识产权保护水平对电器机械及机械制造业类产品出口约旦和阿联酋的质量并未产生影响。

表7-10　　　　　知识产权保护水平对电器机械及机械制造业类

产品出口质量影响国别差异的稳健性检验

变量	（1）基准回归	（2）替代变量处理	（3）更换回归样本	（4）更换回归方法
ln regp（巴林）	−0.211***	−0.211***	−0.208***	−0.212***
	(0.016)	(0.016)	(0.016)	(0.018)
ln regp（塞浦路斯）	−0.275***	−0.275***	−0.270***	−0.271***
	(0.019)	(0.019)	(0.018)	(0.021)
ln regp（巴勒斯坦）				
ln regp（希腊）	−0.099***	−0.099***	−0.095***	−0.103***
	(0.017)	(0.017)	(0.017)	(0.019)
ln regp（伊朗）	0.123***	0.123***	0.124***	0.111***
	(0.013)	(0.013)	(0.012)	(0.014)
ln regp（伊拉克）				
ln regp（以色列）	−0.117***	−0.117***	−0.112***	−0.115***
	(0.020)	(0.020)	(0.019)	(0.022)

续表

变量	（1）基准回归	（2）替代变量处理	（3）更换回归样本	（4）更换回归方法
ln regp（约旦）	-0.020	-0.020	-0.018	-0.026*
	(0.012)	(0.012)	(0.012)	(0.014)
ln regp（科威特）	-0.184***	-0.184***	-0.179***	-0.182***
	(0.017)	(0.017)	(0.016)	(0.019)
ln regp（黎巴嫩）	-0.051***	-0.051***	-0.048***	-0.057***
	(0.013)	(0.013)	(0.013)	(0.015)
ln regp（阿曼）	-0.186***	-0.186***	-0.182***	-0.185***
	(0.016)	(0.016)	(0.016)	(0.018)
ln regp（卡塔尔）	-0.268***	-0.268***	-0.263***	-0.261***
	(0.020)	(0.020)	(0.020)	(0.023)
ln regp（沙特阿拉伯）	-0.028*	-0.028*	-0.025	-0.030*
	(0.016)	(0.016)	(0.016)	(0.018)
ln regp（叙利亚）	0.077***	0.077***	0.076***	0.068***
	(0.007)	(0.007)	(0.007)	(0.008)
ln regp（阿联酋）	-0.028	-0.028	-0.024	-0.029
	(0.019)	(0.019)	(0.018)	(0.021)
ln regp（土耳其）	0.098***	0.098***	0.100***	0.090***
	(0.014)	(0.014)	(0.013)	(0.015)
ln regp（埃及）	0.094***	0.094***	0.095***	0.082***
	(0.010)	(0.010)	(0.010)	(0.011)
ln regp（也门）	0.016**	0.016**	0.015**	0.004
	(0.008)	(0.008)	(0.008)	(0.008)

注：括号里为标准误，*、**、***分别表示在10%、5%、1%水平上通过显著性检验。在对巴勒斯坦和伊拉克的出口中，知识产权保护水平对这两国出口质量的影响由于数据缺失而无法评估。

上述研究结论同基准回归结果一致。综上，可以认为表7-6的基准回归结果是稳

健的。

同样，借助替代变量、更换回归样本和更换回归方法三种方法进一步验证知识产权保护水平对电子及通信设备产品制造业类产品出口质量影响的稳健性。从表7-11中可知：（1）除巴勒斯坦和伊拉克两国受数据缺失影响，无法计算回归结果外，在对西亚各国的出口中，知识产权保护水平提升对伊朗、叙利亚、土耳其和埃及4国出口质量的影响是正向显著且稳健的，但对电子及通信设备产品制造业类产品出口巴林、塞浦路斯、希腊、以色列、科威特、黎巴嫩、卡塔尔和阿曼8国的质量始终表现为显著负向作用。（2）知识产权保护水平对电子及通信设备产品制造业类产品出口约旦、沙特阿拉伯、阿联酋和也门的质量未产生影响。

表7-11 知识产权保护水平对电子及通信设备产品制造业类
产品出口质量影响国别差异的稳健性检验

变量	（1） 基准回归	（2） 替代变量处理	（3） 更换回归样本	（4） 更换回归方法
ln regp （巴林）	−0.160*** （0.030）	−0.160*** （0.030）	−0.157*** （0.029）	−0.158*** （0.036）
ln regp （塞浦路斯）	−0.265*** （0.033）	−0.265*** （0.033）	−0.262*** （0.033）	−0.241*** （0.040）
ln regp （巴勒斯坦）				
ln regp （希腊）	−0.077** （0.030）	−0.077** （0.030）	−0.075** （0.030）	−0.073** （0.037）
ln regp （伊朗）	0.102*** （0.022）	0.102*** （0.022）	0.102*** （0.022）	0.080*** （0.027）
ln regp （伊拉克）				
ln regp （以色列）	−0.088** （0.035）	−0.088** （0.035）	−0.086** （0.035）	−0.070 （0.043）

续表

变量	（1）基准回归	（2）替代变量处理	（3）更换回归样本	（4）更换回归方法
ln regp（约旦）	−0.014	−0.014	−0.015	−0.021
	(0.022)	(0.022)	(0.021)	(0.026)
ln regp（科威特）	−0.144***	−0.144***	−0.141***	−0.139***
	(0.031)	(0.031)	(0.030)	(0.037)
ln regp（黎巴嫩）	−0.045*	−0.045*	−0.044*	−0.052*
	(0.023)	(0.023)	(0.023)	(0.028)
ln regp（阿曼）	−0.190***	−0.190***	−0.187***	−0.169***
	(0.029)	(0.029)	(0.029)	(0.035)
ln regp（卡塔尔）	−0.228***	−0.228***	−0.224***	−0.204***
	(0.037)	(0.037)	(0.036)	(0.045)
ln regp（沙特阿拉伯）	−0.009	−0.009	−0.007	0.002
	(0.029)	(0.029)	(0.029)	(0.035)
ln regp（叙利亚）	0.030**	0.030**	0.028**	0.018
	(0.013)	(0.013)	(0.013)	(0.015)
ln regp（阿联酋）	0.002	0.002	0.004	0.007
	(0.034)	(0.034)	(0.033)	(0.041)
ln regp（土耳其）	0.099***	0.099***	0.100***	0.083***
	(0.025)	(0.025)	(0.024)	(0.030)
ln regp（埃及）	0.081***	0.081***	0.081***	0.058***
	(0.018)	(0.018)	(0.017)	(0.021)
ln regp（也门）	−0.007	−0.007	−0.007	−0.032**
	(0.014)	(0.014)	(0.014)	(0.016)

注：括号里为标准误，*、**、***分别表示在10%、5%、1%水平上通过显著性检验。在对巴勒斯坦和伊拉克的出口中，知识产权保护水平对这两国出口质量的影响由于数据缺失而无法评估。

上述研究结论同基准回归结果一致。综上，可以认为表7-7的基准回归结果是稳

健的。

同样，借助替代变量、更换回归样本和更换回归方法三种方法进一步验证知识产权保护水平对仪表及文化办公用机械制造业类产品出口质量影响的稳健性。从表7-12中可知：（1）除巴勒斯坦和伊拉克两国受数据缺失影响，无法计算回归结果外，在对西亚各国的出口中，知识产权保护水平的提升对伊朗、叙利亚、土耳其和埃及4国出口质量的影响是正向显著且稳健的，对巴林、塞浦路斯、希腊、以色列、科威特、阿曼和卡塔尔7国仪器仪表及文化办公用机械制造业类产品的出口质量始终表现为显著负向作用。（2）知识产权保护水平对仪器仪表及文化办公用机械制造业类产品出口黎巴嫩、沙特阿拉伯、约旦、也门和阿联酋的质量并未产生影响。

表7-12   知识产权保护水平对仪器仪表及文化办公用机械制造业类

产品出口质量影响国别差异的稳健性检验

变量	（1） 基准回归	（2） 替代变量处理	（3） 更换回归样本	（4） 更换回归方法
ln regp （巴林）	−0.165*** （0.022）	−0.165*** （0.022）	−0.163*** （0.022）	−0.155*** （0.025）
ln regp （塞浦路斯）	−0.237*** （0.025）	−0.237*** （0.025）	−0.234*** （0.024）	−0.223*** （0.028）
ln regp （巴勒斯坦）				
ln regp （希腊）	−0.083*** （0.023）	−0.083*** （0.023）	−0.081*** （0.022）	−0.077*** （0.026）
ln regp （伊朗）	0.142*** （0.017）	0.142*** （0.017）	0.142*** （0.017）	0.137*** （0.019）
ln regp （伊拉克）				
ln regp （以色列）	−0.058** （0.027）	−0.058** （0.027）	−0.056** （0.026）	−0.053* （0.030）

续表

变量	（1）基准回归	（2）替代变量处理	（3）更换回归样本	（4）更换回归方法
ln regp（约旦）	−0.018	−0.018	−0.018	−0.018
	（0.017）	（0.017）	（0.017）	（0.019）
ln regp（科威特）	−0.121***	−0.121***	−0.119***	−0.109***
	（0.023）	（0.023）	（0.022）	（0.026）
ln regp（黎巴嫩）	−0.016	−0.016	−0.015	−0.020
	（0.018）	（0.018）	（0.017）	（0.020）
ln regp（阿曼）	−0.153***	−0.153***	−0.150***	−0.133***
	（0.022）	（0.022）	（0.021）	（0.025）
ln regp（卡塔尔）	−0.182***	−0.182***	−0.179***	−0.161***
	（0.027）	（0.027）	（0.027）	（0.031）
ln regp（沙特阿拉伯）	0.004	0.004	0.005	0.018
	（0.022）	（0.022）	（0.022）	（0.025）
ln regp（叙利亚）	0.076***	0.076***	0.074***	0.075***
	（0.011）	（0.011）	（0.010）	（0.012）
ln regp（阿联酋）	0.022	0.022	0.024	0.030
	（0.025）	（0.025）	（0.025）	（0.029）
ln regp（土耳其）	0.125***	0.125***	0.125***	0.112***
	（0.019）	（0.019）	（0.018）	（0.021）
ln regp（埃及）	0.101***	0.101***	0.100***	0.084***
	（0.014）	（0.014）	（0.014）	（0.016）
ln regp（也门）	0.016	0.016	0.015	0.003
	（0.011）	（0.011）	（0.011）	（0.012）

注：括号里为标准误，*、**、***分别表示在10%、5%、1%水平上通过显著性检验。在对巴勒斯坦和伊拉克的出口中，知识产权保护水平对这两国出口质量的影响由于数据缺失而无法评估。

上述研究结论同基准回归结果一致。综上，可以认为表7-8的基准回归结果是稳

健的。

7.3 　本章小结

就高技术产品对西亚18国的出口质量而言：（1）我国高技术产品对西亚18国的出口质量在2009—2020年期间有不同程度的变化。其中，对13个国家的出口质量呈现上升趋势，而对另外5个国家的出口质量则下降。具体来说，我国对卡塔尔、巴勒斯坦和科威特的出口质量提升最明显，而对叙利亚的出口质量降低最严重。（2）从产品类别和出口目的国的维度来看，我国电器机械及机械制造业类产品、电子及通信设备制造业类产品和仪器仪表及文化办公用机械制造业类产品对西亚18国的出口质量大多呈现上升趋势，但也有少数国家下降，如巴林、塞浦路斯、伊朗、黎巴嫩等。

就知识产权保护水平提高对我国向西亚18国出口高技术产品质量的影响而言，2009—2019年，（1）就总体高技术产品而言，提高知识产权保护水平对4国（伊朗、叙利亚、土耳其和埃及）的高技术产品出口质量有显著且稳健的正向效应，对7国（巴林、塞浦路斯、希腊、以色列、科威特、阿曼和卡塔尔）的高技术产品出口质量有显著且稳健的负向效应；对两国（沙特阿拉伯、阿联酋）的高技术产品出口质量无影响，这一结论经过三种稳健性检验后仍然成立；对约旦和黎巴嫩的高技术产品出口质量在基准回归中为负，但在稳健性检验后为不显著；对也门的高技术产品出口质量在基准回归中为负，但在稳健性检验后为不显著。由于数据缺失，无法分析巴勒斯坦和伊拉克的情况。（2）从三类高技术产品来看，除巴勒斯坦和伊拉克两国受数据缺失影响，无法计算回归结果外，在对西亚各国的出口中，首先，知识产权保护水平提升对伊朗、叙利亚、土耳其、埃及和也门5国的电器机械及机械制造业类产品出口质量影响显著且稳健，呈现正向作用。然而，对巴林、塞浦路斯、希腊、以色列、科威特、黎巴嫩、阿曼、卡塔尔和沙特阿拉伯9国的出口质量始终表现为显著负向作用。值得注意的是，知识产权保护水平并未对电器机械及机械制造业类产品出口到约旦和阿联酋的质量产生影响。其次，对于伊朗、叙利亚、土耳其和埃及4国，知识产权保护水平的提升对电子及通信设备制造业类产品出口质量的影响显著且稳健，表现为正向作用。然而，对于巴林、塞浦路斯、希腊、以色列、科威特、黎巴嫩、卡塔尔和阿曼8国，知识产权保护水平的提升对电子及通信设备制造业类产品出口质量始终表现为显著负向作用。对于约旦、沙特阿拉伯、阿联酋和也门4国，知识产权保护水平的提升并未对电子及通信设备制造业类产品出口质量产生明显影响。最后，对于伊朗、叙利亚、土耳其和埃及4国，知识产权保护水平提升对仪表及文化办公用机械制造业类产品出口质量的影响显著且稳健，表现为正向作用。然而，对于巴林、塞浦路斯、希腊、以色列、科威特、阿曼和卡塔尔7国，知识产权保护水平的提升对仪表及文化办公用机械制造业类产品出口质量始终表现为显著负向作用。对于黎巴嫩、沙特阿拉伯、约旦、也门和阿联酋5国，知识产权保护水平的提升对仪器仪表及文化办公用机械制造业类产品出口质量并未产生影响。

第8章 知识产权保护水平对高技术产品出口中东欧国家质量的影响

中国和中东欧16国[①]都是共建"一带一路"的重要合作伙伴,都处于全球产业链中的重要位置,经济互补性强,互联互通顺畅,双向投资活跃,这些积极因素有力地促进了双方贸易的快速发展。双边合作由小到大、由浅入深,涉及经贸、投资、金融等诸多领域。统计数据显示,中国对中东欧国家的出口规模从2009年的358.48亿美元增长至2020年的882.46亿美元,出口规模大幅提升。特别是自2012年中国-中东欧国家合作机制建立以来,中国和中东欧国家的经贸合作取得了积极进展。中国与中东欧国家的贸易年均增长8.1%,而中国自中东欧国家进口的年均增长率为9.2%。在商品结构方面,机电产品占中国与中东欧国家进口和出口商品的比重均高达70%左右[②]。这些数据表明,中国与中东欧国家之间的贸易产品附加值和科技含量较高,体现出高水平和含金量。同时,这也表明中国与中东欧国家之间的经济联系日益紧密,贸易关系不断加强。

在高技术产品领域,我国对中东欧国家的出口规模呈显著增长趋势,从2009年的178.82亿美元增长至2020年的410.92亿美元,这反映出我国在高技术产业方面竞争力不断增强,为高技术产品的出口创造了有利条件。除此以外,高技术产品出口占比从

---

① 2012年4月中国与中东欧16国合作机制正式建立。原初参与国家包括:爱沙尼亚、拉脱维亚、立陶宛、波兰、捷克、斯洛伐克、匈牙利、罗马尼亚、斯洛文尼亚、克罗地亚、塞尔维亚、保加利亚、黑山、波黑、北马其顿和阿尔巴尼亚。2019年希腊被欢迎作为新的正式成员,参与国家数量扩大到17个。然而,到了2022年,由于欧洲的地缘政治冲突和新冠疫情的影响,立陶宛、爱沙尼亚和拉脱维亚宣布退出该合作机制,使得参与国家数量降至14个。由于本研究的研究时间是2009—2020年,因此,仍以中东欧16国作为研究样本。

② 数据来源于CEPII数据库(即法国世界经济研究中心数据库)。

2009年的49.88%下降到2020年的46.57%，尽管减少了3.31%，但高技术产品在整体出口中仍占据较大份额，超过40%。这表明高技术产品在我国对中东欧国家的出口中仍然占据重要地位，并保持着相对稳定的份额。综合来看，上述数据均反映了我国与中东欧国家之间经济合作的积极势头，尤其在高技术产品领域的出口方面，我国取得了显著的进展。这也进一步证明了我国高技术产品在国际市场上的竞争优势和地位不断提升，为双方的经贸合作带来了更多的机遇和发展潜力。

8.1　高技术产品对中东欧国家出口质量现状

8.1.1　高技术产品总体出口中东欧国家质量

表8-1显示的是我国高技术产品对中东欧16国2009—2020年出口质量的变化情况。从表中可知：（1）在这16个国家中，除了克罗地亚以外，对其余国家的高技术产品出口质量在2009—2020年间都呈现了增长趋势。（2）具体到这15个出口质量增长的国家，可以看到年平均增长率之间存在显著差异。中国对塞尔维亚的高技术产品出口质量年均增长率最高，其次是黑山和斯洛文尼亚。相对而言，高技术产品对保加利亚出口的质量年均增长幅度最小，但其年均增长率仍然有0.63%的提升。（3）我国对克罗地亚高技术产品出口质量的整体趋势是递减，年均递减幅度为-0.24%。

表8-1　　　　　　　　　高技术产品对中东欧16国出口质量变化

国家 年份	阿尔巴尼亚	波黑	保加利亚	克罗地亚	捷克	爱沙尼亚	匈牙利	拉脱维亚
2009	0.49	0.48	0.58	0.57	0.66	0.52	0.63	0.48
2010	0.49	0.50	0.55	0.57	0.67	0.54	0.64	0.51
2011	0.49	0.50	0.57	0.57	0.69	0.56	0.65	0.52
2012	0.49	0.51	0.58	0.58	0.70	0.57	0.63	0.52
2013	0.48	0.51	0.58	0.51	0.69	0.56	0.62	0.53

续表

国家\年份	阿尔巴尼亚	波黑	保加利亚	克罗地亚	捷克	爱沙尼亚	匈牙利	拉脱维亚
2014	0.48	0.53	0.59	0.52	0.70	0.56	0.64	0.54
2015	0.52	0.51	0.59	0.52	0.70	0.56	0.64	0.52
2016	0.54	0.51	0.59	0.53	0.71	0.56	0.64	0.52
2017	0.52	0.52	0.60	0.54	0.71	0.57	0.65	0.52
2018	0.51	0.53	0.60	0.53	0.71	0.57	0.66	0.54
2019	0.51	0.54	0.61	0.54	0.72	0.56	0.66	0.52
2020	0.55	0.54	0.62	0.55	0.73	0.57	0.69	0.54

国家\年份	立陶宛	黑山	波兰	罗马尼亚	塞尔维亚	斯洛伐克	斯洛文尼亚	北马其顿
2009	0.52	0.43	0.72	0.60	0.53	0.57	0.56	0.46
2010	0.55	0.42	0.73	0.61	0.54	0.59	0.58	0.46
2011	0.56	0.43	0.74	0.62	0.55	0.60	0.58	0.47
2012	0.57	0.43	0.75	0.63	0.56	0.61	0.59	0.47
2013	0.57	0.43	0.74	0.62	0.55	0.61	0.59	0.47
2014	0.57	0.43	0.75	0.64	0.55	0.62	0.60	0.48
2015	0.56	0.45	0.75	0.65	0.56	0.61	0.61	0.48
2016	0.56	0.45	0.76	0.65	0.55	0.61	0.61	0.49
2017	0.57	0.45	0.76	0.65	0.57	0.62	0.62	0.48
2018	0.58	0.46	0.77	0.66	0.58	0.60	0.63	0.51
2019	0.57	0.36	0.78	0.67	0.59	0.61	0.62	0.51
2020	0.59	0.47	0.80	0.68	0.62	0.62	0.64	0.52

资料来源：原始数据来源于CEPII数据库，经作者者计算所得。

总的来说，数据充分表明，2009—2020年，除克罗地亚外，我国高技术产品对中东欧15国的出口质量均呈现递增的趋势，说明我国高技术产品的整体出口质量有所提升。

8.1.2　电器机械及机械制造业类产品出口质量

表 8-2 显示的是我国电器机械及机械制造业类产品 2009—2020 年间对中东欧 16 国出口质量的变化情况。数据表明，该类高技术产品对中东欧 16 国的出口质量总体呈现递增的趋势。对各国出口质量的具体状况如下：（1）除了对克罗地亚、匈牙利、立陶宛和黑山 4 国的出口外，我国对其他中东欧 12 国的电器机械及机械制造业类产品出口质量呈现上升趋势。（2）在电器机械及机械制造业类产品出口质量的年均增速排行中，拉脱维亚、爱沙尼亚、罗马尼亚和斯洛文尼亚位列前四，增速分别为 1.45%、0.92%、0.88% 和 0.65%，只有拉脱维亚的年均增速超过 1%，相反，增速较慢的 3 个国家是波兰、捷克和波黑，其年均增速分别为 0.39%、0.27% 和 0.20%。（3）我国对克罗地亚的电器机械及机械制造业类产品出口质量呈现年均增长率递减趋势，年均递减率为 -0.87%。

表8-2　　　　电器机械及机械制造业类产品对中东欧16国出口质量变化

年份\国家	阿尔巴尼亚	波黑	保加利亚	克罗地亚	捷克	爱沙尼亚	匈牙利	拉脱维亚
2009	0.50	0.53	0.61	0.60	0.71	0.52	0.70	0.45
2010	0.52	0.51	0.53	0.58	0.71	0.55	0.68	0.50
2011	0.50	0.54	0.55	0.57	0.72	0.55	0.67	0.51
2012	0.50	0.53	0.55	0.58	0.74	0.57	0.66	0.49
2013	0.50	0.54	0.55	0.52	0.72	0.54	0.64	0.49
2014	0.48	0.53	0.55	0.53	0.72	0.56	0.65	0.52
2015	0.52	0.52	0.55	0.53	0.72	0.54	0.66	0.51
2016	0.53	0.52	0.51	0.56	0.72	0.55	0.66	0.50
2017	0.51	0.51	0.58	0.52	0.73	0.54	0.66	0.53
2018	0.50	0.52	0.57	0.50	0.72	0.55	0.67	0.54
2019	0.48	0.53	0.58	0.52	0.74	0.53	0.66	0.50
2020	0.53	0.54	0.60	0.54	0.73	0.57	0.68	0.52

续表

国家 年份	立陶宛	黑山	波兰	罗马尼亚	塞尔维亚	斯洛伐克	斯洛文尼亚	北马其顿
2009	0.51	0.46	0.72	0.61	0.55	0.61	0.58	0.49
2010	0.55	0.45	0.72	0.62	0.54	0.64	0.58	0.49
2011	0.54	0.45	0.73	0.61	0.56	0.63	0.57	0.48
2012	0.54	0.46	0.73	0.62	0.56	0.65	0.57	0.50
2013	0.54	0.47	0.72	0.61	0.55	0.62	0.55	0.50
2014	0.54	0.47	0.72	0.64	0.55	0.65	0.57	0.50
2015	0.52	0.47	0.72	0.65	0.55	0.64	0.60	0.51
2016	0.52	0.47	0.72	0.64	0.55	0.63	0.60	0.52
2017	0.52	0.46	0.73	0.65	0.54	0.64	0.61	0.49
2018	0.53	0.46	0.71	0.65	0.56	0.62	0.59	0.51
2019	0.50	0.37	0.75	0.65	0.56	0.65	0.62	0.51
2020	0.53	0.46	0.75	0.67	0.58	0.64	0.62	0.51

资料来源：原始数据来源于CEPII数据库，经作者计算所得。

8.1.3　电子及通信设备制造业类产品出口质量

表8-3显示的是我国电子及通信设备制造业类产品2009—2020年间对中东欧16国出口质量的变化情况。数据表明，该类高技术产品对中东欧16国的出口质量总体呈现递增的趋势。对各国出口质量的具体状况如下：（1）我国电子及通信设备制造业类产品对中东欧16国的出口质量年均增长率均呈上升趋势。（2）在电子及通信设备制造业类产品出口质量的年均增速排行中，塞尔维亚、罗马尼亚和北马其顿位列前三，增速分别为1.86%、1.36%和1.26%。特别需要关注的是，我国对中东欧16国的出口中，电子及通信设备制造业类出口质量年均增长率超过1.00%的国家有8个，分别是塞尔维亚、罗马尼亚、北马其顿、波黑、波兰、斯洛文尼亚、立陶宛、拉脱维亚。增速相对较慢的3个国家是爱沙尼亚、保加利亚和克罗地亚，其增速分别为0.65%、0.58%和0.22%。

表8-3　　　　　　　电子及通信设备制造业类产品对中东欧16国出口质量变化

国家\年份	阿尔巴尼亚	波黑	保加利亚	克罗地亚	捷克	爱沙尼亚	匈牙利	拉脱维亚
2009	0.53	0.50	0.62	0.59	0.69	0.56	0.66	0.51
2010	0.53	0.52	0.60	0.59	0.70	0.58	0.68	0.55
2011	0.52	0.52	0.62	0.60	0.71	0.61	0.68	0.57
2012	0.53	0.53	0.62	0.60	0.73	0.61	0.67	0.57
2013	0.51	0.53	0.63	0.54	0.72	0.61	0.66	0.56
2014	0.52	0.56	0.63	0.55	0.72	0.60	0.68	0.57
2015	0.55	0.55	0.63	0.56	0.73	0.60	0.69	0.55
2016	0.57	0.54	0.63	0.56	0.74	0.60	0.68	0.56
2017	0.56	0.56	0.65	0.57	0.74	0.60	0.71	0.56
2018	0.56	0.56	0.65	0.57	0.74	0.60	0.71	0.58
2019	0.55	0.57	0.65	0.57	0.74	0.60	0.71	0.56
2020	0.58	0.57	0.66	0.60	0.76	0.60	0.72	0.57

国家\年份	立陶宛	黑山	波兰	罗马尼亚	塞尔维亚	斯洛伐克	斯洛文尼亚	北马其顿
2009	0.55	0.46	0.74	0.63	0.54	0.60	0.60	0.48
2010	0.59	0.45	0.76	0.65	0.56	0.62	0.62	0.49
2011	0.60	0.46	0.77	0.67	0.57	0.63	0.63	0.49
2012	0.62	0.45	0.78	0.68	0.59	0.64	0.62	0.49
2013	0.61	0.45	0.78	0.67	0.58	0.64	0.63	0.49
2014	0.61	0.45	0.79	0.68	0.58	0.64	0.65	0.51
2015	0.60	0.48	0.79	0.69	0.58	0.64	0.66	0.50
2016	0.60	0.46	0.80	0.70	0.58	0.64	0.65	0.52
2017	0.61	0.48	0.80	0.70	0.60	0.65	0.66	0.52
2018	0.62	0.49	0.82	0.72	0.62	0.64	0.67	0.54
2019	0.60	0.40	0.82	0.73	0.64	0.65	0.66	0.54
2020	0.62	0.49	0.84	0.73	0.66	0.66	0.68	0.55

资料来源：原始数据来源于CEPII数据库，经作者计算所得。

8.1.4 仪器仪表及文化办公用机械制造业类产品出口质量

表8-4显示的是我国仪器仪表及文化办公用机械制造业类产品2009—2020年间对中东欧16国出口质量的变化情况。数据表明，该类高技术产品对中东欧16国的出口质量总体呈现递增的趋势。对各国出口质量的具体状况如下：（1）除了克罗地亚外，我国仪器仪表及文化办公用机械制造业类产品对其他中东欧15国的出口质量均呈现上升趋势。（2）在仪器仪表及文化办公用机械制造业类产品出口质量的年均增速排行中，年均增长率超过1.00%的国家有12个，其中，年均增速排名前三的国家分别是黑山、阿尔巴尼亚和立陶宛，增长率分别为3.36%、1.57%和1.44%。相反，增速较慢（小于1%）的3个国家是爱沙尼亚、保加利亚和斯洛伐克，其增速分别为0.93%、0.85%和0.71%。我国对克罗地亚的仪器仪表及文化办公用机械制造业类产品出口质量递减幅度相对最大，年均递减幅度为-0.25%。

表8-4　　仪器仪表及文化办公用机械制造业类产品对中东欧16国出口质量变化

国家 年份	阿尔巴尼亚	波黑	保加利亚	克罗地亚	捷克	爱沙尼亚	匈牙利	拉脱维亚
2009	0.43	0.44	0.53	0.53	0.62	0.48	0.56	0.45
2010	0.44	0.47	0.50	0.54	0.63	0.49	0.57	0.46
2011	0.45	0.46	0.52	0.55	0.64	0.50	0.58	0.47
2012	0.44	0.48	0.53	0.55	0.66	0.52	0.55	0.47
2013	0.43	0.47	0.54	0.48	0.64	0.52	0.55	0.51
2014	0.42	0.48	0.55	0.48	0.66	0.51	0.58	0.50
2015	0.48	0.47	0.55	0.48	0.67	0.52	0.57	0.48
2016	0.50	0.47	0.55	0.49	0.66	0.53	0.58	0.46
2017	0.45	0.49	0.55	0.50	0.68	0.53	0.59	0.48
2018	0.44	0.50	0.55	0.50	0.68	0.54	0.59	0.49
2019	0.46	0.51	0.57	0.50	0.68	0.52	0.60	0.47
2020	0.50	0.50	0.58	0.51	0.70	0.53	0.65	0.50

年份 国家	立陶宛	黑山	波兰	罗马尼亚	塞尔维亚	斯洛伐克	斯洛文尼亚	北马其顿
2009	0.48	0.37	0.69	0.56	0.50	0.52	0.52	0.41
2010	0.49	0.38	0.69	0.55	0.51	0.52	0.53	0.42
2011	0.50	0.40	0.69	0.57	0.52	0.55	0.53	0.42
2012	0.53	0.39	0.71	0.57	0.53	0.57	0.55	0.43
2013	0.53	0.38	0.71	0.58	0.51	0.56	0.55	0.44
2014	0.52	0.39	0.71	0.58	0.52	0.57	0.56	0.44
2015	0.52	0.40	0.71	0.59	0.52	0.56	0.55	0.44
2016	0.52	0.42	0.72	0.59	0.52	0.56	0.57	0.43
2017	0.54	0.41	0.73	0.60	0.54	0.57	0.58	0.43
2018	0.56	0.42	0.73	0.59	0.54	0.55	0.59	0.46
2019	0.55	0.28	0.74	0.61	0.55	0.55	0.58	0.46
2020	0.56	0.44	0.77	0.63	0.58	0.56	0.59	0.47

资料来源：原始数据来源于CEPII数据库，经作者计算所得。

综合表8-1、表8-2、表8-3和表8-4的结果可知，在中国高技术产品对中东欧16国的出口中，除了克罗地亚以外，对其余15个国家的出口质量均呈现增长趋势。就三类高技术产品的出口质量而言，电子及通信设备制造业类产品和仪器仪表及文化办公用机械制造业类产品出口质量变化趋势趋同，仪器仪表及文化办公用机械制造业类产品出口质量提升幅度最大，电器机械及机械制造业类产品出口质量提升幅度最小。

8.2　知识产权保护水平对高技术产品出口中东欧国家质量影响的实证分析

8.2.1　知识产权保护水平对高技术产品出口质量的不同影响

参照本书第5章所提供的实证模型、应变量的选择以及自变量的选择，本章采用逐步回归方法，从（1）列至（7）列逐步添加自变量详细探讨中国知识产权保护水平的提升对高技术产品出口中东欧16国质量的影响。根据表8-5的数据，我们可以得出以下结论：（1）知识产权保护水平的提升只对我国向波兰的高技术产品出口质量有显著的正向推动效果。（2）知识产权保护水平的提升对我国高技术产品向阿尔巴尼亚、波黑、保加利亚、克罗地亚、爱沙尼亚、匈牙利、拉脱维亚、立陶宛、黑山、塞尔维亚、斯洛伐克、斯洛文尼亚和北马其顿的出口质量产生了负向影响。在这13个国家中，对黑山的出口质量负面影响最为显著，其次是拉脱维亚。（3）知识产权保护水平的提升对我国高技术产品出口捷克和罗马尼亚的质量无影响。（4）从我国高技术产品对中东欧16国的出口规模变化来看，虽然我国高技术产品对中东欧国家的出口规模呈增长态势，但知识产权保护水平的提升在大多数情况下对我国高技术产品出口质量的提升产生了反向影响。这可能与目标国家对我国高技术产品需求的具体类别有关。

表8-5　　　　知识产权保护水平对高技术产品出口质量影响的国别差异

变量	（1）	（2）	（3）	（4）	（5）	（6）	（7）
ln regp （阿尔巴尼亚）	0.059*** (0.004)	−0.105*** (0.007)	−0.119*** (0.009)	−0.115*** (0.009)	−0.122*** (0.009)	−0.122*** (0.009)	−0.107*** (0.009)
ln regp （波黑）	0.089*** (0.004)	−0.089*** (0.007)	−0.101*** (0.009)	−0.099*** (0.009)	−0.106*** (0.009)	−0.106*** (0.009)	−0.091*** (0.009)
ln regp （保加利亚）	0.158*** (0.004)	−0.055*** (0.008)	−0.071*** (0.010)	−0.060*** (0.010)	−0.069*** (0.011)	−0.069*** (0.011)	−0.051*** (0.011)
ln regp （克罗地亚）	0.119*** (0.004)	−0.139*** (0.009)	−0.156*** (0.011)	−0.140*** (0.011)	−0.153*** (0.012)	−0.153*** (0.012)	−0.132*** (0.012)
ln regp （捷克）	0.282*** (0.004)	−0.007 (0.010)	−0.025** (0.012)	−0.000 (0.013)	−0.015 (0.013)	−0.015 (0.013)	0.008 (0.013)
ln regp （爱沙尼亚）	0.132*** (0.004)	−0.154*** (0.010)	−0.173*** (0.012)	−0.146*** (0.013)	−0.160*** (0.013)	−0.160*** (0.013)	−0.137*** (0.013)
ln regp （匈牙利）	0.217*** (0.004)	−0.044*** (0.010)	−0.062*** (0.012)	−0.043*** (0.012)	−0.056*** (0.012)	−0.056*** (0.012)	−0.034*** (0.012)

续表

变量	（1）	（2）	（3）	（4）	（5）	（6）	（7）
ln regp （拉脱维亚）	0.082*** (0.004)	−0.183*** (0.010)	−0.202*** (0.012)	−0.181*** (0.012)	−0.194*** (0.012)	−0.194*** (0.012)	−0.172*** (0.013)
ln regp （立陶宛）	0.131*** (0.004)	−0.137*** (0.010)	−0.155*** (0.012)	−0.132*** (0.012)	−0.146*** (0.012)	−0.146*** (0.012)	−0.124*** (0.013)
ln regp （黑山）	−0.002 (0.004)	−0.208*** (0.008)	−0.224*** (0.010)	−0.215*** (0.010)	−0.224*** (0.011)	−0.224*** (0.011)	−0.207*** (0.011)
ln regp （波兰）	0.334*** (0.004)	0.075*** (0.009)	0.057*** (0.012)	0.079*** (0.012)	0.066*** (0.012)	0.066*** (0.012)	0.087*** (0.012)
ln regp （罗马尼亚）	0.214*** (0.004)	−0.018** (0.009)	−0.035*** (0.011)	−0.021* (0.011)	−0.033*** (0.011)	−0.033*** (0.011)	−0.013 (0.011)
ln regp （塞尔维亚）	0.135*** (0.004)	−0.059*** (0.007)	−0.075*** (0.010)	−0.069*** (0.010)	−0.076*** (0.010)	−0.076*** (0.010)	−0.060*** (0.010)
ln regp （斯洛伐克）	0.185*** (0.004)	−0.095*** (0.010)	−0.113*** (0.012)	−0.091*** (0.012)	−0.105*** (0.013)	−0.105*** (0.013)	−0.082*** (0.013)
ln regp （斯洛文尼亚）	0.178*** (0.011)	−0.127*** (0.013)	−0.145*** (0.013)	−0.119*** (0.013)	−0.136*** (0.013)	−0.136*** (0.013)	−0.111*** (0.013)
ln regp （北马其顿）	0.049*** (0.004)	−0.130*** (0.007)	−0.144*** (0.009)	−0.141*** (0.009)	−0.148*** (0.009)	−0.148*** (0.009)	−0.133*** (0.009)

注：括号里为标准误，*、**、***分别表示在10%、5%、1%水平上通过显著性检验。

8.2.2　知识产权保护水平对三类高技术产品出口质量的不同影响

如表8-6所示，（1）我国知识产权保护水平提升对电器机械及机械制造业类产品出口质量具有正向拉动作用的国家仅有波兰。（2）我国知识产权保护水平的提升对电器机械及机械制造业类产品出口质量具有负向拉动作用的国家有阿尔巴尼亚、波黑、保加利亚、克罗地亚、爱沙尼亚、匈牙利、拉脱维亚、立陶宛、黑山、塞尔维亚、斯洛伐克、斯洛文尼亚和北马其顿等13个国家。在这13个国家中，对黑山出口质量的负面影响相对较显著。（3）我国知识产权保护水平的提升对电器机械及机械制造业类产品出口捷克和罗马尼亚的质量无影响。

表8-6　知识产权保护水平对电器机械及机械制造业类产品出口质量影响的国别差异

变量	（1）	（2）	（3）	（4）	（5）	（6）	（7）
ln regp （阿尔巴尼亚）	0.059*** (0.005)	−0.112*** (0.009)	−0.120*** (0.012)	−0.116*** (0.012)	−0.124*** (0.013)	−0.124*** (0.013)	−0.110*** (0.013)
ln regp （波黑）	0.071*** (0.005)	−0.114*** (0.009)	−0.122*** (0.012)	−0.120*** (0.012)	−0.128*** (0.012)	−0.128*** (0.012)	−0.114*** (0.012)
ln regp （保加利亚）	0.160*** (0.005)	−0.061*** (0.011)	−0.071*** (0.014)	−0.062*** (0.014)	−0.073*** (0.015)	−0.073*** (0.015)	−0.055*** (0.015)
ln regp （克罗地亚）	0.102*** (0.005)	−0.166*** (0.012)	−0.177*** (0.015)	−0.165*** (0.015)	−0.179*** (0.016)	−0.179*** (0.016)	−0.158*** (0.016)
ln regp （捷克）	0.258*** (0.005)	−0.042*** (0.014)	−0.054*** (0.017)	−0.035** (0.017)	−0.052*** (0.018)	−0.052*** (0.018)	−0.029 (0.018)
ln regp （爱沙尼亚）	0.127*** (0.005)	−0.170*** (0.014)	−0.182*** (0.017)	−0.161*** (0.017)	−0.178*** (0.018)	−0.178*** (0.018)	−0.155*** (0.018)
ln regp （匈牙利）	0.216*** (0.005)	−0.055*** (0.013)	−0.066*** (0.016)	−0.051*** (0.016)	−0.066*** (0.017)	−0.066*** (0.017)	−0.045*** (0.017)
ln regp （拉脱维亚）	0.080*** (0.005)	−0.195*** (0.013)	−0.207*** (0.016)	−0.190*** (0.017)	−0.205*** (0.017)	−0.205*** (0.017)	−0.184*** (0.017)
ln regp （立陶宛）	0.129*** (0.005)	−0.149*** (0.013)	−0.160*** (0.016)	−0.143*** (0.016)	−0.158*** (0.017)	−0.158*** (0.017)	−0.137*** (0.017)
ln regp （黑山）	−0.019*** (0.005)	−0.233*** (0.010)	−0.243*** (0.014)	−0.236*** (0.014)	−0.246*** (0.014)	−0.246*** (0.014)	−0.229*** (0.015)
ln regp （波兰）	0.322*** (0.005)	0.053*** (0.012)	0.041*** (0.016)	0.058*** (0.016)	0.043*** (0.017)	0.043*** (0.017)	0.064*** (0.017)

续表

变量	（1）	（2）	（3）	（4）	（5）	（6）	（7）
ln regp （罗马尼亚）	0.215*** (0.005)	−0.026** (0.011)	−0.036** (0.014)	−0.026* (0.014)	−0.038** (0.015)	−0.038** (0.015)	−0.019 (0.015)
ln regp （塞尔维亚）	0.118*** (0.005)	−0.084*** (0.010)	−0.094*** (0.013)	−0.088*** (0.013)	−0.096*** (0.014)	−0.096*** (0.014)	−0.081*** (0.014)
ln regp （斯洛伐克）	0.169*** (0.005)	−0.121*** (0.013)	−0.133*** (0.016)	−0.116*** (0.017)	−0.132*** (0.017)	−0.132*** (0.017)	−0.110*** (0.018)
ln regp （斯洛文尼亚）	0.171*** (0.005)	−0.145*** (0.014)	−0.158*** (0.017)	−0.138*** (0.018)	−0.156*** (0.018)	−0.156*** (0.018)	−0.132*** (0.018)
ln regp （北马其顿）	0.034*** (0.005)	−0.152*** (0.009)	−0.161*** (0.012)	−0.158*** (0.012)	−0.166*** (0.012)	−0.166*** (0.012)	−0.151 (0.012)

注：括号里为标准误，*、**、***分别表示在10%、5%、1%水平上通过显著性检验。

如表8-7所示，（1）我国知识产权保护水平的提升对电子及通信设备制造业类产品出口质量具有正向拉动作用的国家有捷克和波兰，其中我国知识产权保护水平的提升对电子及通信设备制造业类产品出口波兰的拉动作用大于捷克。（2）我国知识产权保护水平的提升对电器机械及机械制造业类产品出口质量具有负向拉动作用的国家有阿尔巴尼亚、波黑、保加利亚、克罗地亚、爱沙尼亚、拉脱维亚、立陶宛、黑山、塞尔维亚、斯洛文尼亚和北马其顿等11个国家。在这11个国家中，对拉脱维亚出口质量的负面影响相对较显著。（3）我国知识产权保护水平的提升对电子及通信设备制造业类产品出口匈牙利、罗马尼亚和斯洛伐克的质量无影响。

表8-7　知识产权保护水平对电子及通信设备制造业类产品出口质量影响的国别差异

变量	（1）	（2）	（3）	（4）	（5）	（6）	（7）
ln regp （阿尔巴尼亚）	0.068*** (0.008)	−0.101*** (0.016)	−0.109*** (0.021)	−0.106*** (0.021)	−0.105*** (0.022)	−0.105*** (0.022)	−0.093*** (0.022)
ln regp （波黑）	0.115*** (0.008)	−0.067*** (0.017)	−0.074*** (0.020)	−0.073*** (0.020)	−0.074*** (0.021)	−0.074*** (0.021)	−0.062*** (0.021)
ln regp （保加利亚）	0.152*** (0.008)	−0.067*** (0.020)	−0.075*** (0.024)	−0.069*** (0.024)	−0.068*** (0.025)	−0.068*** (0.025)	−0.054** (0.025)

续表

变量	（1）	（2）	（3）	（4）	（5）	（6）	（7）
ln regp（克罗地亚）	0.132*** (0.008)	−0.134*** (0.023)	−0.143*** (0.027)	−0.134*** (0.027)	−0.135*** (0.028)	−0.135*** (0.028)	−0.117*** (0.028)
ln regp（捷克）	0.327*** (0.008)	0.030 (0.026)	0.020 (0.030)	0.034 (0.030)	0.033 (0.031)	0.033 (0.031)	0.053* (0.032)
ln regp（爱沙尼亚）	0.136*** (0.008)	−0.158*** (0.025)	−0.168*** (0.030)	−0.153*** (0.030)	−0.153*** (0.031)	−0.153*** (0.031)	−0.134*** (0.032)
ln regp（匈牙利）	0.259*** (0.008)	−0.009 (0.023)	−0.018 (0.028)	−0.008 (0.028)	−0.008 (0.029)	−0.008 (0.029)	0.010 (0.029)
ln regp（拉脱维亚）	0.082*** (0.008)	−0.190*** (0.024)	−0.200*** (0.028)	−0.188*** (0.029)	−0.188*** (0.030)	−0.188*** (0.030)	−0.170*** (0.030)
ln regp（立陶宛）	0.115*** (0.008)	−0.160*** (0.024)	−0.170*** (0.028)	−0.157*** (0.029)	−0.157*** (0.030)	−0.157*** (0.030)	−0.139*** (0.030)
ln regp（黑山）	0.032*** (0.008)	−0.180*** (0.019)	−0.188*** (0.024)	−0.184*** (0.024)	−0.183*** (0.025)	−0.183*** (0.025)	−0.169*** (0.025)
ln regp（波兰）	0.334*** (0.008)	0.068*** (0.023)	0.058** (0.028)	0.070** (0.028)	0.070** (0.029)	0.070** (0.029)	0.088*** (0.029)
ln regp（罗马尼亚）	0.224*** (0.008)	−0.014 (0.021)	−0.023 (0.025)	−0.016 (0.025)	−0.016 (0.026)	−0.016 (0.026)	−0.000 (0.026)
ln regp（塞尔维亚）	0.145*** (0.008)	−0.054*** (0.018)	−0.063*** (0.023)	−0.059*** (0.023)	−0.060** (0.023)	−0.060** (0.023)	−0.047** (0.023)
ln regp（斯洛伐克）	0.237*** (0.008)	−0.051** (0.025)	−0.061** (0.029)	−0.049* (0.029)	−0.049 (0.030)	−0.049 (0.030)	−0.030 (0.031)
ln regp（斯洛文尼亚）	0.184*** (0.008)	−0.129*** (0.027)	−0.140*** (0.030)	−0.125*** (0.031)	−0.127*** (0.032)	−0.127*** (0.032)	−0.106*** (0.032)
ln regp（北马其顿）	0.087*** (0.009)	−0.097*** (0.013)	−0.105*** (0.014)	−0.103*** (0.014)	−0.104*** (0.014)	−0.104*** (0.014)	−0.092*** (0.014)

注：括号里为标准误，*、**、***分别表示在10%、5%、1%水平上通过显著性检验。

如表8-8所示，（1）我国知识产权保护水平的提升对仪器仪表及文化办公用机械制造业类产品具有正向拉动作用的国家是波兰。（2）我国知识产权保护水平的提升对仪器仪表及文化办公用机械制造业类产品出口质量具有负向拉动作用的国家有阿尔巴尼亚、波黑、保加利亚、克罗地亚、爱沙尼亚、拉脱维亚、立陶宛、黑山、塞尔维亚、匈牙利、斯洛伐克、斯洛文尼亚和北马其顿等13个国家。在这13个国家中，对黑山出口质量的负面影响相对较显著。（3）我国知识产权保护水平的提升对仪器仪表及文化办公用机械制造业类产品出口捷克和罗马尼亚的质量无影响。

表8-8　　　　　　知识产权保护水平对仪器仪表及文化办公用机械制造业

类产品出口质量影响的国别差异

变量	（1）	（2）	（3）	（4）	（5）	（7）	（8）
ln regp（阿尔巴尼亚）	0.061*** (0.008)	−0.100*** (0.013)	−0.127*** (0.017)	−0.120*** (0.016)	−0.132*** (0.017)	−0.132*** (0.017)	−0.116*** (0.017)
ln regp（波黑）	0.109*** (0.008)	−0.065*** (0.013)	−0.089*** (0.016)	−0.085*** (0.016)	−0.097*** (0.016)	−0.097*** (0.016)	−0.080*** (0.016)
ln regp（保加利亚）	0.165*** (0.008)	−0.043*** (0.015)	−0.073*** (0.019)	−0.056*** (0.019)	−0.071*** (0.019)	−0.071*** (0.019)	−0.051*** (0.020)
ln regp（克罗地亚）	0.143*** (0.008)	−0.110*** (0.017)	−0.141*** (0.021)	−0.115*** (0.021)	−0.135*** (0.021)	−0.135*** (0.021)	−0.111*** (0.022)
ln regp（捷克）	0.299*** (0.008)	0.016 (0.019)	−0.018 (0.023)	0.022 (0.023)	−0.000 (0.024)	−0.000 (0.024)	0.026 (0.024)
ln regp（爱沙尼亚）	0.145*** (0.008)	−0.135*** (0.019)	−0.170*** (0.023)	−0.127*** (0.023)	−0.148*** (0.024)	−0.148*** (0.024)	−0.122*** (0.024)
ln regp（匈牙利）	0.205*** (0.008)	−0.050*** (0.018)	−0.083*** (0.021)	−0.053** (0.021)	−0.073*** (0.022)	−0.073*** (0.022)	−0.049** (0.022)
ln regp（拉脱维亚）	0.090*** (0.008)	−0.170*** (0.018)	−0.204*** (0.022)	−0.170*** (0.022)	−0.190*** (0.023)	−0.190*** (0.023)	−0.165*** (0.023)

续表

变量	（1）	（2）	（3）	（4）	（5）	（7）	（8）
ln regp （立陶宛）	0.149*** (0.008)	−0.113*** (0.018)	−0.147*** (0.022)	−0.111*** (0.022)	−0.131*** (0.023)	−0.131*** (0.023)	−0.107*** (0.023)
ln regp （黑山）	0.012 (0.008)	−0.190*** (0.015)	−0.220*** (0.019)	−0.207*** (0.019)	−0.221*** (0.019)	−0.221*** (0.019)	−0.201*** (0.019)
ln regp （波兰）	0.357*** (0.008)	0.104*** (0.017)	0.071*** (0.021)	0.104*** (0.021)	0.085*** (0.022)	0.085*** (0.022)	0.109*** (0.022)
ln regp （罗马尼亚）	0.216*** (0.008)	−0.012 (0.016)	−0.042** (0.019)	−0.021 (0.019)	−0.038* (0.020)	−0.038* (0.020)	−0.017 (0.020)
ln regp （塞尔维亚）	0.159*** (0.007)	−0.031** (0.014)	−0.060*** (0.018)	−0.051*** (0.018)	−0.061*** (0.018)	−0.061*** (0.018)	−0.044** (0.018)
ln regp （斯洛伐克）	0.188*** (0.008)	−0.086*** (0.019)	−0.119*** (0.022)	−0.084*** (0.022)	−0.105*** (0.023)	−0.105*** (0.023)	−0.079*** (0.023)
ln regp （斯洛文尼亚）	0.192*** (0.008)	−0.106*** (0.020)	−0.139*** (0.023)	−0.099*** (0.023)	−0.122*** (0.024)	−0.122*** (0.024)	−0.094*** (0.024)
ln regp （北马其顿）	0.057*** (0.008)	−0.119*** (0.013)	−0.145*** (0.017)	−0.140*** (0.016)	−0.150*** (0.017)	−0.150*** (0.017)	−0.134*** (0.017)

注：括号里为标准误，*、**、***分别表示在10%、5%、1%水平上通过显著性检验。

综合表8-5、表8-6、表8-7和表8-8的结果可知：（1）在中东欧16国中，我国知识产权保护水平的提升对三类高技术产品出口质量均具有正向作用的出口目的国仅有波兰，知识产权保护水平的提升对三类高技术产品对阿尔巴尼亚、波黑、保加利亚、克罗地亚、爱沙尼亚、拉脱维亚、立陶宛、黑山、罗马尼亚、塞尔维亚、斯洛伐克、斯洛文尼亚和北马其顿等13个国家的出口质量均产生了负向影响。（2）我国知识产权保护水平的提升对电器机械及机械制造业类产品和电子及通信设备制造业类产品出口捷克和罗马尼亚的质量无影响，知识产权保护水平的提升对电子及通信设备制造业类产品出口匈牙利、罗马尼亚和斯洛伐克的质量无影响。

8.2.3 知识产权保护水平对高技术产品出口质量的稳健性检验

为了进一步增加实证结果的可靠性，表8-9同样借鉴第5章的方法，借助替代变量、更换回归样本和更换回归方法三种方法，进一步验证了结果的稳健性。

表8-9 知识产权保护水平对高技术产品出口质量影响国别差异的稳健性检验

变量	(1)	(2)	(3)	(4)
ln regp (阿尔巴尼亚)	−0.107*** (0.009)	−0.116*** (0.017)	−0.116*** (0.017)	−0.106*** (0.019)
ln regp (波黑)	−0.091*** (0.009)	−0.080*** (0.016)	−0.079*** (0.016)	−0.089*** (0.018)
ln regp (保加利亚)	−0.051*** (0.011)	−0.051*** (0.020)	−0.051*** (0.019)	−0.050** (0.022)
ln regp (克罗地亚)	−0.132*** (0.012)	−0.111*** (0.022)	−0.110*** (0.021)	−0.111*** (0.024)
ln regp (捷克)	0.008 (0.013)	0.026 (0.024)	0.028 (0.023)	0.017 (0.027)
ln regp (爱沙尼亚)	−0.137*** (0.013)	−0.122*** (0.024)	−0.121*** (0.023)	−0.120*** (0.027)
ln regp (匈牙利)	−0.034*** (0.012)	−0.049** (0.022)	−0.047** (0.022)	−0.047* (0.025)
ln regp (拉脱维亚)	−0.172*** (0.013)	−0.165*** (0.023)	−0.164*** (0.022)	−0.146*** (0.026)
ln regp (立陶宛)	−0.124*** (0.013)	−0.107*** (0.023)	−0.105*** (0.022)	−0.100*** (0.026)
ln regp (黑山)	−0.207*** (0.011)	−0.201*** (0.019)	−0.199*** (0.019)	−0.195*** (0.022)

变量	（1）	（2）	（3）	（4）
ln regp （波兰）	0.087*** （0.012）	0.109*** （0.022）	0.110*** （0.022）	0.095*** （0.025）
ln regp （罗马尼亚）	−0.013 （0.011）	−0.017 （0.020）	−0.016 （0.020）	−0.022 （0.023）
ln regp （塞尔维亚）	−0.060*** （0.010）	−0.044** （0.018）	−0.043** （0.018）	−0.054*** （0.020）
ln regp （斯洛伐克）	−0.082*** （0.013）	−0.079*** （0.023）	−0.078*** （0.023）	−0.082*** （0.026）
ln regp （斯洛文尼亚）	−0.111*** （0.013）	−0.094*** （0.024）	−0.093*** （0.024）	−0.093*** （0.028）
ln regp （北马其顿）	−0.133*** （0.009）	−0.134*** （0.017）	−0.133*** （0.016）	−0.132*** （0.019）

注：括号里为标准误，*、**、***分别表示在10%、5%、1%水平上通过显著性检验。

通过方法一、方法二和方法三的分析可知：就中东欧16国而言，知识产权保护水平的提升对高技术产品对波兰出口质量影响的正向作用是显著且稳健的；对出口阿尔巴尼亚、波黑、保加利亚、克罗地亚、爱沙尼亚、拉脱维亚、立陶宛、黑山、塞尔维亚、匈牙利、斯洛伐克、斯洛文尼亚和北马其顿等13个国家的负向作用亦是显著且稳健的；知识产权保护水平的提升对高技术产品出口捷克和罗马尼亚两国的质量无影响的结论也是稳健的。

综上，可以认为表8-5的基准回归结果是稳健的。

同样，借助替代变量、更换回归样本和更换回归方法三种方法进一步验证了知识产权保护水平对电器机械及机械制造业类产品出口质量影响的稳健性。从表8-10中可知：就中东欧16国而言，知识产权保护水平的提升对高技术产品对波兰出口质量影响的正向作用是显著且稳健的；对出口阿尔巴尼亚、波黑、保加利亚、克罗地亚、爱沙尼亚、拉脱维亚、立陶宛、黑山、塞尔维亚、匈牙利、斯洛伐克、斯洛文尼亚和北马其顿等

13个国家的负向作用亦是显著且稳健的；对捷克和罗马尼亚出口质量无影响的作用同样是稳健的。

表8-10　　　　　　　　知识产权保护水平对电器机械及机械制造业类

产品出口质量影响国别差异的稳健性检验

变量	（1）基准回归	（2）替代变量处理	（3）更换回归样本	（4）更换回归方法
ln regp（阿尔巴尼亚）	-0.110*** (0.013)	-0.110*** (0.013)	-0.108*** (0.012)	-0.109*** (0.014)
ln regp（波黑）	-0.114*** (0.012)	-0.114*** (0.012)	-0.111*** (0.012)	-0.123*** (0.013)
ln regp（保加利亚）	-0.055*** (0.015)	-0.055*** (0.015)	-0.053*** (0.014)	-0.061*** (0.016)
ln regp（克罗地亚）	-0.158*** (0.016)	-0.158*** (0.016)	-0.155*** (0.016)	-0.162*** (0.018)
ln regp（捷克）	-0.029 (0.018)	-0.029 (0.018)	-0.025 (0.017)	-0.036* (0.020)
ln regp（爱沙尼亚）	-0.155*** (0.018)	-0.155*** (0.018)	-0.151*** (0.018)	-0.159*** (0.020)
ln regp（匈牙利）	-0.045*** (0.017)	-0.045*** (0.017)	-0.041** (0.016)	-0.050*** (0.018)
ln regp（拉脱维亚）	-0.184*** (0.017)	-0.184*** (0.017)	-0.180*** (0.017)	-0.182*** (0.019)
ln regp（立陶宛）	-0.137*** (0.017)	-0.137*** (0.017)	-0.133*** (0.017)	-0.140*** (0.019)
ln regp（黑山）	-0.229*** (0.015)	-0.229*** (0.015)	-0.225*** (0.014)	-0.227*** (0.016)

续表

变量	（1）基准回归	（2）替代变量处理	（3）更换回归样本	（4）更换回归方法
ln regp（波兰）	0.064***	0.064***	0.067***	0.055***
	(0.017)	(0.017)	(0.016)	(0.019)
ln regp（罗马尼亚）	−0.019	−0.019	−0.016	−0.028*
	(0.015)	(0.015)	(0.015)	(0.017)
ln regp（塞尔维亚）	−0.081***	−0.081***	−0.079***	−0.091***
	(0.014)	(0.014)	(0.013)	(0.015)
ln regp（斯洛伐克）	−0.110***	−0.110***	−0.106***	−0.116***
	(0.018)	(0.017)	(0.018)	(0.019)
ln regp（斯洛文尼亚）	−0.132***	−0.132***	−0.128***	−0.137***
	(0.018)	(0.018)	(0.018)	(0.020)
ln regp（北马其顿）	−0.151***	−0.151***	−0.148***	−0.157***
	(0.012)	(0.012)	(0.012)	(0.014)

注：括号里为标准误，*、**、***分别表示在10%、5%、1%水平上通过显著性检验。

上述研究结论同基准回归结果一致。综上，可以认为表8-6的基准回归结果是稳健的。

同样，借助替代变量、更换回归样本和更换回归方法三种方法进一步验证了知识产权保护水平对电子及通信设备产品制造业类产品出口质量影响的稳健性。从表8-11中可知：（1）就中东欧16国而言，知识产权保护水平的提升对电子及通信设备产品制造业类产品对捷克和波兰出口质量影响的正向作用是显著且稳健的；对出口阿尔巴尼亚、波黑、保加利亚、克罗地亚、爱沙尼亚、拉脱维亚、立陶宛、黑山、塞尔维亚、斯洛文尼亚和北马其顿等11个国家的负向作用亦是显著且稳健的。（2）知识产权保护水平的提升对电子及通信设备产品制造业类产品出口匈牙利、罗马尼亚和斯洛伐克质量无影响的结论也是稳健的。

上述研究结论同基准回归结果一致。综上，可以认为表8-7的基准回归结果是稳健的。

表8-11 知识产权保护水平对电子及通信设备产品制造业类
产品出口质量影响国别差异的稳健性检验

变量	（1）基准回归	（2）替代变量处理	（3）更换回归样本	（4）更换回归方法
ln regp（阿尔巴尼亚）	−0.093***	−0.093***	−0.093***	−0.078***
	（0.022）	（0.022）	（0.021）	（0.026）
ln regp（波黑）	−0.062***	−0.062***	−0.062***	−0.071***
	（0.021）	（0.021）	（0.020）	（0.025）
ln regp（保加利亚）	−0.054**	−0.054**	−0.053**	−0.057*
	（0.025）	（0.025）	（0.025）	（0.031）
ln regp（克罗地亚）	−0.117***	−0.117***	−0.116***	−0.112***
	（0.028）	（0.028）	（0.028）	（0.034）
ln regp（捷克）	0.053*	0.053*	0.054*	0.044
	（0.032）	（0.032）	（0.031）	（0.038）
ln regp（爱沙尼亚）	−0.134***	−0.134***	−0.132***	−0.129***
	（0.032）	（0.032）	（0.031）	（0.038）
ln regp（匈牙利）	0.010	0.010	0.011	0.009
	（0.029）	（0.029）	（0.029）	（0.035）
ln regp（拉脱维亚）	−0.170***	−0.170***	−0.168***	−0.156***
	（0.030）	（0.030）	（0.029）	（0.036）
ln regp（立陶宛）	−0.139***	−0.139***	−0.138***	−0.132***
	（0.030）	（0.030）	（0.029）	（0.036）
ln regp（黑山）	−0.169***	−0.169***	−0.167***	−0.159***
	（0.025）	（0.025）	（0.024）	（0.030）
ln regp（波兰）	0.088***	0.088***	0.088***	0.073**
	（0.029）	（0.029）	（0.029）	（0.036）
ln regp（罗马尼亚）	−0.000	−0.000	0.000	−0.006
	（0.026）	（0.026）	（0.026）	（0.032）

变量	（1）基准回归	（2）替代变量处理	（3）更换回归样本	（4）更换回归方法
ln regp（塞尔维亚）	-0.047**	-0.047**	-0.047**	-0.056**
	(0.023)	(0.023)	(0.023)	(0.028)
ln regp（斯洛伐克）	-0.030	-0.030	-0.029	-0.035
	(0.031)	(0.031)	(0.030)	(0.037)
ln regp（斯洛文尼亚）	-0.106***	-0.106***	-0.104***	-0.106***
	(0.032)	(0.032)	(0.032)	(0.039)
ln regp（北马其顿）	-0.092***	-0.092***	-0.092***	-0.099***
	(0.014)	(0.022)	(0.021)	(0.026)

注：括号里为标准误，*、**、***分别表示在10%、5%、1%水平上通过显著性检验。

同样，借助替代变量、更换回归样本和更换回归方法三种方法进一步验证了知识产权保护水平对仪器仪表及文化办公用机械制造业类产品出口质量影响的稳健性。从表8-12中可知：（1）就中东欧16国而言，知识产权保护水平的提升对高技术产品对波兰出口质量影响的正向作用是显著且稳健的；对出口阿尔巴尼亚、波黑、保加利亚、克罗地亚、爱沙尼亚、拉脱维亚、立陶宛、黑山、塞尔维亚、匈牙利、斯洛伐克、斯洛文尼亚和北马其顿等13个国家的负向作用亦是显著且稳健的。（2）知识产权保护水平的提升对仪器仪表及文化办公用机械制造业类产品出口捷克、罗马尼亚质量无影响的结论也是稳健的。

表8-12　知识产权保护水平对仪器仪表及文化办公用机械制造业类产品出口质量影响国别差异的稳健性检验

变量	（1）基准回归	（2）替代变量处理	（3）更换回归样本	（4）更换回归方法
ln regp（阿尔巴尼亚）	-0.116***	-0.116***	-0.116***	-0.106***
	(0.017)	(0.017)	(0.017)	(0.019)
ln regp（波黑）	-0.080***	-0.080***	-0.079***	-0.089***
	(0.016)	(0.016)	(0.016)	(0.018)

续表

变量	（1）	（2）	（3）	（4）
	基准回归	替代变量处理	更换回归样本	更换回归方法
ln regp	−0.051***	−0.051***	−0.051***	−0.050**
（保加利亚）	(0.020)	(0.020)	(0.019)	(0.022)
ln regp	−0.111***	−0.111***	−0.110***	−0.111***
（克罗地亚）	(0.022)	(0.022)	(0.021)	(0.024)
ln regp	0.026	0.026	0.028	0.017
（捷克）	(0.024)	(0.024)	(0.023)	(0.027)
ln regp	−0.122***	−0.122***	−0.121***	−0.120***
（爱沙尼亚）	(0.024)	(0.024)	(0.023)	(0.027)
ln regp	−0.049**	−0.049**	−0.047**	−0.047*
（匈牙利）	(0.022)	(0.022)	(0.022)	(0.025)
ln regp	−0.165***	−0.165***	−0.164***	−0.146***
（拉脱维亚）	(0.023)	(0.023)	(0.022)	(0.026)
ln regp	−0.107***	−0.107***	−0.105***	−0.100***
（立陶宛）	(0.023)	(0.023)	(0.022)	(0.026)
ln regp	−0.201***	−0.201***	−0.199***	−0.195***
（黑山）	(0.019)	(0.019)	(0.019)	(0.022)
ln regp	0.109***	0.109***	0.110***	0.095***
（波兰）	(0.022)	(0.022)	(0.022)	(0.025)
ln regp	−0.017	−0.017	−0.016	−0.022
（罗马尼亚）	(0.020)	(0.020)	(0.020)	(0.023)
ln regp	−0.044**	−0.044**	−0.043**	−0.054***
（塞尔维亚）	(0.018)	(0.018)	(0.018)	(0.020)
ln regp	−0.079***	−0.079***	−0.078***	−0.082***
（斯洛伐克）	(0.023)	(0.023)	(0.023)	(0.026)
ln regp	−0.094***	−0.094***	−0.093***	−0.093***
（斯洛文尼亚）	(0.024)	(0.024)	(0.024)	(0.028)
ln regp	−0.134***	−0.134***	−0.133***	−0.132***
（北马其顿）	(0.017)	(0.017)	(0.016)	(0.019)

注：括号里为标准误，*、**、***分别表示在10%、5%、1%水平上通过显著性检验。

上述研究结论同基准回归结果一致。综上，可以认为表8-8的基准回归结果是稳健的。

8.3 本章小结

就高技术产品对中东欧16国的出口质量而言：我国向中东欧16国出口的高技术产品质量普遍提高，只有克罗地亚例外。其中，电子和通信设备制造业以及仪器仪表和文化办公用机械制造业的产品质量变化趋势相似，而后者的质量提升幅度最大。相比之下，电器机械和机械制造业的产品质量提升幅度最小。

就知识产权保护水平提升对我国向中东欧16国出口高技术产品质量的影响而言：（1）就总体而言，在16个国家中，只有波兰是我国知识产权保护水平提升对三类高技术产品出口均产生正向作用的出口目的国。知识产权保护水平的提升对高技术产品出口阿尔巴尼亚、波黑、保加利亚、克罗地亚、爱沙尼亚、拉脱维亚、立陶宛、黑山、罗马尼亚、塞尔维亚、斯洛伐克、斯洛文尼亚和北马其顿这13个国家的质量产生了负向影响。（2）就三类高技术产品而言，知识产权保护水平的提升对电器机械及机械制造业类产品和仪器仪表及文化办公用机械制造业类产品出口质量的影响较为一致，知识产权水平的提升对两类产品出口波兰的质量具有正向促进作用，对两类产品出口阿尔巴尼亚、波黑、保加利亚、克罗地亚、爱沙尼亚、拉脱维亚、立陶宛、黑山、塞尔维亚、匈牙利、斯洛伐克、斯洛文尼亚和北马其顿等13国的质量具有负向作用，对两类产品出口捷克和罗马尼亚的质量无影响。知识产权水平的提升对电子及通信设备制造业类产品出口捷克和波兰的质量起到了促进作用，对出口匈牙利、罗马尼亚和斯洛伐克的质量无影响，对出口中东欧其余11国的质量产生了负向影响。

第9章 知识产权保护水平对高技术产品出口南亚国家质量的影响

南亚①国家得益于地理上的优越性，拥有牵连东西、联动南北、沟通海陆的区位优势，在"一带一路"开展的国际合作框架中，具有其他地区难以企及的枢纽地位。中国提出的"一带一路"倡议有6条国际经济合作走廊，其中涉及南亚地区的有中巴经济走廊、孟中印缅经济走廊和中尼印经济走廊。南亚地区以其庞大的人口数量和巨大的市场潜力成为一个引人注目的经济区域。该地区的国家正在经历迅速的经济发展，并逐步进入工业化阶段，这促使人民的生活品质和消费能力不断提升。在这种背景下，中国与南亚国家的经贸合作得到了全面发展，呈现出强劲的发展态势。

统计数据显示，2009—2020年，中国对南亚国家的出口规模持续增长。2009年，产品出口规模为411.06亿美元，到2020年增长到1 018.23亿美元。值得特别关注的是，高技术产品出口额从2009年的126.69亿美元增长至2020年的312.69亿美元，高技术产品出口的增长速度非常显著。尽管高技术产品出口占比从2009年的30.82%略微下降至2020年的30.71%，但高技术产品在整体出口中仍占据相当稳定的份额②。这些数据清晰地反映了南亚市场的巨大潜力以及中国作为南亚国家重要贸易伙伴的地位。

---

① "一带一路"沿线国家中涉及的南亚国家主要包括孟加拉国、不丹、斯里兰卡、马尔代夫、尼泊尔、巴基斯坦、印度和阿富汗。阿富汗通常被划分到南亚或中亚。其地理位置处于伊朗（西亚）的东部，中国和南亚国家如印度和巴基斯坦的西北部。在本章的研究中，将阿富汗划分在南亚区域。
② 数据来源于CEPII数据库（即法国世界经济研究中心数据库）。

9.1　高技术产品对南亚国家出口质量现状

9.1.1　高技术产品总体出口南亚国家质量

表9-1显示的是我国高技术产品对南亚8国2009—2020年出口质量的变化情况。从表中可知：（1）除不丹外，高技术产品对南亚7国的出口质量均呈现递增的趋势。在出口质量递增的7国中，递增程度差距明显。其中，我国高技术产品对孟加拉国的出口质量年均提升最为显著，年均增长率为1.64%；其次是对斯里兰卡的出口，年均增长率为1.61%；而我国高技术产品对阿富汗的出口质量年均提升幅度相对其他6国而言最小，年均增长率仅为0.67%，（2）我国高技术产品对不丹的出口质量在研究期间递减，年均减幅为-0.38%，这可能与不丹对进口高技术产品的需求较小相关。

表9-1　　　　　　　　　　　高技术产品对南亚国家出口质量变化

国家 年份	阿富汗	孟加拉国	不丹	斯里兰卡	马尔代夫	尼泊尔	巴基斯坦	印度
2009	0.45	0.58	0.32	0.53	0.37	0.48	0.65	0.78
2010	0.45	0.62	0.30	0.55	0.40	0.48	0.67	0.80
2011	0.46	0.62	0.29	0.58	0.41	0.52	0.67	0.82
2012	0.49	0.62	0.30	0.58	0.39	0.53	0.71	0.83
2013	0.46	0.64	0.39	0.60	0.40	0.52	0.69	0.83
2014	0.45	0.69	0.32	0.60	0.39	0.52	0.71	0.83
2015	0.45	0.68	0.29	0.61	0.42	0.51	0.71	0.83
2016	0.49	0.71	0.25	0.63	0.44	0.52	0.72	0.84
2017	0.50	0.70	0.29	0.62	0.45	0.51	0.74	0.84
2018	0.48	0.70	0.28	0.61	0.46	0.51	0.72	0.84
2019	0.47	0.70	0.30	0.62	0.43	0.55	0.72	0.84
2020	0.48	0.69	0.28	0.63	0.42	0.53	0.72	0.84

资料来源：原始数据来源于CEPII数据库，经作者计算所得。

9.1.2　电器机械及机械制造业类产品出口质量

表9-2显示的是电器机械及机械制造业类产品2009—2020年间对南亚8国出口质量的变化情况。数据表明，该类高技术产品对南亚8国的出口质量总体呈现递增的趋势。各国出口质量的具体状况如下：（1）除尼泊尔和印度外，电器机械及机械制造业类产品对南亚6国出口质量呈现递增趋势，其中对斯里兰卡、孟加拉国、不丹、马尔代夫和阿富汗出口质量的年均增长率均超过1%，分别为1.95%、1.73%、1.43%、1.10%和1.05%。（2）电器机械及机械制造业类产品对巴基斯坦出口质量的年均增幅虽为正值，但增长速度相对较慢，只有0.90%。（3）电器机械及机械制造业类产品对尼泊尔和印度出口质量的年均增长率虽然为正，但对其出口质量呈现总体下降的趋势。

表9-2　　　　　　　　电器机械及机械制造业类产品对南亚8国出口质量变化

国家\年份	阿富汗	孟加拉国	不丹	斯里兰卡	马尔代夫	尼泊尔	巴基斯坦	印度
2009	0.48	0.56	0.34	0.50	0.38	0.52	0.61	0.80
2010	0.46	0.59	0.25	0.52	0.40	0.53	0.63	0.81
2011	0.47	0.58	0.25	0.57	0.41	0.57	0.63	0.82
2012	0.45	0.60	0.32	0.57	0.39	0.55	0.66	0.83
2013	0.45	0.59	0.44	0.60	0.40	0.52	0.63	0.82
2014	0.43	0.64	0.32	0.57	0.37	0.53	0.64	0.81
2015	0.44	0.62	0.27	0.57	0.41	0.52	0.63	0.80
2016	0.47	0.67	0.26	0.62	0.42	0.52	0.65	0.81
2017	0.48	0.65	0.34	0.60	0.44	0.49	0.68	0.80
2018	0.50	0.63	0.29	0.56	0.43	0.47	0.66	0.80
2019	0.47	0.64	0.32	0.58	0.39	0.54	0.66	0.81
2020	0.53	0.67	0.31	0.61	0.42	0.53	0.67	0.81

资料来源：原始数据来源于CEPII数据库，经作者计算所得。

9.1.3　电子及通信设备制造业类产品出口质量

表9-3显示的是我国电子及通信设备制造业类产品2009—2020年间对南亚8国出口质量的变化情况。数据表明，该类高技术产品对南亚8国的出口质量总体呈现递增的趋势。各国出口质量的具体状况如下：（1）除了对不丹的出口外，我国对其他7个国家的电子及通信设备制造业类产品的出口质量总体上呈现提升趋势。（2）在电子及通信设备制造业类产品出口质量的年均增长率排名中，年均增长率均超过1%的目的国是孟加拉国、斯里兰卡和马尔代夫。孟加拉国的增速最高，为1.65%，位居第一；其次是斯里兰卡，增速为1.36%，位居第二；随后是马尔代夫，增速为1.01%。电子及通信设备制造业类产品对巴基斯坦、尼泊尔、阿富汗和印度的出口质量年均增长率分别为0.89%、0.77%、0.67%和0.55%。（3）我国对不丹的电子及通信设备制造业类产品的出口质量呈现递减趋势，尽管年均增长率为正值（0.06%）。

表9-3　　　　　　　**电子及通信设备制造业类产品对南亚8国出口质量变化**

国家 年份	阿富汗	孟加拉国	不丹	斯里兰卡	马尔代夫	尼泊尔	巴基斯坦	印度
2009	0.48	0.62	0.33	0.57	0.40	0.50	0.70	0.82
2010	0.46	0.66	0.33	0.59	0.43	0.50	0.72	0.85
2011	0.48	0.68	0.33	0.62	0.43	0.52	0.73	0.86
2012	0.52	0.68	0.33	0.62	0.41	0.55	0.76	0.86
2013	0.49	0.69	0.40	0.64	0.43	0.53	0.75	0.86
2014	0.47	0.73	0.35	0.64	0.43	0.53	0.77	0.87
2015	0.47	0.73	0.31	0.65	0.46	0.53	0.78	0.87
2016	0.51	0.74	0.26	0.67	0.49	0.53	0.79	0.87
2017	0.53	0.75	0.28	0.66	0.49	0.52	0.80	0.87
2018	0.51	0.76	0.28	0.66	0.51	0.53	0.79	0.88
2019	0.51	0.75	0.33	0.66	0.47	0.57	0.79	0.88
2020	0.51	0.74	0.31	0.66	0.44	0.54	0.77	0.87

资料来源：原始数据来源于CEPII数据库，经作者计算所得。

9.1.4 仪器仪表及文化办公用机械制造业类产品出口质量

表9-4显示的是我国仪器仪表及文化办公用机械制造业类产品2009—2020年间对南亚8国出口质量的变化情况。数据表明，该类高技术产品对南亚8国的出口质量总体呈现递增的趋势。各国出口质量的具体状况如下：（1）除了对不丹的出口外，我国对其他7个国家的仪器仪表及文化办公用机械制造业类产品的出口质量总体上呈现提升趋势。（2）在仪器仪表及文化办公用机械制造业类产品出口质量的年均增长率排名中，年均增长率大于1%的国家有阿富汗、孟加拉国、斯里兰卡、马尔代夫、尼泊尔和巴基斯坦，阿富汗以1.91%的增长率位居第一，其次是尼泊尔，增长率为1.86%；斯里兰卡、孟加拉国、马尔代夫和巴基斯坦的年均增长率分别为1.70%、1.62%、1.19%和1.03%。（3）我国对不丹的仪器仪表及文化办公用机械制造业类产品的出口质量呈现递减趋势，年均增长率为负值（-0.76%）。

表9-4　　仪器仪表及文化办公用机械制造业类产品对南亚8国出口质量变化

国家 年份	阿富汗	孟加拉国	不丹	斯里兰卡	马尔代夫	尼泊尔	巴基斯坦	印度
2009	0.34	0.54	0.28	0.50	0.32	0.42	0.61	0.73
2010	0.43	0.56	0.29	0.52	0.34	0.44	0.63	0.76
2011	0.41	0.56	0.21	0.54	0.35	0.49	0.63	0.79
2012	0.42	0.56	0.24	0.54	0.36	0.49	0.67	0.79
2013	0.40	0.60	0.24	0.55	0.34	0.50	0.64	0.79
2014	0.39	0.65	0.24	0.56	0.34	0.51	0.66	0.80
2015	0.39	0.64	0.27	0.57	0.37	0.48	0.67	0.80
2016	0.45	0.67	0.21	0.60	0.38	0.49	0.68	0.81
2017	0.42	0.67	0.25	0.59	0.40	0.49	0.68	0.81
2018	0.43	0.66	0.25	0.57	0.40	0.49	0.67	0.81
2019	0.41	0.66	0.23	0.58	0.37	0.51	0.68	0.81
2020	0.40	0.64	0.23	0.60	0.36	0.51	0.68	0.81

资料来源：原始数据来源于CEPII数据库，经作者计算所得。

综合表9-1、表9-2、表9-3和表9-4的结果可知，2009—2020年，（1）就总体而言，在我国高技术产品对南亚8国的出口中，除了不丹以外，对其余7个国家的出口质量均呈现总体递增趋势。在出口质量递增的7国中，递增程度差距明显。（2）就三类高技术产品的出口质量而言：除了对不丹的出口外，我国电子及通信设备制造业类产品和仪器仪表及文化办公用机械制造业类产品对其他7个国家的出口质量总体上呈现提升趋势。除尼泊尔和印度外，电器机械及机械制造业类产品对不丹出口质量变化趋势几乎持平，对阿富汗、斯里兰卡、孟加拉国、斯里兰卡、马尔代夫和巴基斯坦出口质量均呈现递增趋势。

9.2　知识产权保护水平对高技术产品出口南亚国家质量影响的实证分析

9.2.1　知识产权保护水平对高技术产品出口质量的不同影响

参考本书第5章的实证模型、应变量的选择和自变量的选择，本章采用逐步回归法从列（1）至列（7）进一步分析我国知识产权保护水平对高技术产品出口南亚8国质量的影响。从表9-5的结果可知：（1）除了因为数据缺失无法对阿富汗进行知识产权保护水平影响的考察外，可以观察到我国知识产权保护水平的提升在一定程度上对我国向孟加拉国、尼泊尔、巴基斯坦和印度出口高技术产品的质量产生了正面推动效应。在这些国家中，对印度出口的高技术产品质量提升效果最为明显，其次是巴基斯坦和孟加拉国，而对尼泊尔的正向推动作用相对较小。（2）值得注意的是，知识产权保护水平的提升对我国向马尔代夫和不丹出口的高技术产品质量产生了负向影响，且对不丹的负向影响程度高于马尔代夫。（3）就我国向斯里兰卡出口的高技术产品质量而言，知识产权保护水平的提升没有明显的影响。

表9-5　　　　　　　　知识产权保护水平对高技术产品出口质量影响的国别差异

变量	(1)	(2)	(3)	(4)	(5)	(6)	(7)
ln regp (阿富汗)							
ln regp (孟加拉国)	0.232*** (0.004)	0.166*** (0.004)	0.160*** (0.005)	0.156*** (0.005)	0.157*** (0.005)	0.157*** (0.005)	0.161*** (0.005)
ln regp (不丹)	−0.176*** (0.006)	−0.307*** (0.008)	−0.307*** (0.008)	−0.304*** (0.008)	−0.313*** (0.008)	−0.313*** (0.008)	−0.304*** (0.008)
ln regp (斯里兰卡)	0.171*** (0.004)	0.014** (0.006)	−0.001 (0.009)	−0.003 (0.009)	−0.005 (0.009)	−0.005 (0.009)	0.007 (0.009)
ln regp (马尔代夫)	−0.033*** (0.004)	−0.267*** (0.009)	−0.277*** (0.009)	−0.274*** (0.009)	−0.285*** (0.009)	−0.285*** (0.009)	−0.272*** (0.009)
ln regp (尼泊尔)	0.083*** (0.004)	0.045*** (0.004)	0.042*** (0.004)	0.035*** (0.004)	0.036*** (0.004)	0.036*** (0.004)	0.038*** (0.004)
ln regp (巴基斯坦)	0.283*** (0.004)	0.208*** (0.004)	0.203*** (0.005)	0.204*** (0.005)	0.203*** (0.005)	0.203*** (0.005)	0.188*** (0.005)
ln regp (印度)	0.412*** (0.004)	0.326*** (0.005)	0.319*** (0.005)	0.319*** (0.005)	0.317*** (0.005)	0.317*** (0.005)	0.323*** (0.005)

注：括号里为标准误，*、**、***分别表示在10%、5%、1%水平上通过显著性检验。

9.2.2 知识产权保护水平对三类高技术产品出口质量的不同影响

如表9-6所示，（1）除了因为数据缺失无法对阿富汗进行知识产权保护水平影响的考察外，可以观察到我国知识产权保护水平的提升在一定程度上对我国向孟加拉国、巴基斯坦和印度出口电器机械及机械制造业类产品的质量产生了正面推动效应。在这些国家中，对印度出口的电器机械及机械制造业类产品质量提升效果最为明显，其次是巴基斯坦，而对孟加拉国的正向推动作用相对较小。（2）值得注意的是，知识产权保护水平的提升对我国向马尔代夫和不丹出口的电器机械及机械制造业类产品质量产生了负向影响，且对不丹的负向影响程度高于马尔代夫。（3）知识产权保护水平的提升对我国电器机械及机械制造业类产品向尼泊尔和斯里兰卡的出口质量没有明显的影响。

表9-6　知识产权保护水平对电器机械及机械制造业类产品出口质量影响的国别差异

变量	（1）	（2）	（3）	（4）	（5）	（6）	（7）
ln regp（阿富汗）							
ln regp（孟加拉国）	0.238***	0.169***	0.166***	0.163***	0.163***	0.163***	0.167***
	（0.005）	（0.006）	（0.007）	（0.007）	（0.007）	（0.007）	（0.007）
ln regp（不丹）	−0.181***	−0.317***	−0.319***	−0.316***	−0.326***	−0.326***	−0.317***
	（0.009）	（0.011）	（0.011）	（0.011）	（0.011）	（0.011）	（0.011）
ln regp（斯里兰卡）	0.164***	0.001	−0.008	−0.008	−0.012	−0.012	−0.000
	（0.005）	（0.008）	（0.012）	（0.012）	（0.012）	（0.012）	（0.012）
ln regp（马尔代夫）	−0.032***	−0.275***	−0.283***	−0.280***	−0.291***	−0.291***	−0.280***
	（0.005）	（0.012）	（0.012）	（0.012）	（0.012）	（0.012）	（0.012）
ln regp（尼泊尔）	0.052***	0.012**	0.010*	0.005	0.006	0.006	0.008
	（0.005）	（0.006）	（0.006）	（0.006）	（0.006）	（0.006）	（0.006）
ln regp（巴基斯坦）	0.294***	0.216***	0.212***	0.213***	0.212***	0.212***	0.197***
	（0.005）	（0.006）	（0.006）	（0.006）	（0.006）	（0.006）	（0.007）
ln regp（印度）	0.395***	0.306***	0.301***	0.301***	0.299***	0.299***	0.305***
	（0.005）	（0.006）	（0.007）	（0.007）	（0.007）	（0.007）	（0.007）

注：括号里为标准误，*、**、***分别表示在10%、5%、1%水平上通过显著性检验。

如表9-7所示，（1）除了因为数据缺失无法对阿富汗进行知识产权保护水平影响的考察外，可以观察到我国知识产权保护水平的提升在一定程度上对我国向孟加拉国、尼泊尔、巴基斯坦和印度出口电子及通信设备制造业类产品的质量产生了正面推动效应。在这些国家中，对印度出口的电子及通信设备制造业类产品质量提升效果最为明显，其次是巴基斯坦和孟加拉国，而对尼泊尔的正向推动作用相对较小。（2）值得注意的是，知识产权保护水平的提升对我国向马尔代夫和不丹出口的电子及通信设备制造业类产品质量产生了负向影响，且对不丹的负向影响程度高于马尔代夫。（3）知识产权保护水平的提升对我国电子及通信设备制造业类产品向斯里兰卡的出口质量没有明显的影响。

表9-7　知识产权保护水平对电子及通信设备制造业类产品出口质量影响的国别差异

变量	（1）	（2）	（3）	（4）	（5）	（6）	（7）
ln regp （阿富汗）							
ln regp （孟加拉国）	0.207***	0.140***	0.137***	0.134***	0.133***	0.133***	0.136***
	(0.009)	(0.010)	(0.012)	(0.012)	(0.012)	(0.012)	(0.012)
ln regp （不丹）	−0.173***	−0.308***	−0.309***	−0.306***	−0.314***	−0.314***	−0.306***
	(0.012)	(0.017)	(0.017)	(0.017)	(0.017)	(0.017)	(0.017)
ln regp （斯里兰卡）	0.161***	0.000	−0.008	−0.009	−0.010	−0.010	−0.000
	(0.008)	(0.015)	(0.021)	(0.021)	(0.021)	(0.021)	(0.021)
ln regp （马尔代夫）	−0.033***	−0.273***	−0.279***	−0.278***	−0.286***	−0.286***	−0.275***
	(0.009)	(0.022)	(0.022)	(0.022)	(0.022)	(0.022)	(0.022)
ln regp （尼泊尔）	0.107***	0.068***	0.066***	0.062***	0.060***	0.060***	0.062***
	(0.009)	(0.009)	(0.010)	(0.010)	(0.010)	(0.010)	(0.010)
ln regp （巴基斯坦）	0.248***	0.170***	0.168***	0.168***	0.166***	0.166***	0.154***
	(0.008)	(0.010)	(0.011)	(0.011)	(0.011)	(0.011)	(0.012)
ln regp （印度）	0.422***	0.334***	0.330***	0.329***	0.328***	0.328***	0.333***
	(0.008)	(0.011)	(0.013)	(0.013)	(0.013)	(0.013)	(0.013)

注：括号里为标准误，*、**、***分别表示在10%、5%、1%水平上通过显著性检验。

如表9-8所示，（1）除了因为数据缺失无法对阿富汗进行知识产权保护水平影响的考察外，可以观察到我国知识产权保护水平的提升在一定程度上对我国向孟加拉国、巴基斯坦、尼泊尔和印度出口仪器仪表及文化办公用机械制造业类产品的质量产生了正面推动效应。在这些国家中，对印度出口的仪器仪表及文化办公用机械制造业类产品质量提升效果最为明显，其次是巴基斯坦和孟加拉国，而对尼泊尔的正向推动作用相对较小。（2）值得注意的是，知识产权保护水平的提升对我国向马尔代夫和不丹出口的仪器仪表及文化办公用机械制造业类产品质量产生了负向影响，且对不丹的负向影响略高于马尔代夫。（3）知识产权保护水平的提升对我国仪器仪表及文化办公用机械制造业类产品向斯里兰卡的出口质量没有明显的影响。

表9-8　知识产权保护水平对仪器仪表及文化办公用机械制造业类
产品出口质量影响的国别差异

变量	（1）	（2）	（3）	（4）	（5）	（6）	（7）
ln regp（阿富汗）							
ln regp（孟加拉国）	0.244*** (0.008)	0.179*** (0.009)	0.167*** (0.010)	0.160*** (0.010)	0.161*** (0.010)	0.161*** (0.010)	0.166*** (0.010)
ln regp（不丹）	−0.168*** (0.013)	−0.297*** (0.015)	−0.295*** (0.016)	−0.290*** (0.016)	−0.301*** (0.016)	−0.301*** (0.016)	−0.290*** (0.016)
ln regp（斯里兰卡）	0.191*** (0.008)	0.037*** (0.012)	0.009 (0.017)	0.005 (0.017)	0.002 (0.017)	0.002 (0.017)	0.015 (0.017)
ln regp（马尔代夫）	−0.030*** (0.008)	−0.259*** (0.016)	−0.275*** (0.017)	−0.271*** (0.017)	−0.284*** (0.017)	−0.284*** (0.017)	−0.270*** (0.017)
ln regp（尼泊尔）	0.120*** (0.008)	0.082*** (0.009)	0.077*** (0.009)	0.066*** (0.009)	0.067*** (0.009)	0.067*** (0.009)	0.069*** (0.009)
ln regp（巴基斯坦）	0.296*** (0.008)	0.221*** (0.009)	0.213*** (0.009)	0.213*** (0.009)	0.212*** (0.009)	0.212*** (0.009)	0.195*** (0.010)
ln regp（印度）	0.437*** (0.008)	0.353*** (0.009)	0.339*** (0.010)	0.338*** (0.010)	0.336*** (0.010)	0.336*** (0.010)	0.342*** (0.011)

注：括号里为标准误，*、**、***分别表示在10%、5%、1%水平上通过显著性检验。

综合表9-5、表9-6、表9-7和表9-8的结果可知：（1）就高技术产品总体而言，在南亚8国中，我国知识产权保护水平的提升对三类高技术产品出口质量均具有正向作用的出口目的国有孟加拉国、尼泊尔、巴基斯坦和印度；知识产权保护水平的提升对高技术产品对马尔代夫和不丹的出口质量均产生了负向影响，且对不丹的负向影响更为显著；对斯里兰卡的出口质量无影响。（2）就三类高技术产品而言，我国知识产权保护水平的提升对三类高技术产品出口孟加拉国、巴基斯坦和印度3国均呈现正向影响，对不丹和马尔代夫的出口质量产生负向影响，对斯里兰卡的出口质量无影响；知识产权保护水平的提升对我国电器机械及机械制造业类产品对尼泊尔的出口质量无影响，但对电器机械及机械制造业类产品和仪器仪表及文化办公用机械制造业类产品出口尼泊尔的质量具有正向影响。

9.2.3　知识产权保护水平对高技术产品出口质量的稳健性检验

为了进一步增加实证结果的可靠性，表9-9同样借鉴第5章的方法，借助替代变量、更换回归样本和更换回归方法三种方法，进一步验证了结果的稳健性。

通过方法一、方法二和方法三的分析可知：（1）就南亚8国而言，除了阿富汗由于数据缺失而无法考察外，知识产权保护水平的提升对高技术产品对孟加拉国、尼泊尔、巴基斯坦和印度出口质量影响的正向作用是显著且稳健的；对不丹和马尔代夫的出口质量的负向作用亦是显著且稳健的。（2）知识产权保护水平的提升对高技术产品出口斯里兰卡的质量无影响的结论也是稳健的。

综上，可以认为表9-5的基准回归结果是稳健的。

表9-9　　知识产权保护水平对高技术产品出口质量影响国别差异的稳健性检验

变量	（1）基准回归	（2）替代变量处理	（3）更换回归样本	（4）更换回归方法
ln regp（阿富汗）				
ln regp（孟加拉国）	0.161***(0.005)	0.166***(0.010)	0.164***(0.010)	0.144***(0.011)
ln regp（不丹）	−0.304***(0.008)	−0.290***(0.016)	−0.279***(0.015)	−0.268***(0.016)
ln regp（斯里兰卡）	0.007(0.009)	0.015(0.017)	0.015(0.017)	0.004(0.019)
ln regp（马尔代夫）	−0.272***(0.009)	−0.270***(0.017)	−0.266***(0.017)	−0.245***(0.019)
ln regp（尼泊尔）	0.038***(0.004)	0.069***(0.009)	0.067***(0.009)	0.036***(0.009)
ln regp（巴基斯坦）	0.188***(0.005)	0.195***(0.010)	0.194***(0.010)	0.162***(0.011)
ln regp（印度）	0.323***(0.005)	0.342***(0.011)	0.339***(0.010)	0.304***(0.011)

注：括号里为标准误，*、**、***分别表示在10%、5%、1%水平上通过显著性检验。

借助替代变量、更换回归样本和更换回归方法三种方法，进一步验证了知识产权保护水平的提升对电器机械及机械制造业类产品出口质量影响的稳健性。根据表9-10的结果，可以得出以下结论：对于南亚8个国家，除了阿富汗由于数据缺失而无法考察外，知识产权保护水平的提升对电器机械及机械制造业类产品对孟加拉国、巴基斯坦和印度的出口质量具有显著且稳健的正向影响；对不丹和马尔代夫的出口质量产生显著且稳健的负向影响；而对斯里兰卡和尼泊尔的出口质量没有影响，这一结果也是稳健的。

表9-10　　　　　　　　知识产权保护水平对电器机械及机械制造业类
产品出口质量影响国别差异的稳健性检验

变量	（1）基准回归	（2）替代变量处理	（3）更换回归样本	（4）更换回归方法
ln regp（阿富汗）	—	—	—	—
ln regp（孟加拉国）	0.167***	0.167***	0.166***	0.150***
	(0.007)	(0.007)	(0.007)	(0.007)
ln regp（不丹）	−0.317***	−0.317***	−0.301***	−0.299***
	(0.011)	(0.011)	(0.011)	(0.012)
ln regp（斯里兰卡）	−0.000	−0.000	0.002	−0.009
	(0.012)	(0.012)	(0.012)	(0.014)
ln regp（马尔代夫）	−0.280***	−0.280***	−0.275***	−0.272***
	(0.012)	(0.012)	(0.012)	(0.014)
ln regp（尼泊尔）	0.008	0.008	0.008	−0.004
	(0.006)	(0.006)	(0.006)	(0.006)
ln regp（巴基斯坦）	0.197***	0.197***	0.196***	0.178***
	(0.007)	(0.007)	(0.006)	(0.007)
ln regp（印度）	0.305***	0.305***	0.302***	0.286***
	(0.007)	(0.007)	(0.007)	(0.008)

注：括号里为标准误，*、**、***分别表示在10%、5%、1%水平上通过显著性检验。

综上所述，基于表9-6的基准回归结果是具有稳健性的，且与上述研究结论一致。

借助替代变量、更换回归样本和更换回归方法三种方法，进一步验证了知识产权保护水平的提升对电子及通信设备产品制造业类产品出口质量影响的稳健性。根据表9-11的结果，可以得出以下结论：就南亚8国而言，除了阿富汗由于数据缺失而无法考察外，知识产权保护水平的提升对电子及通信设备产品制造业类产品对孟加拉国、尼泊尔、巴基斯坦和印度的出口质量具有显著且稳健的正向影响；对不丹和马尔代夫的出口质量产生显著且稳健的负向影响；而对斯里兰卡的出口质量没有影响，这一结果也是稳健的。

表9-11 知识产权保护水平对电子及通信设备产品制造业类
产品出口质量影响国别差异的稳健性检验

变量	(1) 基准回归	(2) 替代变量处理	(3) 更换回归样本	(4) 更换回归方法
ln regp （阿富汗）				
ln regp （孟加拉国）	0.136*** (0.012)	0.136*** (0.012)	0.135*** (0.012)	0.095*** (0.014)
ln regp （不丹）	−0.306*** (0.017)	−0.306*** (0.017)	−0.298*** (0.017)	−0.274*** (0.020)
ln regp （斯里兰卡）	−0.000 (0.021)	−0.000 (0.021)	−0.001 (0.021)	−0.015 (0.026)
ln regp （马尔代夫）	−0.275*** (0.022)	−0.275*** (0.022)	−0.272*** (0.022)	−0.252*** (0.027)
ln regp （尼泊尔）	0.062*** (0.010)	0.062*** (0.010)	0.061*** (0.010)	0.023* (0.012)
ln regp （巴基斯坦）	0.154*** (0.012)	0.154*** (0.012)	0.152*** (0.011)	0.104*** (0.014)
ln regp （印度）	0.333*** (0.013)	0.333*** (0.013)	0.330*** (0.012)	0.280*** (0.015)

注：括号里为标准误，*、**、***分别表示在10%、5%、1%水平上通过显著性检验。

　　综上所述，基于表9-7的基准回归结果是具有稳健性的，且与上述研究结论一致。

　　借助替代变量、更换回归样本和更换回归方法三种方法，进一步验证了知识产权保护水平的提升对仪器仪表及文化办公用机械制造业类产品出口质量影响的稳健性。根据表9-12的结果，可以得出以下结论：就南亚8国而言，除了阿富汗由于数据缺失而无法考察外，知识产权保护水平的提升对仪器仪表及文化办公用机械制造业类产品对孟加拉国、尼泊尔、巴基斯坦和印度的出口质量具有显著且稳健的正向影响；对不丹和马尔代夫的出口质量产生显著且稳健的负向影响；而对斯里兰卡的出口质量没有影响，这一结果也是稳健的。

表9-12　　　　知识产权保护水平对仪器仪表及文化办公用机械制造业类

产品出口质量影响国别差异的稳健性检验

变量	（1） 基准回归	（2） 替代变量处理	（3） 更换回归样本	（4） 更换回归方法
ln regp （阿富汗）				
ln regp （孟加拉国）	0.166*** （0.010）	0.166*** （0.010）	0.164*** （0.010）	0.144*** （0.011）
ln regp （不丹）	−0.290*** （0.016）	−0.290*** （0.016）	−0.279*** （0.015）	−0.268*** （0.016）
ln regp （斯里兰卡）	0.015 （0.017）	0.015 （0.017）	0.015 （0.017）	0.004 （0.019）
ln regp （马尔代夫）	−0.270*** （0.017）	−0.270*** （0.017）	−0.266*** （0.017）	−0.245*** （0.019）
ln regp （尼泊尔）	0.069*** （0.009）	0.069*** （0.009）	0.067*** （0.009）	0.036*** （0.009）
ln regp （巴基斯坦）	0.195*** （0.010）	0.195*** （0.010）	0.194*** （0.010）	0.162*** （0.011）
ln regp （印度）	0.342*** （0.011）	0.342*** （0.011）	0.339*** （0.010）	0.304*** （0.011）

　　注：括号里为标准误，*、**、***分别表示在10%、5%、1%水平上通过显著性检验。

综上所述，基于表9-8的基准回归结果是具有稳健性的，且与上述研究结论一致。

9.3　本章小结

就高技术产品对南亚8国的出口质量而言：（1）从总体上看，在我国对南亚8个国家的高技术产品出口中，除不丹外，对其余7个国家的出口质量总体呈现递增趋势。然而，在这7个国家中，出口质量的递增程度存在明显的差异。（2）就三类高技术产品的出口质量而言：除不丹外，我国的电子及通信设备制造业类产品和仪器仪表及文化办公用机械制造业类产品对阿富汗、斯里兰卡、孟加拉国、尼泊尔、马尔代夫、巴基斯坦和印度等7国的出口质量总体呈现提升趋势。在南亚地区，除尼泊尔和印度外，电器机械及机械制造业类产品对不丹的出口质量变化趋势几乎持平，对阿富汗、斯里兰卡、孟加拉国、马尔代夫和巴基斯坦的出口质量均呈现递增趋势。

就知识产权保护水平的提升对我国向南亚8国出口高技术产品的质量的影响而言：（1）除了因为数据缺失无法进行统计的阿富汗外，我国知识产权保护水平的提升对高技术产品出口孟加拉国、尼泊尔、巴基斯坦和印度的质量均产生积极影响。然而，对马尔代夫和不丹的出口质量产生了负向影响，其中对不丹的负面影响更为显著。对斯里兰卡的高技术产品出口质量没有显著影响。（2）就三类高技术产品而言，除了因为数据缺失无法进行统计的阿富汗外，我国知识产权保护水平的提升对电器机械及机械制造业类产品出口孟加拉国、巴基斯坦和印度的质量产生正向拉动作用，对不丹和马尔代夫的出口质量产生负向影响，而对斯里兰卡和尼泊尔的出口质量没有明显影响。此外，我国知识产权保护水平的提升对电子及通信设备制造业类产品和仪器仪表及文化办公用机械制造业类产品对孟加拉国、尼泊尔、巴基斯坦和印度的出口质量具有促进作用，对不丹和马尔代夫的出口质量具有负向影响，而对斯里兰卡的出口质量没有明显影响。

第10章 知识产权保护水平对高技术产品出口中亚国家质量的影响

　　自中亚5国哈萨克斯坦、塔吉克斯坦、土库曼斯坦、乌兹别克斯坦和吉尔吉斯斯坦获得独立以来，由于其独特的地理位置和丰富的资源，与中国的经贸合作持续深化。特别是在2013年，习近平主席提出了共建"丝绸之路经济带"和"21世纪海上丝绸之路"的倡议，进一步提升了中国与中亚5国贸易的重要性，促进了双方合作的发展。截至2020年，我国对中亚5国的出口额达到202.28亿元，贸易额持续增长[①]。然而，需要注意的是，双方贸易发展存在一些不平衡现象。总体来看，中国从中亚5国进口的货物多于出口，形成了明显的逆差。同时，贸易结构单一，主要体现在中国向中亚5国主要出口中、低技术产品如机械设备、服装纺织鞋类等，而从中亚5国主要进口资源性产品，如能源和矿产等。这种贸易结构的单一性使得双方在技术水平上存在较大差异。在高技术产品对中亚5国的出口方面，出口总额虽然从2009年的11.16亿美元增长至2020年的35.83亿美元，出口规模已有显著提升，但整体出口规模仍较小[②]。因此，如何在扩大出口规模的基础上提升出口质量成为一个值得关注的焦点。

---

① 数据来源于CEPII数据库（即法国世界经济研究中心数据库）。
② 数据来源于CEPII数据库（即法国世界经济研究中心数据库）。

10.1 高技术产品对中亚国家出口质量现状

10.1.1 高技术产品总体出口中亚国家质量

表10-1显示的是我国高技术产品对中亚5国2009—2020年出口质量的变化情况。从表中可知，我国高技术产品对中亚地区的出口质量有所提升，具体来说：（1）除了土库曼斯坦外，高技术产品对其余中亚4国的出口质量均呈现出总体递增的趋势。（2）出口质量的递增趋势在4国之间具有明显差异。其中，高技术产品对哈萨克斯坦、吉尔吉斯斯坦、塔吉克斯坦和乌兹别克斯坦的出口质量呈现递增趋势。我国高技术产品对乌兹别克斯坦的出口质量提升最为显著，年均增长率为1.94%；高技术产品对吉尔吉斯斯坦的出口质量的年均增长率为1.34%；对哈萨克斯坦的出口质量的年均增长率较低，为1.16%；对塔吉克斯坦的出口质量的变化趋势虽然是小幅上升，但年均增长率为−0.06%。（3）我国高技术产品对土库曼斯坦的出口质量呈现递减趋势。

表10-1　　　　　　　　　　　高技术产品对中亚5国出口质量变化

国家 年份	哈萨克斯坦	吉尔吉斯斯坦	塔吉克斯坦	土库曼斯坦	乌兹别克斯坦
2009	0.61	0.46	0.52	0.48	0.53
2010	0.63	0.47	0.48	0.46	0.54
2011	0.64	0.49	0.51	0.47	0.53
2012	0.68	0.51	0.52	0.54	0.58
2013	0.68	0.53	0.56	0.54	0.56
2014	0.68	0.52	0.54	0.52	0.58
2015	0.65	0.53	0.55	0.51	0.60
2016	0.65	0.55	0.54	0.46	0.58
2017	0.67	0.53	0.54	0.46	0.59
2018	0.68	0.55	0.56	0.45	0.61
2019	0.69	0.54	0.55	0.43	0.64
2020	0.69	0.53	0.51	0.48	0.65

资料来源：原始数据来源于CEPII数据库，经作者计算所得。

10.1.2 电器机械及机械制造业类产品出口质量

表10-2显示的是我国电器机械及机械制造业类产品2009—2020年间对中亚5国出口质量的变化情况。数据表明：（1）除了土库曼斯坦以外，电器机械及机械制造业类产品对其余中亚4国的出口质量总体呈现递增的趋势。（2）电器机械及机械制造业类产品对哈萨克斯坦、吉尔吉斯斯坦、塔吉克斯坦和乌兹别克斯坦的出口质量呈现递增的趋势。对各国的出口质量的年均变化具体状况如下：我国电器机械及机械制造业类产品对乌兹别克斯坦的出口质量从2009年的0.56上升至2020年的0.69，年均增长率在5国中居首位，增长幅度为1.97%；对吉尔吉斯斯坦的出口质量由2009年的0.47上升至2020年的0.56，年均增幅位居第二，为1.66%；哈萨克斯坦排名第三，年均增长率为1.08%；塔吉克斯坦排名第四，年均增长率为0.20%；土库曼斯坦年均增长率虽为0.60%，但呈现小幅下降趋势。

表10-2   **电器机械及机械制造业类产品对东亚5国出口质量变化**

年份 \ 国家	哈萨克斯坦	吉尔吉斯斯坦	塔吉克斯坦	土库曼斯坦	乌兹别克斯坦
2009	0.65	0.47	0.55	0.49	0.56
2010	0.68	0.50	0.49	0.47	0.56
2011	0.69	0.51	0.56	0.49	0.56
2012	0.72	0.55	0.54	0.57	0.61
2013	0.73	0.56	0.57	0.57	0.61
2014	0.72	0.55	0.57	0.55	0.63
2015	0.71	0.56	0.59	0.54	0.64
2016	0.70	0.58	0.58	0.49	0.61
2017	0.71	0.57	0.59	0.48	0.64
2018	0.72	0.59	0.61	0.48	0.67
2019	0.73	0.58	0.59	0.46	0.68
2020	0.73	0.56	0.55	0.51	0.69

资料来源：原始数据来源于CEPII数据库，经作者计算所得。

10.1.3 电子及通信设备制造业类产品出口质量

表10-3显示的是我国电子及通信设备制造业类产品2009—2020年间对中亚5国出口质量的变化情况。数据表明：（1）除土库曼斯坦外，我国对哈萨克斯坦、吉尔吉斯斯坦、塔吉克斯坦和乌兹别克斯坦的电子及通信设备制造业类产品出口质量均呈现上升趋势。（2）就电子及通信设备制造业类产品对哈萨克斯坦、吉尔吉斯斯坦、塔吉克斯坦和乌兹别克斯坦的出口质量年均增长率而言，乌兹别克斯坦年均增长率最高，为1.78%；吉尔吉斯斯坦和哈萨克斯坦次之，分别为1.20%和1.09%；塔吉克斯坦相对最低，为0.01%。（3）电子及通信设备制造业类产品对土库曼斯坦的出口质量呈现递减趋势，主要和其2009—2014年出口质量增长显著有关。

表10-3　　　　　电子及通信设备制造业类产品对中亚5国出口质量变化

年份 ＼ 国家	哈萨克斯坦	吉尔吉斯斯坦	塔吉克斯坦	土库曼斯坦	乌兹别克斯坦
2009	0.59	0.45	0.49	0.44	0.48
2010	0.59	0.46	0.43	0.42	0.51
2011	0.61	0.47	0.48	0.45	0.51
2012	0.65	0.48	0.48	0.46	0.52
2013	0.63	0.50	0.55	0.47	0.51
2014	0.65	0.49	0.48	0.49	0.53
2015	0.61	0.49	0.48	0.42	0.51
2016	0.61	0.50	0.49	0.40	0.53
2017	0.63	0.47	0.50	0.41	0.52
2018	0.63	0.51	0.46	0.44	0.55
2019	0.62	0.51	0.50	0.38	0.57
2020	0.66	0.51	0.47	0.47	0.58

资料来源：原始数据来源于CEPII数据库，经作者计算所得。

10.1.4　仪器仪表及文化办公用机械制造业类产品出口质量

表10-4显示的是我国仪器仪表及文化办公用机械制造业类产品2009—2020年间对中亚5国出口质量的变化情况。数据表明：（1）除土库曼斯坦以外，仪器仪表及文化办公用机械制造业类产品对其余中亚4国的出口质量总体呈现递增的趋势。（2）就仪器仪表及文化办公用机械制造业类产品对哈萨克斯坦、吉尔吉斯斯坦、塔吉克斯坦和乌兹别克斯坦的出口质量年均增长率而言，乌兹别克斯坦年均增长率最高，为1.77%；哈萨克斯坦和吉尔吉斯斯坦次之，分别为1.39%和0.90%；塔吉克斯坦相对最低，为0.02%。（3）仪器仪表及文化办公用机械制造业类产品对土库曼斯坦的出口质量呈现递减趋势，主要和其2012年和2013年出口质量大幅提升有关。

表10-4　　仪器仪表及文化办公用机械制造业类产品对中亚5国出口质量变化

年份 ＼ 国家	哈萨克斯坦	吉尔吉斯斯坦	塔吉克斯坦	土库曼斯坦	乌兹别克斯坦
2009	0.57	0.45	0.46	0.49	0.51
2010	0.59	0.44	0.47	0.47	0.50
2011	0.59	0.47	0.45	0.45	0.51
2012	0.63	0.46	0.51	0.53	0.55
2013	0.65	0.49	0.54	0.51	0.52
2014	0.63	0.48	0.50	0.48	0.53
2015	0.61	0.49	0.51	0.48	0.58
2016	0.60	0.53	0.49	0.42	0.55
2017	0.63	0.49	0.47	0.45	0.54
2018	0.65	0.52	0.51	0.41	0.56
2019	0.65	0.50	0.50	0.41	0.61
2020	0.66	0.49	0.45	0.42	0.61

资料来源：原始数据来源于CEPII数据库，经作者计算所得。

从表10-1、表10-2、表10-3和表10-4的分析可知，2009—2020年，（1）就总体而言，除土库曼斯坦以外，高技术产品对其余中亚4国的出口质量均呈现出递增趋势。（2）

就我国分类高技术产品对中亚5国的出口而言，除了土库曼斯坦外，我国对哈萨克斯坦、吉尔吉斯斯坦、塔吉克斯坦和乌兹别克斯坦的电器机械及机械制造业类产品、电子及通信设备制造业类产品、仪器仪表及文化办公用机械制造业类产品的出口质量均呈现上升趋势。

10.2 知识产权保护水平对高技术产品出口中亚国家质量影响的实证分析

10.2.1 知识产权保护水平对高技术产品出口质量的不同影响

参考本书第5章的实证模型、应变量的选择和自变量的选择，本章采用逐步回归法从列（1）至列（7）进一步分析我国知识产权保护水平的提升对高技术产品出口中亚5国质量的影响。从表10-5的结果可知：（1）对塔吉克斯坦而言，我国知识产权保护水平的提升在一定程度上仅对我国向塔吉克斯坦的高技术产品出口质量产生了正面的推动效应。（2）对哈萨克斯坦、吉尔吉斯斯坦、乌兹别克斯坦而言，我国知识产权保护水平的提升对高技术产品对上述三国出口质量的提高无影响。（3）对土库曼斯坦而言，由于数据缺失无法计算我国知识产权保护水平的变化对出口质量产生的影响。

表10-5　　　知识产权对高技术产品出口质量影响的国别差异

变量	（1）	（2）	（3）	（4）	（5）	（6）	（7）
ln regp（哈萨克斯坦）	0.234*** (0.004)	−0.008 (0.009)	−0.026** (0.011)	−0.028** (0.011)	−0.036*** (0.011)	−0.036*** (0.011)	−0.017 (0.011)
ln regp（吉尔吉斯斯坦）	0.077*** (0.004)	0.018*** (0.004)	0.005 (0.008)	0.002 (0.008)	0.004 (0.008)	0.004 (0.008)	0.010 (0.008)
ln regp（塔吉克斯坦）	0.072*** (0.005)	0.025*** (0.005)	0.012 (0.008)	0.010 (0.008)	0.013 (0.008)	0.013 (0.008)	0.018** (0.008)
ln regp（土库曼斯坦）	0.029*** (0.004)	−0.168*** (0.008)	−0.188*** (0.010)	−0.175*** (0.010)			
ln regp（乌兹别克斯坦）	0.133*** (0.004)	0.003 (0.006)	−0.012 (0.009)	−0.009 (0.009)	−0.010 (0.009)	−0.010 (0.009)	−0.000 (0.009)

注：括号里为标准误，*、**、***分别表示在10%、5%、1%水平上通过显著性检验。

10.2.2　知识产权保护水平对三类高技术产品出口质量的不同影响

从表10-6的结果可知：（1）对塔吉克斯坦而言，我国知识产权保护水平的提升在一定程度上仅对我国电器机械及机械制造业类产品出口质量产生了正面的推动效应。（2）对哈萨克斯坦、吉尔吉斯斯坦、乌兹别克斯坦而言，我国知识产权保护水平的提升对电器机械及机械制造业类产品出口质量的提高无影响。（3）对土库曼斯坦而言，由于数据缺失无法计算我国知识产权保护水平的变化对出口质量产生的影响。

表10-6　知识产权对电器机械及机械制造业类产品出口质量影响的国别差异

变量	（1）	（2）	（3）	（4）	（5）	（6）	（7）
ln regp（哈萨克斯坦）	0.239*** (0.005)	−0.013 (0.012)	−0.024 (0.015)	−0.026* (0.015)	−0.034** (0.015)	−0.034** (0.015)	−0.016 (0.015)
ln regp（吉尔吉斯斯坦）	0.072*** (0.005)	0.012** (0.006)	0.005 (0.011)	0.003 (0.011)	0.005 (0.012)	0.005 (0.012)	0.011 (0.012)
ln regp（塔吉克斯坦）	0.083*** (0.006)	0.034*** (0.006)	0.027** (0.012)	0.026** (0.012)	0.029** (0.012)	0.029** (0.012)	0.034*** (0.012)
ln regp（土库曼斯坦）	0.025*** (0.006)	−0.180*** (0.010)	−0.194*** (0.013)	−0.183*** (0.013)			
ln regp（乌兹别克斯坦）	0.139*** (0.005)	0.004 (0.008)	−0.004 (0.012)	−0.001 (0.013)	−0.003 (0.013)	−0.003 (0.013)	0.007 (0.013)

注：括号里为标准误，*、**、***分别表示在10%、5%、1%水平上通过显著性检验。

从表10-7的结果可知：（1）我国知识产权保护水平的提升在一定程度上仅对我国向乌兹别克斯坦的电子及通信设备制造业类产品出口质量产生了负面的推动效应。（2）对中亚的哈萨克斯坦、吉尔吉斯斯坦、塔吉克斯坦而言，我国知识产权保护水平的提升对电器机械及机械制造业类产品对上述3国出口质量的提高无影响。（3）对土库曼斯坦而言，由于数据缺失无法计算我国知识产权保护水平的变化对出口质量产生的影响。

表10-7 知识产权对电子及通信设备制造业类产品出口质量影响的国别差异

变量	（1）	（2）	（3）	（4）	（5）	（6）	（7）
ln regp（哈萨克斯坦）	0.211***（0.008）	−0.038*（0.022）	−0.048*（0.026）	−0.050*（0.026）	−0.053**（0.027）	−0.053**（0.027）	−0.038（0.027）
ln regp（吉尔吉斯斯坦）	0.056***（0.009）	−0.003（0.010）	−0.010（0.019）	−0.013（0.019）	−0.008（0.019）	−0.008（0.019）	−0.003（0.019）
ln regp（塔吉克斯坦）	0.026**（0.011）	−0.022*（0.011）	−0.029（0.020）	−0.030（0.020）	−0.026（0.020）	−0.026（0.020）	−0.022（0.020）
ln regp（土库曼斯坦）	−0.015（0.010）	−0.216***（0.019）	−0.229***（0.023）	−0.221***（0.023）			
ln regp（乌兹别克斯坦）	0.087***（0.009）	−0.047***（0.014）	−0.055***（0.021）	−0.053**（0.021）	−0.053**（0.021）	−0.053**（0.021）	−0.045**（0.021）

注：括号里为标准误，*、**、***分别表示在10%、5%、1%水平上通过显著性检验

从表10-8的结果可知：（1）对哈萨克斯坦、吉尔吉斯斯坦、塔吉克斯坦和乌兹别克斯坦4国而言，我国知识产权保护水平的提升对仪器仪表及文化办公用机械制造业类产品对上述4国出口质量的提高无影响。（2）对土库曼斯坦而言，由于数据缺失无法计算我国知识产权保护水平的变化对出口质量产生的影响。

表10-8 知识产权对仪器仪表及文化办公用机械制造业类产品出口质量影响的国别差异

变量	（1）	（2）	（3）	（4）	（5）	（6）	（7）
ln regp（哈萨克斯坦）	0.247***（0.008）	0.010（0.017）	−0.022（0.020）	−0.027（0.020）	−0.038*（0.020）	−0.038*（0.020）	−0.017（0.021）
ln regp（吉尔吉斯斯坦）	0.099***（0.008）	0.042***（0.009）	0.014（0.015）	0.008（0.015）	0.011（0.015）	0.011（0.015）	0.016（0.016）
ln regp（塔吉克斯坦）	0.079***（0.009）	0.031**（0.010）	0.004（0.016）	0.000（0.016）	0.004（0.016）	0.004（0.016）	0.008（0.016）
ln regp（土库曼斯坦）	0.065***（0.009）	−0.127***（0.015）	−0.164***（0.018）	−0.142***（0.019）			
ln regp（乌兹别克斯坦）	0.150***（0.008）	0.022*（0.012）	−0.007（0.017）	−0.003（0.017）	−0.003（0.017）	−0.003（0.017）	0.007（0.017）

注：括号里为标准误，*、**、***分别表示在10%、5%、1%水平上通过显著性检验。

综合表10-5、表10-6、表10-7和表10-8的结果可知：（1）就总体而言，在中亚5国中，除土库曼斯坦外，我国知识产权保护水平的提升对高技术产品出口塔吉克斯坦的质量产生了正面推动效应；知识产权保护水平的提升对高技术产品出口哈萨克斯坦、吉尔吉斯斯坦、乌兹别克斯坦的质量无影响。（2）就分类高技术产品而言，除了土库曼斯坦，知识产权保护水平的提升仅对我国向塔吉克斯坦出口的电器机械及机械制造业类产品质量产生了正向影响，对其余中亚3国的出口质量均未构成影响；知识产权保护水平的提升仅对我国电子及通信设备制造业类产品向乌兹别克斯坦的出口质量产生了负向影响，对其余中亚3国均未构成影响；知识产权保护水平的提升对仪器仪表及文化办公用机械制造业类产品出口中亚4国的质量均未产生影响。

10.2.3　知识产权保护水平对高技术产品出口质量的稳健性检验

为了进一步增加实证结果的可靠性，表10-9同样借鉴第5章的方法，借助替代变量、更换回归样本和更换回归方法三种方法，进一步验证了结果的稳健性。

表10-9　　知识产权保护水平对高技术产品出口质量影响国别差异的稳健性检验

变量	（1）基准回归	（2）替代变量处理	（3）更换回归样本	（4）更换回归方法
ln regp（哈萨克斯坦）	−0.017	−0.017	−0.016	−0.007
	(0.011)	(0.021)	(0.020)	(0.023)
ln regp（吉尔吉斯斯坦）	0.010	0.016	0.015	0.009
	(0.008)	(0.016)	(0.015)	(0.017)
ln regp（塔吉克斯坦）	0.018**	0.008	0.008	0.028
	(0.008)	(0.016)	(0.015)	(0.017)
ln regp（土库曼斯坦）				
ln regp（乌兹别克斯坦）	−0.000	0.007	0.007	0.018
	(0.009)	(0.017)	(0.017)	(0.019)

注：括号里为标准误，*、**、***分别表示在10%、5%、1%水平上通过显著性检验。

　　通过方法一、方法二和方法三的分析可知：除了土库曼斯坦以外，就中亚4国而言，我国知识产权保护水平的提升对高技术产品出口哈萨克斯坦、吉尔吉斯斯坦、乌兹别克斯坦的质量无影响的结论是稳健的；但对高技术产品出口塔吉克斯坦而言，基准回归认为知识产权保护水平的提升有利于提高高技术产品的出口质量，但是结合三种稳健性检验后，该结论不成立，说明知识产权保护水平的提升可能对高技术产品出口中亚4国的质量均不构成影响。

　　同样，借助替代变量、更换回归样本和更换回归方法三种方法进一步验证了知识产权保护水平的提升对电器机械及机械制造业类产品出口质量影响的稳健性。从表10-10中可知：除土库曼斯坦受数据缺失影响，无法计算回归结果外，在对中亚国家的出口中，知识产权保护水平的提升对塔吉克斯坦的电器机械及机械制造业类产品出口质量始终表现为正向作用，而知识产权保护水平的提升对电器机械及机械制造业类产品出口哈萨克斯坦、吉尔吉斯斯坦和乌兹别克斯坦的质量无影响。

表10-10　　　　　　　　知识产权保护水平对电器机械及机械制造业类
产品出口质量影响国别差异的稳健性检验

变量	（1）基准回归	（2）替代变量处理	（3）更换回归样本	（4）更换回归方法
ln regp（哈萨克斯坦）	−0.016 (0.015)	−0.016 (0.015)	−0.013 (0.015)	−0.021 (0.017)
ln regp（吉尔吉斯斯坦）	0.011 (0.012)	0.011 (0.012)	0.013 (0.011)	0.000 (0.013)
ln regp（塔吉克斯坦）	0.034*** (0.012)	0.034*** (0.012)	0.035*** (0.011)	0.032** (0.013)
ln regp（土库曼斯坦）				
ln regp（乌兹别克斯坦）	0.007 (0.013)	0.007 (0.013)	0.008 (0.012)	0.002 (0.014)

　　注：括号里为标准误，*、**、***分别表示在10%、5%、1%水平上通过显著性检验。

　　上述研究结论同基准回归结果一致。综上，可以认为表10-6的基准回归结果是稳

健的。

同样，借助替代变量、更换回归样本和更换回归方法三种方法进一步验证了知识产权保护水平的提升对电子及通信设备产品制造业类产品出口质量影响的稳健性。从表10-11中可知：除土库曼斯坦受数据缺失影响，无法计算回归结果外，在对中亚其余4国的出口中，知识产权保护水平的提升对电子及通信设备产品制造业类产品出口哈萨克斯坦、吉尔吉斯斯坦和塔吉克斯坦的质量无影响；而对乌兹别克斯坦的出口中，通过替代变量和更换回归样本两种方法得出知识产权保护水平的提升会对电子及通信设备产品制造业类产品出口质量产生正向的影响，因此，可以认为知识产权保护水平的提升有利于该类产品出口质量的提高。

表10-11 知识产权保护水平对电子及通信设备产品制造业类
产品出口质量影响国别差异的稳健性检验

变量	(1) 基准回归	(2) 替代变量处理	(3) 更换回归样本	(4) 更换回归方法
ln regp（哈萨克斯坦）	−0.038	−0.038	−0.037	−0.034
	(0.027)	(0.027)	(0.026)	(0.032)
ln regp（吉尔吉斯斯坦）	−0.003	−0.003	−0.004	−0.015
	(0.019)	(0.019)	(0.018)	(0.023)
ln regp（塔吉克斯坦）	−0.022	−0.022	−0.023	−0.006
	(0.020)	(0.020)	(0.019)	(0.024)
ln regp（土库曼斯坦）				
ln regp（乌兹别克斯坦）	−0.045**	−0.045**	−0.045**	−0.038
	(0.021)	(0.021)	(0.021)	(0.026)

注：括号里为标准误，*、**、***分别表示在10%、5%、1%水平上通过显著性检验。

上述研究结论同基准回归结果一致。综上，可以认为表10-7的基准回归结果是稳健的。

同样，借助替代变量、更换回归样本和更换回归方法三种方法进一步验证了知识产权保护水平的提升对仪器仪表及文化办公用机械制造业类产品出口质量影响的稳健性。

从表10-12中可知：除土库曼斯坦受数据缺失影响，无法计算回归结果外，在对中亚其余4国的出口中，知识产权保护水平的提升对仪器仪表及文化办公用机械制造业类产品出口哈萨克斯坦、吉尔吉斯斯坦、塔吉克斯坦和乌兹别克斯坦的质量无影响。

表10-12　知识产权保护水平对仪器仪表及文化办公用机械制造业类产品出口质量影响国别差异的稳健性检验

变量	（1）基准回归	（2）替代变量处理	（3）更换回归样本	（4）更换回归方法
ln regp（哈萨克斯坦）	-0.017 (0.021)	-0.017 (0.021)	-0.016 (0.020)	-0.007 (0.023)
ln regp（吉尔吉斯斯坦）	0.016 (0.016)	0.016 (0.016)	0.015 (0.015)	0.009 (0.017)
ln regp（塔吉克斯坦）	0.008 (0.016)	0.008 (0.016)	0.008 (0.015)	0.028 (0.017)
ln regp（土库曼斯坦）				
ln regp（乌兹别克斯坦）	0.007 (0.017)	0.007 (0.017)	0.007 (0.017)	0.018 (0.019)

注：括号里为标准误，*、**、***分别表示在10%、5%、1%水平上通过显著性检验。

上述研究结论同基准回归结果一致。综上，可以认为表10-8的基准回归结果是稳健的。

10.3　本章小结

就高技术产品对中亚5国的出口质量而言：（1）总体而言，对中亚4国（除了土库曼斯坦）的高技术产品出口质量呈现递增趋势。（2）对中亚5国在不同分类下的高技术产品出口，除了土库曼斯坦外，我国向哈萨克斯坦、吉尔吉斯斯坦、塔吉克斯坦和乌兹别克斯坦的电器机械及机械制造业类产品、电子及通信设备制造业类产品、仪器仪表及文化办公用机械制造业类产品的出口质量均呈现上升趋势。

就知识产权保护水平的提升对我国向中亚 5 国出口高技术产品质量的影响而言：（1）我国知识产权保护水平的提升对高技术产品出口塔吉克斯坦的质量产生了积极推动效应，而对哈萨克斯坦、吉尔吉斯斯坦和乌兹别克斯坦的质量没有影响。（2）就分类高技术产品而言，除了土库曼斯坦以外，知识产权保护水平的提升对其余中亚 4 国的出口质量影响存在差异。对于我国向塔吉克斯坦出口的电器机械及机械制造业类产品，知识产权保护水平的提升对其质量产生了正向影响。然而，对于其余中亚 3 国，知识产权保护水平的提升并未构成影响。在电子及通信设备制造业类产品方面，知识产权保护水平的提升对我国向乌兹别克斯坦的出口质量产生了负向影响。然而，对于其余中亚 3 国，知识产权保护水平的提升并未构成影响。至于仪器仪表及文化办公用机械制造业类产品的出口，知识产权保护水平的提升并未对中亚 4 国的出口质量产生影响。综上所述，知识产权保护水平的提升对中亚 4 国的高技术产品出口质量影响存在差异，虽然具体效果因产品类别和目标国家而异，但知识产权保护水平的提升对高技术产品出口质量的影响非常有限。整体来看，知识产权保护水平的提升对高技术产品出口质量的影响并不十分显著。其他因素如技术创新、市场需求、质量管理等也可能在出口质量方面扮演更为重要的角色。

第11章 知识产权保护水平对高技术产品出口独联体主要国家质量的影响

独立国家联合体，简称"独联体"，是苏联解体时由多个苏联加盟共和国组成的一个地区性组织。独联体成员国有：俄罗斯、白俄罗斯、摩尔多瓦、亚美尼亚、阿塞拜疆、塔吉克斯坦、吉尔吉斯斯坦、哈萨克斯坦和乌兹别克斯坦。由于在第10章中已经重点研究过我国高技术产品对塔吉克斯坦、吉尔吉斯斯坦、哈萨克斯坦和乌兹别克斯坦的出口，因此，本章的研究对象主要集中在独联体成员国的俄罗斯、白俄罗斯、摩尔多瓦、亚美尼亚和阿塞拜疆这5个国家。

俄罗斯位于中国的北部，白俄罗斯、摩尔多瓦、亚美尼亚和阿塞拜疆都位于中国的西北方向，中国在经济上与这些国家有着密切的关系，这些国家在"一带一路"倡议中也都起着至关重要的作用。在中国对独联体主要国家（俄罗斯、白俄罗斯、摩尔多瓦、亚美尼亚和阿塞拜疆）的出口中，2009—2020年间呈现明显增长趋势。以俄罗斯为例，中国对俄罗斯的出口额从2009年的195.76亿美元增长至2020年的509.72亿美元，增幅为2.60倍。对白俄罗斯、摩尔多瓦、亚美尼亚和阿塞拜疆的出口额也均有显著增长，分别增长了4.23倍、2.51倍、2.13倍和1.38倍。在高技术产品出口方面，相较于总体出口规模，除了对白俄罗斯的高技术产品出口占比从2009年的31.58%下降至2020年的27.96%外，对其余4国的高技术产品出口比例均有所提升。例如，对摩尔多瓦的高技术产品出口占比从2009年的33.18%上升至2020年的35.62%；对亚美尼亚的高技术产品出口占比从2009年的28.40%上升至2020年的33.46%；对阿塞拜疆的高技术产品出口占比从2009年的19.20%上升至2020年的31.64%；对俄罗斯的高技术产品出口占比从

2009 年的 0.37% 上升至 2020 年的 0.39%①。然而，尽管高技术产品出口占比有所提升，但总体出口规模相对较小。在此背景下，深入研究我国高技术产品对独联体主要国家的出口质量具有重要意义。通过此研究可以深刻了解高技术产品在这些国家的市场需求和竞争情况，揭示产品的优势与不足，为我国企业调整出口策略和提升产品竞争力提供有益参考。同时，该研究有利于独联体主要国家了解我国高技术产品的创新能力和质量水平，为技术引进和产业升级提供借鉴与合作的机会。

11.1 高技术产品出口独联体主要国家质量现状

11.1.1 高技术产品总体出口独联体主要国家质量

表 11-1 显示的是中国高技术产品对独联体主要国家 2009—2020 年出口质量的变化情况。数据显示：（1）中国对阿塞拜疆、亚美尼亚、白俄罗斯、摩尔多瓦和俄罗斯的高技术产品出口质量呈现上升趋势，说明出口质量有了显著提高。（2）俄罗斯、白俄罗斯、摩尔多瓦、亚美尼亚和阿塞拜疆在出口质量增长率方面存在显著的差距。阿塞拜疆以 1.69% 的年均增长率位居首位，接下来是白俄罗斯（1.28%）、摩尔多瓦（1.14%）、亚美尼亚（0.99%）、俄罗斯（0.96%）。尽管中国对上述 5 国的高技术产品出口质量不断提升，但由于出口规模有限，高技术产品在整体出口中所占比例仍有进一步提升的潜力。

表 11-1　　　　　　　　　高技术产品对独联体主要国家出口质量变化

年份 \ 国家	阿塞拜疆	亚美尼亚	白俄罗斯	摩尔多瓦	俄罗斯
2009	0.46	0.46	0.57	0.46	0.74

---

① 数据来源于 CEPII 数据库（即法国世界经济研究中心数据库）。

续表

年份 ＼ 国家	阿塞拜疆	亚美尼亚	白俄罗斯	摩尔多瓦	俄罗斯
2010	0.46	0.47	0.59	0.48	0.78
2011	0.50	0.47	0.60	0.49	0.80
2012	0.50	0.49	0.62	0.50	0.82
2013	0.50	0.46	0.62	0.50	0.80
2014	0.48	0.46	0.56	0.51	0.80
2015	0.48	0.45	0.59	0.49	0.79
2016	0.50	0.46	0.61	0.50	0.78
2017	0.52	0.49	0.62	0.51	0.80
2018	0.54	0.50	0.61	0.51	0.80
2019	0.55	0.51	0.62	0.52	0.81
2020	0.55	0.51	0.65	0.52	0.82

资料来源：原始数据来源于CEPII数据库，经作者计算所得。

11.1.2　电器机械及机械制造业类产品出口质量

表11-2显示的是中国电器机械及机械制造业类高技术产品2009—2020年间对独联体主要国家出口质量的变化情况。数据表明：（1）中国电器机械及机械制造业类产品对阿塞拜疆、亚美尼亚、白俄罗斯、摩尔多瓦和俄罗斯的出口质量均有所增长。（2）在出口质量增长率方面，俄罗斯、白俄罗斯、摩尔多瓦、亚美尼亚和阿塞拜疆之间存在显著的差距。亚美尼亚以0.89%的年均增长率位居首位，接下来是摩尔多瓦（0.83%）、白俄罗斯（0.81%）、阿塞拜疆（0.63%）、俄罗斯（0.38%）。虽然中国不断提升对这5个国家的电器机械及机械制造业类产品出口质量，但其年均增长幅度并不显著。

表11-2　　　　电器机械及机械制造业类产品对独联体主要国家出口质量变化

年份 \ 国家	阿塞拜疆	亚美尼亚	白俄罗斯	摩尔多瓦	俄罗斯
2009	0.49	0.42	0.57	0.46	0.74
2010	0.49	0.44	0.58	0.49	0.75
2011	0.51	0.45	0.59	0.48	0.77
2012	0.48	0.46	0.60	0.49	0.78
2013	0.47	0.43	0.60	0.50	0.76
2014	0.48	0.42	0.51	0.49	0.76
2015	0.45	0.43	0.57	0.47	0.75
2016	0.49	0.44	0.56	0.50	0.75
2017	0.51	0.45	0.58	0.52	0.75
2018	0.52	0.48	0.57	0.51	0.75
2019	0.52	0.47	0.58	0.49	0.78
2020	0.52	0.46	0.61	0.50	0.77

资料来源：原始数据来源于CEPII数据库，经作者计算所得。

11.1.3　电子及通信设备制造业类产品出口质量

表11-3展示了中国电子和通信设备制造业类高技术产品2009—2020年间对独联体主要国家出口质量的变化趋势。从数据可以看出：（1）中国电子及通信设备制造业类产品对阿塞拜疆、亚美尼亚、白俄罗斯、摩尔多瓦和俄罗斯的出口质量均有所增长。（2）在出口质量增长率方面，5个国家之间存在明显差异。阿塞拜疆的年均增长率最高，达到了1.80%，接下来是白俄罗斯（1.71%）、摩尔多瓦（1.25%）、俄罗斯（0.90%）、亚美尼亚（0.79%）。尽管中国不断提升对这5个国家的电子和通信设备制造业类产品出口质量，但在出口质量增长率方面仍有待进一步提升。

表11-3　　　　　　电子及通信设备制造业类产品对独联体主要国家出口质量变化

年份＼国家	阿塞拜疆	亚美尼亚	白俄罗斯	摩尔多瓦	俄罗斯
2009	0.48	0.50	0.58	0.49	0.79
2010	0.50	0.50	0.62	0.52	0.82
2011	0.54	0.49	0.63	0.53	0.84
2012	0.54	0.52	0.66	0.54	0.86
2013	0.54	0.49	0.65	0.53	0.85
2014	0.52	0.50	0.58	0.54	0.85
2015	0.51	0.47	0.61	0.53	0.82
2016	0.51	0.49	0.66	0.52	0.83
2017	0.54	0.52	0.66	0.54	0.84
2018	0.57	0.55	0.66	0.54	0.86
2019	0.59	0.54	0.67	0.55	0.85
2020	0.58	0.54	0.69	0.56	0.87

资料来源：原始数据来源于CEPII数据库，经作者计算所得。

11.1.4　仪器仪表及文化办公用机械制造业类产品出口质量

表11-4显示的是中国仪器仪表及文化办公用机械制造业类产品2009—2020年间对独联体主要国家出口质量的变化情况。从数据可以看出：（1）中国仪器仪表及文化办公用机械制造业类产品对阿塞拜疆、亚美尼亚、白俄罗斯、摩尔多瓦和俄罗斯的出口质量均有所增长。（2）5个国家在出口质量增长率上呈现明显的差异。阿塞拜疆的年均增长率最高，达到了2.17%，接下来是摩尔多瓦（1.45%）、白俄罗斯（1.31%）、亚美尼亚（1.26%）、俄罗斯（1.15%）。这表明中国对这5个国家的仪器仪表及文化办公用机械制造业类产品的出口质量持续提升。与电器机械及机械制造业类产品和电子及通信设备制造业类产品相比，仪器仪表及文化办公用机械制造业类产品的出口质量

年均增长率更加显著，超过了1.00%。这说明中国在该类产品领域对独联体5国出口质量提升较为显著。

表11-4 仪器仪表及文化办公用机械制造业类产品对独联体主要国家出口质量变化

年份 ＼ 国家	阿塞拜疆	亚美尼亚	白俄罗斯	摩尔多瓦	俄罗斯
2009	0.41	0.42	0.54	0.42	0.69
2010	0.38	0.44	0.55	0.43	0.73
2011	0.43	0.44	0.56	0.44	0.76
2012	0.46	0.45	0.58	0.45	0.78
2013	0.46	0.43	0.58	0.46	0.77
2014	0.43	0.43	0.54	0.47	0.77
2015	0.45	0.44	0.56	0.44	0.76
2016	0.49	0.43	0.56	0.46	0.74
2017	0.49	0.45	0.58	0.46	0.76
2018	0.51	0.46	0.58	0.47	0.77
2019	0.51	0.48	0.59	0.49	0.76
2020	0.51	0.48	0.62	0.49	0.78

资料来源：原始数据来源于CEPII数据库，经作者计算所得。

从表11-1、表11-2、表11-3和表11-4的分析可知，2009—2020年，（1）就总体而言，高技术产品对独联体主要国家的出口质量均呈现出递增的趋势。（2）对阿塞拜疆、亚美尼亚、白俄罗斯、摩尔多瓦和俄罗斯等国家来说，高技术产品的出口质量在三个主要类别中都有所增长。其中，仪器仪表及文化办公用机械制造业类产品相比电器机械及机械制造业类产品和电子及通信设备制造业类产品，出口质量年均增长率更加显著；电子及通信设备制造业类产品相较电器机械及机械制造业类产品，出口质量的年均增长率更高。

11.2　知识产权保护水平对高技术产品出口独联体主要国家质量影响的实证分析

11.2.1　知识产权保护水平对高技术产品出口质量的不同影响

参考本书第5章的实证模型、应变量的选择和自变量的选择，本章采用逐步回归法从列（1）至列（7）进一步分析我国知识产权保护水平的提升对高技术产品出口独联体主要国家质量的影响。从表11-5的结果可知：（1）我国知识产权保护水平的提升对我国高技术产品向俄罗斯的出口质量产生了正面推动效应。（2）知识产权保护水平的提升对我国高技术产品向阿塞拜疆、亚美尼亚、白俄罗斯、摩尔多瓦的出口质量产生了负向影响。在这4个国家中，按负向影响大小排序依次是阿塞拜疆、亚美尼亚、摩尔多瓦和白俄罗斯。

表11-5　　　　知识产权保护水平对高技术产品出口质量影响的国别差异

变量	（1）	（2）	（3）	（4）	（5）	（6）	（7）
ln regp（阿塞拜疆）	0.063*** (0.004)	-0.126*** (0.007)	-0.141*** (0.010)	-0.146*** (0.010)	-0.150*** (0.010)	-0.150*** (0.010)	-0.136*** (0.010)
ln regp（亚美尼亚）	0.039*** (0.004)	-0.116*** (0.006)	-0.132*** (0.009)	-0.133*** (0.009)	-0.137*** (0.009)	-0.137*** (0.009)	-0.124*** (0.009)
ln regp（白俄罗斯）	0.173*** (0.004)	-0.025*** (0.008)	-0.042*** (0.010)	-0.040*** (0.010)	-0.046*** (0.010)	-0.046*** (0.010)	-0.030*** (0.010)
ln regp（摩尔多瓦）	0.059*** (0.004)	-0.074*** (0.006)	-0.090*** (0.009)	-0.087*** (0.009)	-0.090*** (0.009)	-0.090*** (0.009)	-0.079*** (0.009)
ln regp（俄罗斯）	0.375*** (0.004)	0.139*** (0.009)	0.122*** (0.011)	0.122*** (0.011)	0.114*** (0.011)	0.114*** (0.011)	0.132*** (0.011)

注：括号里为标准误，*、**、***分别表示在10%、5%、1%水平上通过显著性检验。

11.2.2　知识产权保护水平对三类高技术产品出口质量的不同影响

从表11-6的结果可知：（1）我国知识产权保护水平的提升对我国电器机械及机械制造业类产品向俄罗斯的出口质量产生了正面推动效应。（2）知识产权保护水平的提升对我国高技术产品向阿塞拜疆、亚美尼亚、白俄罗斯、摩尔多瓦的出口质量产生了负向影响。在这4个国家中，按负向影响大小排序依次是阿塞拜疆、亚美尼亚、摩尔多瓦和白俄罗斯。

表11-6　　知识产权水平对电器机械及机械制造业类产品出口质量影响的国别差异

变量	(1)	(2)	(3)	(4)	(5)	(6)	(7)
ln regp （阿塞拜疆）	0.054*** (0.005)	−0.141*** (0.010)	−0.151*** (0.013)	−0.154*** (0.013)	−0.159*** (0.013)	−0.159*** (0.013)	−0.145*** (0.013)
ln regp （亚美尼亚）	0.033*** (0.005)	−0.128*** (0.008)	−0.137*** (0.013)	−0.138*** (0.013)	−0.142*** (0.013)	−0.142*** (0.013)	−0.129*** (0.013)
ln regp （白俄罗斯）	0.164*** (0.005)	−0.043*** (0.010)	−0.053*** (0.014)	−0.051*** (0.014)	−0.057*** (0.014)	−0.057*** (0.014)	−0.042*** (0.014)
ln regp （摩尔多瓦）	0.055*** (0.005)	−0.083*** (0.008)	−0.091*** (0.013)	−0.089*** (0.013)	−0.092*** (0.013)	−0.092*** (0.013)	−0.081*** (0.013)
ln regp （俄罗斯）	0.370*** (0.005)	0.126*** (0.011)	0.115*** (0.015)	0.115*** (0.015)	0.107*** (0.015)	0.107*** (0.015)	0.124*** (0.015)

注：括号里为标准误，*、**、***分别表示在10%、5%、1%水平上通过显著性检验。

从表11-7的结果可知：（1）我国知识产权保护水平的提升对我国电子及通信设备制造业类产品向俄罗斯的出口质量产生了正面推动效应。（2）知识产权保护水平的提升对电子及通信设备制造业类产品向阿塞拜疆、亚美尼亚、摩尔多瓦的出口质量产生了负向影响。在这3个国家中，按负向影响大小排序依次是亚美尼亚、阿塞拜疆、摩尔多瓦。（3）知识产权保护水平的提升对电子及通信设备制造业类产品出口白俄罗斯的质量无影响。

表11-7　知识产权水平对电子及通信设备制造业类产品出口质量影响的国别差异

变量	（1）	（2）	（3）	（4）	（5）	（6）	（7）
ln regp （阿塞拜疆）	0.066*** （0.009）	−0.128*** （0.018）	−0.136*** （0.023）	−0.139*** （0.023）	−0.142*** （0.023）	−0.142*** （0.023）	−0.130*** （0.023）
ln regp （亚美尼亚）	0.026*** （0.008）	−0.132*** （0.016）	−0.141*** （0.022）	−0.142*** （0.022）	−0.142*** （0.022）	−0.142*** （0.022）	−0.131*** （0.022）
ln regp （白俄罗斯）	0.168*** （0.008）	−0.036* （0.019）	−0.045* （0.024）	−0.044* （0.024）	−0.046* （0.025）	−0.046* （0.025）	−0.033 （0.025）
ln regp （摩尔多瓦）	0.068*** （0.008）	−0.068*** （0.014）	−0.076*** （0.021）	−0.075*** （0.021）	−0.073*** （0.021）	−0.073*** （0.021）	−0.064*** （0.021）
ln regp （俄罗斯）	0.365*** （0.008）	0.122*** （0.021）	0.113*** （0.026）	0.112*** （0.026）	0.109*** （0.026）	0.109*** （0.026）	0.124*** （0.026）

注：括号里为标准误，*、**、***分别表示在10%、5%、1%水平上通过显著性检验。

从表11-8的结果可知：（1）我国知识产权保护水平的提升对我国仪器仪表及文化办公用机械制造业类产品向俄罗斯的出口质量产生了正面推动效应。（2）知识产权保护水平的提升对我国仪器仪表及文化办公用机械制造业类产品向阿塞拜疆、亚美尼亚、摩尔多瓦的出口质量产生了负向影响。在这3个国家中，按负向影响大小排序依次是阿塞拜疆、亚美尼亚和摩尔多瓦。（3）知识产权保护水平的提升对我国仪器仪表及文化办公用机械制造业类产品出口白俄罗斯的质量无影响。

表11-8　　知识产权水平对仪器仪表及文化办公用机械制造业类

产品出口质量影响的差异

变量	（1）	（2）	（3）	（4）	（5）	（6）	（7）
ln regp （阿塞拜疆）	0.080*** （0.008）	−0.104*** （0.014）	−0.133*** （0.018）	−0.141*** （0.018）	−0.147*** （0.018）	−0.147*** （0.018）	−0.131*** （0.018）
ln regp （亚美尼亚）	0.060*** （0.008）	−0.091*** （0.012）	−0.121*** （0.017）	−0.125*** （0.017）	−0.130*** （0.017）	−0.130*** （0.017）	−0.116*** （0.017）

续表

变量	（1）	（2）	（3）	（4）	（5）	（6）	（7）
ln regp （白俄罗斯）	0.196*** (0.008)	0.002 (0.014)	−0.030 (0.019)	−0.029 (0.019)	−0.036* (0.019)	−0.036* (0.019)	−0.019 (0.019)
ln regp （摩尔多瓦）	0.065*** (0.008)	−0.066*** (0.011)	−0.096*** (0.017)	−0.093*** (0.017)	−0.097*** (0.017)	−0.097*** (0.017)	−0.085*** (0.017)
ln regp （俄罗斯）	0.394*** (0.008)	0.163*** (0.016)	0.131*** (0.020)	0.130*** (0.020)	0.120*** (0.020)	0.120*** (0.020)	0.140*** (0.020)

注：括号里为标准误，*、**、***分别表示在10%、5%、1%水平上通过显著性检验。

11.2.3　知识产权保护水平对高技术产品出口质量的稳健性检验

为了进一步增加实证结果的可靠性，表11-9同样借鉴第5章的方法，借助替代变量、更换回归样本和更换回归方法三种方法，进一步验证了结果的稳健性。

表11-9　知识产权保护水平对高技术产品出口质量影响国别差异的稳健性检验

变量	（1） 基准回归	（2） 替代变量处理	（3） 更换回归样本	（4） 更换回归方法
ln regp （阿塞拜疆）	−0.136*** (0.010)	−0.131*** (0.018)	−0.130*** (0.017)	−0.119*** (0.020)
ln regp （亚美尼亚）	−0.124*** (0.009)	−0.116*** (0.017)	−0.116*** (0.017)	−0.110*** (0.019)
ln regp （白俄罗斯）	−0.030*** (0.010)	−0.019 (0.019)	−0.019 (0.019)	−0.018 (0.021)
ln regp （摩尔多瓦）	−0.079*** (0.009)	−0.085*** (0.017)	−0.085*** (0.017)	−0.077*** (0.019)
ln regp （俄罗斯）	0.132*** (0.011)	0.140*** (0.020)	0.139*** (0.020)	0.137*** (0.023)

注：括号里为标准误，*、**、***分别表示在10%、5%、1%水平上通过显著性检验。

通过方法一、方法二和方法三的分析可知：（1）对于中亚4国（阿塞拜疆、亚美尼亚、摩尔多瓦和俄罗斯），可以得出一个稳健的结论，知识产权保护水平的提升对高技术产品的出口质量有负向影响。这意味着随着知识产权保护水平的提升，对这些国家的高技术产品出口质量会下降。（2）就高技术产品出口白俄罗斯而言，基准回归显示知识产权保护水平的提升有助于提高高技术产品的出口质量，但是在进行了三种稳健性检验后发现这个结论并不成立。这说明，知识产权保护水平的提升可能对白俄罗斯高技术产品出口质量的变动并没有显著影响。这可能是因为除了知识产权保护水平外，还有许多其他因素可以影响高技术产品的出口质量，如市场需求、技术标准、贸易政策、竞争力等。（3）经分析发现，知识产权保护水平的提升对俄罗斯出口的高技术产品的质量始终呈现正向作用。这意味着随着知识产权保护水平的提升，我国向俄罗斯出口的高技术产品质量得到稳定的提升。

同样，借助替代变量、更换回归样本和更换回归方法三种方法进一步验证了知识产权保护水平的提升对电器机械及机械制造业类产品出口质量影响的稳健性。从表11-10种可知：知识产权保护水平的提升对俄罗斯的电器机械及机械制造业类产品出口质量始终呈正向作用。然而，对于阿塞拜疆、亚美尼亚、白俄罗斯和摩尔多瓦，知识产权保护水平的提升始终表现为负向影响。

表11-10 知识产权保护水平对电器机械及机械制造业类
产品出口质量影响国别差异的稳健性检验

变量	（1）基准回归	（2）替代变量处理	（3）更换回归样本	（4）更换回归方法
ln regp（阿塞拜疆）	-0.145*** (0.013)	-0.145*** (0.013)	-0.143*** (0.013)	-0.145*** (0.014)
ln regp（亚美尼亚）	-0.129*** (0.013)	-0.129*** (0.013)	-0.127*** (0.012)	-0.134*** (0.014)
ln regp（白俄罗斯）	-0.042*** (0.014)	-0.042*** (0.014)	-0.040*** (0.014)	-0.048*** (0.016)
ln regp（摩尔多瓦）	-0.081*** (0.013)	-0.081*** (0.013)	-0.079*** (0.012)	-0.089*** (0.014)
ln regp（俄罗斯）	0.124*** (0.015)	0.124*** (0.015)	0.125*** (0.014)	0.118*** (0.016)

注：括号里为标准误，*、**、***分别表示在10%、5%、1%水平上通过显著性检验。

这一研究结论与基准回归结果一致，并经过稳健性检验验证，因此，可以认为表11-6中的基准回归结果是稳健可靠的。

同样，借助替代变量、更换回归样本和更换回归方法三种方法进一步验证了知识产权保护水平的提升对电子及通信设备产品制造业类产品出口质量影响的稳健性。根据表11-11的结果可以得知，知识产权保护水平的提升对俄罗斯的电子及通信设备产品制造业类产品出口质量始终呈正向作用。然而，对于阿塞拜疆、亚美尼亚和摩尔多瓦，知识产权保护水平的提升始终表现为负向影响。对白俄罗斯的电子及通信设备产品制造业类产品出口质量，知识产权保护水平的提升则没有明显影响。

表11-11   知识产权保护水平对电子及通信设备产品制造业类
产品出口质量影响国别差异的稳健性检验

变量	(1) 基准回归	(2) 替代变量处理	(3) 更换回归样本	(4) 更换回归方法
ln regp （阿塞拜疆）	−0.130*** (0.023)	−0.130*** (0.023)	−0.130*** (0.022)	−0.121*** (0.027)
ln regp （亚美尼亚）	−0.131*** (0.022)	−0.131*** (0.022)	−0.132*** (0.022)	−0.135*** (0.027)
ln regp （白俄罗斯）	−0.033 (0.025)	−0.033 (0.025)	−0.033 (0.024)	−0.040 (0.030)
ln regp （摩尔多瓦）	−0.064*** (0.021)	−0.064*** (0.021)	−0.065*** (0.021)	−0.068*** (0.026)
ln regp （俄罗斯）	0.124*** (0.026)	0.124*** (0.026)	0.123*** (0.026)	0.112*** (0.032)

注：括号里为标准误，*、**、***分别表示在10%、5%、1%水平上通过显著性检验。

这一研究结论与基准回归结果一致，并经过稳健性检验验证，因此，可以认为表11-7中的基准回归结果是稳健可靠的。

同样，借助替代变量、更换回归样本和更换回归方法三种方法进一步验证了知识产权保护水平的提升对仪器仪表及文化办公用机械制造业类产品出口质量影响的稳健性。根据表11-12的结果可以得知，知识产权保护水平的提升对俄罗斯的仪器仪表及文化办公用机械制造业类产品出口质量始终呈正向作用。然而，对于阿塞拜疆、亚美尼亚和摩尔多瓦，知识产权保护水平的提升始终表现为负向影响。对白俄罗斯的仪器仪表及文化办公用机械制造业类产品出口质量，知识产权保护水平的提升则没有明显影响。

表11-12　　　　　　　　知识产权保护水平对仪器仪表及文化办公用机械制造业类
产品出口质量影响国别差异的稳健性检验

变量	（1）基准回归	（2）替代变量处理	（3）更换回归样本	（4）更换回归方法
ln regp （阿塞拜疆）	−0.131*** (0.018)	−0.131*** (0.018)	−0.130*** (0.017)	−0.119*** (0.020)
ln regp （亚美尼亚）	−0.116*** (0.017)	−0.116*** (0.017)	−0.116*** (0.017)	−0.110*** (0.019)
ln regp （白俄罗斯）	−0.019 (0.019)	−0.019 (0.019)	−0.019 (0.019)	−0.018 (0.021)
ln regp （摩尔多瓦）	−0.085*** (0.017)	−0.085*** (0.017)	−0.085*** (0.017)	−0.077*** (0.019)
ln regp （俄罗斯）	0.140*** (0.020)	0.140*** (0.020)	0.139*** (0.020)	0.137*** (0.023)

注：括号里为标准误，*、**、***分别表示在10%、5%、1%水平上通过显著性检验。

这一研究结论与基准回归结果一致，并经过稳健性检验验证，因此，可以认为表11-5中的基准回归结果是稳健可靠的。

11.3　本章小结

就高技术产品对独联体主要国家的出口质量而言：（1）高技术产品对独联体主要国家的出口质量总体呈现递增的趋势。（2）就分类高技术产品而言，三类高技术产品对独联体主要国家出口质量均表现出上升趋势。其中，与电器机械及机械制造业类产品和电子及通信设备制造业类产品相比，仪器仪表及文化办公用机械制造业类产品的出口质量年均增长率更加显著。此外，电子及通信设备制造业类产品的出口质量年均增长率高于电器机械及机械制造业类产品。

　　就知识产权保护水平的提升对我国向独联体主要国家出口高技术产品质量的影响而言：（1）我国知识产权保护水平的提升对高技术产品出口俄罗斯的质量有正向推动作用，而对阿塞拜疆、亚美尼亚和摩尔多瓦的出口质量有负向影响，对白俄罗斯的出口质量无显著影响。（2）就三类高技术产品而言，我国知识产权保护水平的提升对电器机械及机械制造业类产品出口俄罗斯的质量有持续正向作用，这意味着提高知识产权保护水平有助于提高我国向俄罗斯出口的电器机械及机械制造业类产品的质量。然而，对于出口阿塞拜疆、亚美尼亚、白俄罗斯和摩尔多瓦的质量，知识产权保护水平的提升却持续表现出负向作用，即可能降低了出口产品的质量水平。对于电子及通信设备产品制造业类产品和仪器仪表及文化办公用机械制造业类产品出口俄罗斯的质量，我国知识产权保护水平的提升持续表现出正向作用。然而，对于出口阿塞拜疆、亚美尼亚和摩尔多瓦的质量，知识产权保护水平的提升持续表现出负向作用。对于出口白俄罗斯的质量，知识产权保护水平的提升则没有显著影响。通过上述研究发现，我国高技术产品对独联体主要国家的出口非常有限，且知识产权保护水平的提升仅对出口俄罗斯的高技术产品质量有提升作用。

第12章 结论与政策建议

本书在综合国内外相关文献研究成果的基础上，采用国际贸易学、区域经济学、宏观经济学、微观经济学、统计学和计量经济学等学科的理论知识和研究方法，以中国高技术产品出口到"一带一路"沿线国家为主要研究对象，利用非平衡面板数据的计量分析方法，从新新贸易理论角度出发，深入研究了知识产权保护水平对高技术产品出口质量的影响程度。此外，本研究还充分考虑了不同出口产品种类和出口目的国之间的差异，进一步分析了知识产权保护水平的提升对高技术产品出口质量的异质性影响。本研究得出了多个重要的结论，基于这些结论本书提出了四个层面的针对性政策建议。这些研究结论和政策建议对于优化中国高技术产品出口到"一带一路"沿线国家的质量和效益具有重要的学术和实践意义，同时为相关决策者提供了有益的参考和借鉴。

12.1 研究结论

本书运用定量研究方法，系统地探究了中国省级层面的知识产权保护水平，并对我国高技术产品在"一带一路"沿线国家的出口规模和质量的发展现状进行了细致分析。在此基础上，运用新新贸易理论的框架，重点研究了知识产权保护水平对高技术产品出口至"一带一路"沿线国家质量的影响，接着，利用计量模型对研究中提出的假设1和假设2进行了实证检验，并进一步对不同产品种类和出口目标国家的出口质量差异进行了定量分析。本书的主要研究结论有以下几个方面：

第一，中国知识产权保护水平2009—2020年间呈现整体上升趋势，各省（自治区、直辖市）、区域及经济带的知识产权保护水平同样呈现整体增长趋势。东部地区的知识产权保护水平普遍高于其他地区，尤其是京津冀经济带和长三角经济带的知识产权保护水平显著高于其他经济带。中国各地区的知识产权保护水平在空间上呈现出从低水平向中低、中高水平过渡的态势。此外，各地区之间还表现出较为稳定的空间相关性特征，即知识产权保护水平在相邻地区之间存在着一定程度的相似性。

第二，中国高技术产品对"一带一路"沿线国家的出口规模总体呈现递增趋势，尤其在越南和阿联酋市场出口规模显著增长，而在新加坡市场出口份额略有下降。值得注意的是，电子及通信设备制造业类产品仍保持出口的主导地位，而其他两类高技术产品的出口份额则有所增加。与此同时，中国高技术产品对"一带一路"沿线国家的出口质量整体呈现递增趋势。尽管在少数年份可能出现了下降现象，但大多数年份的出口质量都呈现正向增长。电器机械及机械制造业类产品的出口质量均值最高，紧随其后的是电子及通信设备制造业类产品，而仪器仪表及文化办公用机械制造业类产品的出口质量均值相对较低。这反映了中国高技术产品在出口市场上的竞争力在不断增强，且产品的出口质量也在持续提升。

第三，提升知识产权保护水平能从总体上提高对"一带一路"沿线国家出口高技术产品的质量，且该结论通过一系列稳健性检验。这种影响主要是通过两种途径实现的：创新效应和模仿效应。具体而言，创新效应在一定程度上削弱了知识产权保护对产品出口质量的提升作用，因为在创新过程中，过度严格的知识产权保护可能限制了其他企业的技术应用和创新。模仿效应则强化了知识产权对出口质量的推动作用，这是因为对知识产权的保护可以鼓励企业进行技术引进和学习。异质性分析表明，知识产权保护水平的提升对电器机械及机械制造业类产品和仪器仪表及文化办公用机械制造业类产品出口"一带一路"沿线国家的质量均有促进作用，对电子及通信设备制造业类产品的出口质量促进作用相对较弱。此外，知识产权保护水平的提升对东盟地区、独联体地区、南亚地区、西亚地区、中东欧地区和中亚地区的高技术产品出口质量均有推动作用，其中对南亚地区的提升作用显著，对东盟地区的影响相对有限。这些研究发现对于进一步理解知识产权保护对中国高技术产品出口质量影响的机制具有重要意义。

第四，中国向东盟10国出口的高技术产品质量呈现总体提升的趋势。在具体的产品类型中，电器机械和机械制造类产品、电子和通信设备制造类产品以及仪器仪表和文化办公用机械制造类产品的出口质量同样表现出逐年上升的趋势。进一步分析表明，知识产权保护水平的提升对我国不同类别产品出口至东盟各国的质量影响存在显著差异。知识产权保护水平的提升对电器机械及机械制造业类产品、电子及通信设备制造业类产品以及仪器仪表及文化办公用机械制造业类产品出口到文莱和老挝的质量产生了负面影响，这意味着在这两个国家，提高知识产权保护水平对相关产品出口质量的提升产生了不利影响。而对于东盟其他7个国家（新加坡除外）的出口质量，知识产权保护水平的提升产生了积极影响。值得注意的是，由于缺乏对新加坡出口产品的相关数据，暂时无法得出出口该国的质量受知识产权保护水平影响的结论。

第五，中国高技术产品对西亚18国的出口质量出现不同程度的变化。其中，有13个国家的出口质量呈现上升趋势，另外5个国家的出口质量则呈现总体下降趋势，其中叙利亚下降最为严重。电器机械及机械制造业类产品、电子及通信设备制造业类产品以及仪表及文化办公用机械制造业类产品对西亚18国大部分国家出口的质量呈现上升的态势，反映出出口至该地区的高技术产品的质量持续改善。然而，仍有个别国家的出口质量出现下降，包括巴林、塞浦路斯、伊朗、黎巴嫩等。进一步分析表明，知识产权保护水平的提升对我国不同类别产品出口至西亚18国的质量影响存在显著差异。除巴勒斯坦和伊拉克两国受数据缺失影响，无法计算回归结果外，知识产权保护水平的提升对电器机械及机械制造业类产品出口至伊朗、叙利亚、土耳其、埃及和也门等5国的质量产生显著正向作用，但对巴林、塞浦路斯、希腊、以色列、科威特、黎巴嫩、阿曼、卡塔尔和沙特阿拉伯等9国的出口质量始终表现为显著负向作用，而对约旦和阿联酋的出口质量影响不显著。在电子及通信设备产品出口方面，知识产权保护水平的提升对伊朗、叙利亚、土耳其和埃及等4国产生正向影响，但对巴林、塞浦路斯、希腊、以色列、科威特、黎巴嫩、卡塔尔和阿曼等8国则呈现显著负向作用。对于约旦、沙特阿拉伯、阿联酋和也门这4国，知识产权保护水平的提升并未明显影响电子及通信设备产品出口质量。对于仪表及文化办公用机械制造业类产品，知识产权保护水平的提升对伊朗、叙利亚、土耳其和埃及等4国出口质量产生显著正向影响，但对巴林、塞浦路斯、希腊、以色列、科威特、阿曼和卡塔尔等7国出口质量始终呈现显著负向作用。对于黎巴嫩、沙特阿拉伯、约旦、也门和阿联酋这5国，知识产权保护水平的提升对仪表及文化办公用机械制造业类产品出口质量并未产生明显影响。

第六，除克罗地亚外，中国向中东欧国家出口的高技术产品质量普遍呈现提升趋势。在这些国家中，电子和通信设备制造业以及仪器仪表和文化办公用机械制造业的产品质量变化趋势相似，质量提升幅度较大，而电器机械和机械制造业的产品质量提升幅度相对较小。针对三类高技术产品，知识产权保护水平的提升对电器机械和机械制造业类产品以及仪器仪表和文化办公用机械制造业类产品的出口质量影响较为一致。知识产权保护水平的提升对电器机械和机械制造业类产品对波兰的出口质量有正向促进作用，但对阿尔巴尼亚、波黑、保加利亚、克罗地亚、爱沙尼亚、拉脱维亚、立陶宛、黑山、塞尔维亚、匈牙利、斯洛伐克、斯洛文尼亚和北马其顿等13国的出口质量则产生负向作用。对于仪器仪表和文化办公用机械制造业类产品，知识产权保护水平的提高对波兰的出口质量具有正向促进作用，但对阿尔巴尼亚、波黑、保加利亚、克罗地亚、爱沙尼亚、拉脱维亚、立陶宛、黑山、塞尔维亚、匈牙利、斯洛伐克、斯洛文尼亚和北马其顿等13国的出口质量则产生负向影响。对于电子及通信设备制造业类产品，知识产权保护水平的提升对捷克和波兰的出口质量具有促进作用，但对匈牙利、罗马尼亚和斯洛伐克的出口质量没有明显影响，而对中东欧其他11国的出口质量产生了负向影响。

第七，除不丹外，中国向南亚国家出口的高技术产品质量呈整体递增趋势。对这些国家来说，三类高技术产品的出口质量递增程度存在差异。电子及通信设备制造业类产品和仪器仪表及文化办公用机械制造业类产品对阿富汗、斯里兰卡、孟加拉国、尼泊尔、马尔代夫、巴基斯坦和印度等7国的出口质量总体呈现提升趋势。除尼泊尔和印度外，我国对不丹的电器机械及机械制造业类产品出口质量变化趋势几乎保持稳定，对阿富汗、斯里兰卡、孟加拉国、马尔代夫和巴基斯坦的出口质量均呈现递增趋势。在针对三类高技术产品的出口质量分析中，除因数据缺失无法进行统计的阿富汗外，我国知识产权保护水平的提升对电器机械及机械制造业类产品出口孟加拉国、巴基斯坦和印度的质量产生了正向拉动作用，对不丹和马尔代夫的出口质量产生了负向影响，而对斯里兰卡和尼泊尔的出口质量没有明显影响。此外，我国知识产权保护水平的提升对电子及通信设备制造业类产品和仪器仪表及文化办公用机械制造业类产品出口孟加拉国、尼泊尔、巴基斯坦和印度的质量具有促进作用，对不丹和马尔代夫的出口质量具有负向影响，而对斯里兰卡的出口质量没有明显影响。

第八，中国对中亚5国出口的高技术产品质量呈总体递增趋势。其中，对于中亚4国（除土库曼斯坦外），电器机械及机械制造业类产品、电子及通信设备制造业类产品、仪器仪表及文化办公用机械制造业类产品的出口质量均呈上升趋势。对塔吉克斯坦的电器机械及机械制造业类产品出口，知识产权保护水平的提升对出口质量有正向影响，而对其他中亚3国的出口质量影响不显著。在电子及通信设备制造业类产品方面，知识产权保护水平的提升对乌兹别克斯坦的出口质量产生了负面影响，然而对其他中亚3国的出口质量无显著影响。对于仪器仪表及文化办公用机械制造业类产品，知识产权保护水平的提升并未对中亚4国的出口质量产生影响。

第九，中国向独联体主要国家出口的高技术产品整体呈现递增趋势。在三类高技术产品中，电器机械及机械制造业类产品和电子及通信设备制造业类产品的出口质量明显递增，但仪器仪表及文化办公用机械制造业类产品出口质量的增长幅度最为显著。我国知识产权保护水平的提升对电器机械及机械制造业类产品出口俄罗斯的质量产生了正向影响，而对阿塞拜疆、亚美尼亚、白俄罗斯和摩尔多瓦的出口质量影响为负向。对电子及通信设备制造业类产品和仪器仪表及文化办公用机械制造业类产品出口俄罗斯的质量也表现出正向影响，但对阿塞拜疆、亚美尼亚和摩尔多瓦的影响为负向。值得注意的是，对白俄罗斯的出口质量在知识产权保护水平提升的情况下没有明显受到影响。

12.2 政策建议

12.2.1 分领域推进知识产权改革

针对不同地区的经济发展实际情况，政府部门应该分别制定适应性的知识产权保护政策。在司法层面、执法层面以及社会环境层面，有针对性地实施知识产权保护措施，以确保知识产权的合法权益得到有效维护。在司法层面，加强对侵权行为的打击和制裁力度，以维护企业的知识产权权益。同时，加大对知识产权合同的审查和监督，确保技术转让和合作交易的公平和合法。在执法层面，政府采取严格的反侵权行动，对侵犯知识产权的行为进行严厉打击，以维护高技术产品的市场秩序。另外，完善知识产权维权服务中心的建设，为企业提供快速、高效的维权服务，除上述措施之外，还需要建立健全知识产权争端解决机制，提高解决知识产权纠纷的效率和公正性，为出口企业提供更有力的保护。在社会环境层面，政府应积极鼓励企业根据实际情况加强自主创新，提高高技术产品的研发能力和技术水平。通过提供税收优惠和科技创新奖励等政策，鼓励企业投入更多的资源和精力进行技术创新，提升产品的技术含量和附加值。

12.2.2　有针对性地开展知识产权保护建设

针对高技术产品行业的不同技术水平，政府可以完善和调整知识产权的保护举措和力度。举例来说，对于技术要求较高的高技术产品，加强知识产权保护是关键。政府可以颁布更具针对性的法律条例，激励企业进行技术创新，保护其知识产权，提高市场竞争力。对于技术要求相对较低的高技术产品，政府可以设立专利等储备库，鼓励技术模仿和创新。这将为企业提供更多技术资源，促进产业发展，推动产品的出口。通过灵活的知识产权保护政策，政府能满足不同高技术产品行业的需求，创造良好的创新环境，激发企业的创新活力。

针对高技术产品出口目的国市场的不同，首先，可以加强国际合作，与出口目的国加强知识产权保护方面的合作，签订双边或多边协议。其次，制定有针对性的法律和政策。针对不同出口目的国的知识产权保护问题，制定具有针对性的法律和政策。研究结论表明，知识产权保护水平的提升对高技术产品出口至中亚5国和独联体主要国家的质量提升作用不明显，甚至可能产生负面影响，可能与中亚和独联体主要国家的市场环境和需求结构与国内市场存在较大差异有关，这也可能导致高技术产品在出口过程中需要进行一定程度的调整和适应，而知识产权保护水平的提升可能并未在这一过程中发挥显著作用。因此，在不同国家和地区，企业仍需根据具体情况制定适应性的市场战略和知识产权保护策略。最后，提高知识产权保护意识。开展针对不同目的国的知识产权保护意识宣传和教育活动，提高企业和个人对知识产权的重视程度。这些举措都将为我国对外贸易结构的优化和经济的可持续增长提供坚实的基础和支持。

12.2.3　引导高技术产品出口企业成立知识产权行业联盟

在全球市场中，知识产权的布局和保护对高技术产品出口企业获得竞争优势至关重要。因此，针对中国向"一带一路"沿线国家的高技术产品出口，建立知识产权行业联盟成为一种有效的策略。该联盟旨在促进企业之间的合作与技术共享，通过技术许可、授权或交叉许可等方式，共享各自在海外的专利布局成果，从而提高产品的技术含量和竞争力，拓展海外市场份额。

知识产权行业联盟能够为企业创造一个合作平台，使得各成员企业能够共同攻克技术难题，优化产品设计和制造过程。联盟的合作和共享有助于提高产品的技术水平和品质，满足不同市场的需求，同时降低研发成本和减少资源浪费。此外，联盟成员在海外市场中还能共同参与技术交流和展览会，加强与国外企业和机构的合作，推广技术成果的国际化应用。联盟的合作也有助于加强企业之间的交流与学习，共享市场和先进技术趋势信息，促进合作伙伴关系的建立。

高技术产品出口企业成立知识产权行业联盟不仅有助于巩固和扩大中国在"一带一路"沿线国家的高技术产品出口地位，还有助于提升中国品牌在国际市场的知名度和影响力，加快形成中国双循环相互促进的新发展格局（林鹭航等，2021）。

12.2.4 充分利用知识产权保护制度，服务于技术创新和合法模仿活动

政府应积极构建一个促进技术创新和模仿并存的制度环境。在鼓励高技术产品出口企业进行技术模仿的同时，还应强调并支持企业在模仿的基础上进行集成再创新。首先，知识产权保护政策鼓励企业进行合理模仿和技术转化。在合法范围内进行技术模仿和技术转化，使企业能够快速吸收先进技术并降低创新成本。同时，通过融合不同领域的技术，形成新的创新组合。这种做法既能有效缓解因知识产权保护加强而可能带来的技术复制限制，又能够促进技术创新和产业发展的良性循环。其次，政府为高技术产品出口企业提供技术许可和交叉许可机制，促进企业间的技术合作和共享。这种合作模式避免了技术重复研发，提高了技术创新的效率和质量。鼓励企业在进行技术创新时，合理利用现有知识产权，避免盲目创新导致资源浪费和技术重复。最后，建立创新激励机制。通过专利权、商标权等的授予，政府激励企业进行技术创新。此外，还可以采取税收优惠、科研资金资助等措施，为企业提供创新的奖励和支持，从而鼓励企业进行符合市场需求的适度创新。总之，在制定知识产权保护政策时，应采取灵活的措施，以确保能够促进高技术产品行业的发展。

12.2.5 发挥知识产权保护在"一带一路"沿线国家经济发展中的"桥梁"作用

首先，在"一带一路"沿线国家的区域贸易一体化背景下，政府可以搭建融合国内

外企业的知识产权协作平台，鼓励企业间的合作与交流。通过合作，企业可以共享知识产权资源，推动技术创新和技术转移，在不同企业之间实现优势互补，从而提高高技术产品的研发水平和市场竞争力。其次，可以鼓励重点企业共建市场性的知识产权保护、交易、转移转化与运营体系。建立市场性的知识产权交易平台，可以促进高技术产品的技术转移和转化，从而推动企业间的技术创新和模仿。这样的平台有助于加快技术的传播和应用，使得高技术产品的出口质量得到不断提升。此外，政府还可以鼓励企业在区域内进行技术转让和技术运营。通过技术转让，国内高技术产品的先进技术可以传递给"一带一路"沿线国家，促进技术的本土化和产业升级。同时，技术运营可以增强高技术产品的市场竞争力，提升产品的附加值和品牌影响力，从而提高产品的出口水平和质量。

12.3 研究不足

本书以出口高质量发展的现实背景为出发点，结合创新能力和模仿能力视角，探究我国知识产权保护水平对高技术产品出口"一带一路"沿线国家质量的影响，准确识别知识产权保护水平对出口质量的具体影响，为中国知识产权保护政策的推进和优化提供理论指导和经验证据，助力中国高技术产品对"一带一路"沿线国家出口质量有效提升。然而，出口质量升级还有许多问题值得我们关注，如消费者偏好、价值链升级等，囿于数据和精力，本书尚未予以关注。具体来看，本书研究主要存在以下几点不足：

第一，理论分析有待进一步拓展。本书从高技术产品视角分析了知识产权保护水平对产品出口"一带一路"沿线国家质量的影响，但是从直观上看，知识产权保护水平还会通过别的途径影响出口产品质量，这有待在以后的研究中进一步识别。比如，知识产权保护水平会通过影响生产流程、质量控制等方面从而影响出口产品质量，这些都是值得深入探讨的。这样的研究有助于增进读者对知识产权保护与产品质量之间关系的理解。

第二，囿于数据限制，本书所采用的中国微观产品数据仅涵盖2020年之前的情况。因此，对于当前知识产权保护改革和中国出口质量发展的新阶段、新现象，可能未能得到充分反映。因此，未来需要对数据进行更新，以便更准确地反映最新的情况。因此，在未来的研究中，对数据进行更新是十分必要的。

第三，本书选取了出口产品质量来反映产品出口绩效，限于整体篇幅，未曾逐一检验其他反映出口绩效的影响因素，后续研究在考虑企业出口绩效时，不仅需要继续关注产品质量，还应加入出口二元边际、出口持续时间等相关因素，以便更全面地了解和评估产品在出口市场上的绩效表现。

第四，本书在研究知识产权保护水平时，受限于数据的可获得性，采用了省级层面的数据进行分析。虽然这一宏观层面的研究能够提供对整体趋势和大范围影响的认识，但也有可能使研究结果的精确性低于微观层面的研究。因此，如果未来能够获得更为微观的知识产权保护数据（如地级市层面或企业层面），将不仅有助于进行更为精细和深入的研究，也有助于为政策制定者和企业提供更具实践意义的参考和决策依据。

参考文献

[1] 卜文超，盛丹. 知识产权保护与企业新产品出口强度——以市级专利代办处的设立为例 [J]. 南开经济研究，2022，229（7）：42-60.

[2] 蔡玲，申君歌. 地区知识产权保护与中国对"一带一路"沿线国家出口的质量研究 [J]. 经济经纬，2018，35（5）：1-8.

[3] 钞小静，任保平. 中国经济增长质量的时序变化与地区差异分析 [J]. 经济研究，2011，46（4）：26-40.

[4] 陈继勇，刘燚爽. 在湖北建设内陆自由贸易港的可行性及监管制度研究 [J]. 社会科学动态，2020，37（1）：75-85.

[5] 陈少铭，邱婉馨. 基础设施对"一带一路"沿线国家出口高技术产品质量的影响 [J]. 当代经济，2017，449（17）：7-9.

[6] 陈勇兵，李燕，周世民. 中国企业出口持续时间及其决定因素 [J]. 经济研究，2012，47（7）：48-61.

[7] 程凯，杨逢珉. FDI，OFDI对出口产品质量的影响研究 [J]. 经济经纬，2019，36（3）：49-57.

[8] 程凯，杨逢珉. 贸易便利化对企业出口持续时间的影响：基于进口中间品视角 [J]. 国际经贸探索，2022，38（2）：66-82.

[9] 程凯. 贸易便利化、进口中间品与企业出口绩效 [J]. 暨南学报（哲学社会科学版），2022，44（10）：1-16.

[10] 程锐，马莉莉. 高级人力资本扩张与制造业出口产品质量升级 [J]. 国际贸易问题，2020，452（8）：36-51.

[11] 仇云杰，吴磊，张文文. 知识产权保护影响企业研发绩效吗——基于微观数据

的实证分析［J］. 华中科技大学学报（社会科学版），2016，30（2）：87-98.

［12］ 崔景华，杜美欣，李浩研. 技术性贸易措施对高新技术产业出口及创新的影响研究——基于跨国面板数据的实证分析［J］. 海关与经贸研究，2021，42（1）：1-17.

［13］ 代中强，王安妮，李娜. OLI框架下知识产权保护对外商直接投资的影响研究：来自全球分行业的证据［J］. 国际贸易问题，2018（9）：95-107.

［14］ 戴翔，宋婕. "一带一路"有助于中国重构全球价值链吗？［J］. 世界经济研究，2019（11）：108-121；136.

［15］ 邓国营，宋跃刚，吴耀国. 中间品进口、制度环境与出口产品质量升级［J］. 南方经济，2018，347（8）：84-106.

［16］ 杜威剑，李梦洁. 对外直接投资会提高企业出口产品质量吗：基于倾向得分匹配的变权估计［J］. 国际贸易问题，2015，392（8）：112-122.

［17］ 方中秀. 知识产权保护、企业创新动力与创新绩效［J］. 统计与决策，2022，38（24）：154-159.

［18］ 葛海燕，张少军，丁晓强. 中国的全球价值链分工地位及驱动因素——融合经济地位与技术地位的综合测度［J］. 国际贸易问题，2021，465（9）：122-137.

［19］ 顾晓燕，朱玮玮. 知识产权保护、消费升级与出口商品结构优化［J］. 现代经济探讨，2023，495（3）：88-97.

［20］ 郭春野，庄子银. 知识产权保护与"南方"国家的自主创新激励［J］. 经济研究，2012（9）：32-45.

［21］ 郭小东，吴宗书. 创意产品出口、模仿威胁与知识产权保护［J］. 经济学（季刊），2014，13（3）：1239—1260.

［22］ 韩玉雄，李怀祖. 关于中国知识产权保护水平的定量分析［J］. 科学学研究，2005（3）：377-382.

［23］ 胡国恒，刘珊. 知识产权保护、自主创新与中国制造业出口国内附加值提升——基于微观数据的研究［J］. 软科学，2022，36（6）：17-24.

［24］ 胡琰欣，屈小娥，李依颖. 我国对"一带一路"沿线国家OFDI的绿色经济增长效应［J］. 经济管理，2019，41（6）：5-21.

[25] 黄群慧. 推动需求侧管理与供给侧改革有效协同 [N]. 经济日报，2021-05-12.

[26] 黄先海，卿陶. 知识产权保护、贸易成本与出口企业创新 [J]. 国际贸易问题，2021（7）：21-36.

[27] 姜南，单晓光，漆苏. 知识产权密集型产业对中国经济的贡献研究 [J]. 科学学研究，2014，32（8）：1157—1165.

[28] 李方静. 制度会影响出口质量吗？——基于跨国面板数据的经验分析 [J]. 当代财经，2016，385（12）：99-108.

[29] 李建军，李俊成. "一带一路"倡议、企业信贷融资增进效应与异质性 [J]. 世界经济，2020，43（2）：3-24.

[30] 李磊，白道欢，冼国明. 对外直接投资如何影响了母国就业？——基于中国微观企业数据的研究 [J]. 经济研究，2016，51（8）：144-158.

[31] 李平，史亚茹. 知识产权保护对OFDI逆向技术溢出的影响 [J]. 世界经济研究，2019，300（2）：99-110；137.

[32] 李强. 技术创新溢出、外部经济环境与出口贸易高质量发展 [J]. 统计与决策，2021，37（20）：105-108.

[33] 李文霞，金缀桥. 知识产权保护与中国高技术产品出口质量升级 [J]. 宏观经济研究，2023，295（6）：56-71.

[34] 李文霞，杨逢珉，金缀桥. 知识产权保护与进口产品质量升级——来自中国高技术产品的证据 [J]. 华东理工大学学报（社会科学版），2023，38（1）：100-113.

[35] 李秀芳，施炳展. 中间品进口多元化与中国企业出口产品质量 [J]. 国际贸易问题，2016，399（3）：106-116.

[36] 林鹭航，马文怡，张华荣. 新形势下中国经济发展方式转变：机遇、挑战与对策 [J]. 亚太经济，2021，225（2）：126-132.

[37] 林秀梅，孙海波. 中国制造业出口产品质量升级研究——基于知识产权保护视角 [J]. 产业经济研究，2016，82（3）：21-30.

[38] 刘海洋，林令涛，高璐. 进口中间品与出口产品质量升级：来自微观企业的证据 [J]. 国际贸易问题，2017，410（2）：39-49.

[39] 刘晓宁，刘磊. 贸易自由化对出口产品质量的影响效应——基于中国微观制造业企业的实证研究 [J]. 国际贸易问题，2015（8）：14-23.

[40] 刘勇，周宏. 知识产权保护和经济增长：基于省际面板数据的研究 [J]. 财经问题研究，2008（6）：17-21.

[41] 刘云菲，李红梅，马宏阳. 中国农垦农业现代化水平评价研究——基于熵值法与TOPSIS方法 [J]. 农业经济问题，2021（2）：107-116.

[42] 卢盛峰，董如玉，叶初升. "一带一路"倡议促进了中国高质量出口吗——来自微观企业的证据 [J]. 中国工业经济，2021（3）：80-98.

[43] 吕承超，崔悦. 中国高质量发展地区差距及时空收敛性研究 [J]. 数量经济技术经济研究，2020，37（9）：62-79.

[44] 吕越，陆毅，吴嵩博，等. "一带一路"倡议的对外投资促进效应——基于2005—2016年中国企业绿地投资的双重差分检验 [J]. 经济研究，2019，54（9）：187-202.

[45] 吕越，王梦圆. "一带一路"倡议与中国出口国内附加值跃升 [J]. 国际金融研究，2023，429（1）：16-27.

[46] 刘志彪，吴福象. "一带一路"倡议下全球价值链的双重嵌入 [J]. 中国社会科学，2018，272（8）：17-32.

[47] 马淑琴，邹志文，邵宇佳，等. 基础设施对出口产品质量非对称双元异质性影响——来自中国省际数据的证据 [J]. 财贸经济，2018，39（9）：105-121.

[48] 马述忠，吴国杰. 中间品进口、贸易类型与企业出口产品质量——基于中国企业微观数据的研究 [J]. 数量经济技术经济研究，2016，33（11）：77-93.

[49] 孟猛，郑昭阳. "一带一路"倡议是否促进了沿线国家的产业发展？——来自"一带一路"国家向中国出口高技术产品的证据 [J]. 国际商务研究，2022，43（5）：1-12.

[50] 牛华，崔茂生，曾燕萍. 网络视角下研发投入、贸易自由化与高技术产品出口——兼论高技术产品贸易网络的动态特征 [J]. 统计与信息论坛，2020，35（7）：66-76.

[51] 卿陶. 知识产权保护、技术差距与企业创新 [J]. 产经评论，2021，12（3）：

38-55.

[52] 卿陶. 知识产权保护、贸易成本与企业出口产品质量 [J]. 国际经贸探索，2020，36（3）：30-45.

[53] 邱士雷，吴宗杰，董会忠. 中国高技术产品出口影响因素实证分析——基于时序变量VAR模型 [J]. 科技管理研究，2017，37（11）：105-111.

[54] 曲如晓，李婧. 世界高技术产品贸易格局及中国的贸易地位分析 [J]. 经济地理，2020，40（3）：102-109；140.

[55] 邵军. 中国出口贸易联系持续期及影响因素分析：出口贸易稳定发展的新视角 [J]. 管理世界，2011（6）：24-33.

[56] 沈国兵，黄铄珺. 城市层面知识产权保护对中国企业引进外资的影响 [J]. 财贸经济，2019，40（12）：143-157.

[57] 沈国兵，黄铄珺. 行业生产网络中知识产权保护与中国企业出口技术含量 [J]. 世界经济，2019，42（9）：76-100.

[58] 盛佩琪，叶劲松，胡大猛. 知识产权保护对企业出口产品质量的影响研究 [J]. 科技与经济，2019，32（5）：32-36.

[59] 施炳展，方杰炜. 知识产权保护如何影响发展中国家进口结构 [J]. 世界经济，2020，43（6）：123-145.

[60] 施炳展，邵文波. 中国企业出口产品质量测算及其决定因素：培育出口竞争新优势的微观视角 [J]. 管理世界，2014，252（9）：90-106.

[61] 施炳展，王有鑫，李坤望. 中国出口产品品质测度及其决定因素 [J]. 世界经济，2013，36（9）：69-93.

[62] 石华平，易敏利. 环境规制对高质量发展的影响及空间溢出效应研究 [J]. 经济问题探索，2020（5）：160-175.

[63] 史宇鹏，顾全林. 知识产权保护、异质性企业与创新：来自中国制造业的证据 [J]. 金融研究，2013（8）：136-149.

[64] 孙楚仁，易正容. 对华大宗商品出口、产品空间关联与"一带一路"沿线国家出口产品比较优势提升 [J]. 国际贸易问题. 2019（12）：76-90.

[65] 孙楚仁，李媚媚，陈瑾. 数字化转型是否延长了企业出口产品持续时间 [J]. 国

际贸易问题，2023，484（4）：56-71.

[66] 孙楚仁，张楠，刘雅莹. "一带一路"倡议与中国对沿线国家的贸易增长［J］. 国际贸易问题，2017（2）：83-96.

[67] 孙赫. 我国知识产权保护执法水平的度量及分析［J］. 科学学研究，2015，33（9）：1372—1380.

[68] 孙军，高彦彦，宣昌勇. "一带一路"倡议下的中国省际贸易演变特征与流向蜕变［J］. 财贸经济，2018，39（8）：81-95.

[69] 汪建新，贾圆圆，黄鹏. 国际生产分割、中间投入品进口和出口产品质量［J］. 财经研究，2015，41（4）：54-65.

[70] 汪建新. 贸易自由化、质量差距与地区出口产品质量升级［J］. 国际贸易问题，2014（10）：3-13.

[71] 王桂军，卢潇潇. "一带一路"倡议与中国企业升级［J］. 中国工业经济，2019，372（3）：43-61.

[72] 王海成，许和连，邵小快. 国有企业改制是否会提升出口产品质量［J］. 世界经济，2019，42（3）：94-117.

[73] 王军，朱杰，罗茜. 中国数字经济发展水平及演变测度［J］. 数量经济技术经济研究，2021，38（7）：26-42.

[74] 王军，邹广平，石先进. 制度变迁对中国经济增长的影响：基于VAR模型的实证研究［J］. 中国工业经济，2013（6）：70-82.

[75] 王明涛，谢建国. 自由贸易协定与中国出口产品质量——以中国制造业出口产品为例［J］. 国际贸易问题，2019（4）：50-63.

[76] 王钰，胡海青. 知识产权保护对双元创新的影响研究——制度环境的调节效应［J］. 软科学，2023（4）：1-13.

[77] 魏浩，王超男. 外国知识产权保护、产品组合调整与中国出口高质量发展［J］. 中国工业经济，2023，423（6）：81-98.

[78] 吴超鹏，唐菂. 知识产权保护执法力度、技术创新与企业绩效——来自中国上市公司的证据［J］. 经济研究，2016，51（11）：125-139.

[79] 谢建国，章素珍. 反倾销与中国出口产品质量升级：以美国对华贸易反倾销为

例 [J]. 国际贸易问题，2017，409（1）：153-164.

[80]　徐美娜，铁瑛，匡增杰. 出口加工区与企业出口产品质量升级——兼论"飞地型"经济功能区转型路径 [J]. 国际贸易问题，2019，434（2）：41-53.

[81]　徐志向，丁任重. 新时代中国省际经济发展质量的测度、预判与路径选择 [J]. 政治经济学评论，2019，10（1）：172-194.

[82]　许家云，毛其淋，胡鞍钢. 中间品进口与企业出口产品质量升级：基于中国证据的研究 [J]. 世界经济，2017，40（3）：52-75.

[83]　颜双波. 基于熵值法的区域经济增长质量评价 [J]. 统计与决策，2017（21）：142-145.

[84]　杨逢珉，程凯. 贸易便利化对出口产品质量的影响研究 [J]. 世界经济研究，2019，299（1）：93-104；137.

[85]　杨耀武，张平. 中国经济高质量发展的逻辑、测度与治理 [J]. 经济研究，2021，56（1）：26-42.

[86]　殷德生. 中国入世以来出口产品质量升级的决定因素与变动趋势 [J]. 财贸经济，2011（11）：31-38.

[87]　尹志锋，叶静怡，黄阳华，等. 知识产权保护与企业创新：传导机制及其检验 [J]. 世界经济，2013（12）：111-129.

[88]　余淼杰，张睿. 人民币升值对出口质量的提升效应：来自中国的微观证据 [J]. 管理世界，2017（5）：28-40；187.

[89]　余骁，郭志芳. 知识产权保护对全球价值链分工收益的影响——基于跨国行业面板数据的经验分析 [J]. 中南财经政法大学学报，2017（6）：142-152.

[90]　余长林. 知识产权保护与我国的进口贸易增长：基于扩展贸易引力模型的经验分析 [J]. 管理世界，2011（6）：11-23.

[91]　张兵兵，田曦. 目的国经济政策不确定性如何影响中国企业的出口产品质量？[J]. 世界经济研究，2018，298（12）：60-71；133.

[92]　张杰，翟福昕，周晓艳. 政府补贴、市场竞争与出口产品质量 [J]. 数量经济技术经济研究，2015，32（4）：71-87.

[93]　张伟君，单晓光. 论经济增长与知识产权制度的关系 [J]. 科学管理研究，

2008，26（2）：108-112.

[94] 张洋. 政府补贴提高了中国制造业企业出口产品质量吗 [J]. 国际贸易问题，2017（4）：27-37.

[95] 张营营，高煜. "一带一路"倡议与沿线省份产业结构升级：理论解析与经验辨识 [J]. 统计与信息论坛，2020，35（3）：59-68.

[96] 张志彬，陈卓，欧玲. 知识产权保护、服务化转型与企业绩效——来自 A 股制造业上市公司的经验证据 [J]. 财经理论与实践，2023，44（2）：122-128.

[97] 周坤，李廉水，司增绰，等. 中国高技术产品进口增长的模式与效率分析 [J]. 科学学研究，2021，39（11）：1992-2024.

[98] 祝树金，段凡，李仁宇. 本国知识产权保护如何影响出口边际——基于技术创新和技术模仿的中介效应分析 [J]. 湖南大学学报（社会科学版），2018，32（6）：40-48.

[99] 庄子银，贾红静，李汛. 知识产权保护对企业创新的影响研究——基于企业异质性视角 [J]. 南开管理评论，2023，26（5）：61-73.

[100] 庄子银，李宏武. 贸易、知识产权与出口企业创新：基于美国337调查的实证分析 [J]. 世界经济研究，2018（4）：75-87；136.

[101] 宗慧隽. 中间品贸易自由化与企业加成率 [D]. 济南：山东大学，2019.

[102] AGHION P，BLOOM N，BLUNDELL R.Competition and innovation：an inverted-U relationship [J]. The Quarterly Journal of Economics，2005，120（2）：701-728.

[103] AMITI M，KHANDELWAL A K.Import competition and quality upgrading [J]. Review of Economics and Statistics，2013，95（2）：476-490.

[104] ANDERSON J E，WINCOOP E V.Trade costs [J]. Journal of Economic Literature，2004，42（3）：691-751.

[105] ANWAR S，SUN S.Foreign direct investment and export quality upgrading in China's manufacturing sector [J]. International Review of Economics & Finance，2018（54）：289-298.

[106] ARROW K J.Economic welfare and the allocation of resources for invention [M]. London：Macmillan Education UK，1972.

［107］ AWOKUSE T O，YIN H.Intellectual property rights protection and the surge in FDI in China ［J］. Journal of Comparative Economics，2010，38（2）：217-224.

［108］ BAS M，STRAUSS-KAHN V.Input-trade liberalization，export prices and quality upgrading ［J］. Journal of International Economics，2015，95（2）：250-262.

［109］ BEGUM E S.Impact of high technology export on economic growth：an analysis on Turkey ［J］. Journal of Business Economics and Finance，2019，3（8）：165-172.

［110］ BESEDEŠ T，PRUSA T J.Ins，outs，and the duration of trade ［J］. Canadian Journal of Economics，2006，39（1）：266-295.

［111］ BRAJA M，GEMZIK A.Competitiveness of high-tech exports in the EU countries ［J］. Journal of International Studies，2020，13（1）：359-372.

［112］ BRANSTETTER L，FISMAN R，FOLEY C F，et al.Does intellectual property rights reform spur industrial development? ［J］. Journal of International Economics，2011，83（1）：27-36.

［113］ BRIGGS K. Does patent harmonization impact the decision and volume of high technology trade ［J］. International Review of Economics & Finance，2013，（25）：35-51.

［114］ CHEN S C，HOU J N，XIAO D. "One Belt，One Road" Initiative to stimulate trade in China：a counter-factual analysis ［J］. Sustainability，2018，10（9）：3242.

［115］ CHIN J C，GROSSMAN G M .Intellectual property rights and North-South trade ［J］. Social Science Electronic Publishing，1988（13）：87-92.

［116］ DONG B，GUO Y，HU X.Intellectual property rights protection and export product quality：evidence from China ［J］. International Review of Economics & Finance，2022（77）：143-158.

［117］ FOSTER N.Intellectual property rights and the margins of international trade ［J］. Journal of International Trade and Economic Development，2014，23（1）：1-30.

［118］ FURUKAWA Y. Intellectual property protection and innovation：an inverted-U relationship ［J］. Economics Letters，2010，109（2）：99-101.

［119］ GINARTE J G，PARK W G.Determinants of patent rights：a cross-national study

[J]. Research policy, 1997, 26 (3): 283-301.

[120] GLASS A J, WU W. Intellectual property rights and quality improvement [J]. Journal of Development Economics, 2005, 82 (2): 393-415.

[121] GROSSMAN G M, HELPMAN E. Quality ladders in the theory of growth [J]. Review of Economic Studies, 1991, 58 (1): 43-61.

[122] GROSSMAN G M, HELPMAN E. Trade, knowledge spillovers, and growth [J]. European Economic Review, 1991, 35 (2-3): 517-526.

[123] HALLAK J C, SCHOTT P K. Estimating cross-country differences in product quality [J]. Quarterly Journal of Economics, 2011, 126 (1): 417-474.

[124] HALLAK J C. Product quality and the direction of trade [J]. Journal of International Economics, 2006, 68 (1): 238-265.

[125] HU A G, PNG I P. Patent rights and economic growth: evidence from cross-country panels of manufacturing industries [J]. Oxford Economic Papers, 2013, 65 (3): 675-698.

[126] HU C, PARSLEY D, TAN Y. Exchange rate induced export quality upgrading: a firm-level perspective [J]. Economic Modelling, 2021 (98): 336-348.

[127] HUANG X, LIU K, CHEN H. The puzzle of quality upgrading of Chinese exports from the trade liberalization perspective [J]. Pacific Economic Review, 2020, 25 (2): 161-184.

[128] HUMMELS D, KLENOW P J. The variety and quality of a nation's exports [J]. American Economic Review, 2005, 95 (3): 704-723.

[129] IVUS O, PARK W. Patent reforms and exporter behaviour: firm-level evidence from developing countries [J]. Journal of the Japanese and International Economies, 2019, 51 (2), 129-147.

[130] IVUS O. Do stronger patent rights raise high-tech exports to the developing world? [J]. Journal of International Economics, 2010, 81 (1): 38-47.

[131] KAFOUROS M, WANG C Q, PIPEROPOULOS P, et al. Academic collaborations and firm innovation performance in China: the role of region-specific institutions [J].

Research Policy, 2015, 44 (3): 803-817.

[132] KASAHARA H, LAPHAM B. Productivity and the decision to import and export: theory and evidence [J]. Journal of International Economics, 2013, 89 (2): 297-316.

[133] KHANDELWAL A. The long and short (of) quality ladders [J]. The Review of Economic Studies, 2010, 77 (4): 1450-1476.

[134] KIEDAISCH C. Intellectual property rights in a quality-ladder model with persistent leadership [J]. European Economic Review, 2015 (80): 194-213.

[135] KREMER M. The O-ring theory of economic development [J]. The quarterly Journal of Economics, 1993, 108 (3): 551-575.

[136] KUGLER M, VERHOOGEN E. Prices, plant size, and product quality [J]. The Review of Economic Studies, 2012, 79 (1), 307-339.

[137] LAI H, MASKUS K E, YANG L. Intellectual property enforcement, exports and productivity of heterogeneous firms in developing countries: evidence from China [J]. European Economic Review, 2020, 123 (C): 103373.

[138] LI G Z, LI J, ZHENG Y, et al. Does property rights protection affect export quality? Evidence from a property law enactment [J]. Journal of Economic Behavior & Organization, 2021 (183): 811-832.

[139] LI Y, YANG M, ZHU L. FDI, export sophistication, and quality upgrading: evidence from China's WTO accession [J]. Japan and the World Economy, 2021 (59): 101086.

[140] MARKUSEN J R. Contracts, intellectual property rights, and multinational investment in developing countries [J]. Journal of International Economics, 2001, 53 (1): 189-204.

[141] MASKUS K E, PENUBARTI M. How trade-related are intellectual property rights? [J]. Journal of International Economics, 1995, 39 (3-4): 22.

[142] MOKYR J. Intellectual property rights, the industrial revolution, and the beginnings of modern economic growth [J]. American Economic Review, 2009, 99 (2):

349-355.

[143] NORDHAUS W D. Invention growth, and welfare: a theoretical treatment of technological change [M]. Cambridge: MIT Press, 1969.

[144] OSTERGARD R L. The measurement of intellectual property rights protection. [J]. Journal of International Business Studies, 2000, 31 (2): 349-360.

[145] PAPAGEORGIADIS N, SOFKA W. Patent enforcement across 51 countries - patent enforcement index 1998 - 2017 [J]. Journal of World Business, 2020, 55 (4): 101092.

[146] PAPAGEORGIADIS N, CROSS A R, ALEXIOU C. International patent systems strength 1998 - 2011 [J]. Journal of World Business, 2014, 49 (4): 586-597.

[147] PARK W G. International patent protection: 1960 - 2005 [J]. Research Policy, 2008, 37 (4): 761-766.

[148] PHILIP K. What is a technological author? The pirate function and intellectual property [J]. Postcolonial Studies, 2005, 8 (2): 199-218.

[149] RAFIQUZZAMAN M. The impact of patent rights on international trade: evidence from Canada [J]. Canadian Journal of Economics, 2002, 35 (2): 307.

[150] RAMASAMY B, YEUNG M C. China's One Belt One Road Initiative: the impact of trade facilitation versus physical infrastructure on exports [J]. The World Economy, 2019, 42 (6): 1673—1694.

[151] RAPP R T, ROZEK R P. Benefits and costs of intellectual property protection in developing-countries [J]. Journal of World Trade, 1990, 24 (5): 75-102.

[152] RAUCH J E, WATSON J. Starting small in an unfamiliar environment [J]. International Journal of Industrial Organization, 2003, 21 (7): 1021-1042.

[153] REY S J. Spatial empirics for economic growth and convergence [J]. Geographical Analysis, 2001, 33 (3): 195-214.

[154] SANDU S, CIOCANEL B. Impact of R&D and innovation on high-tech export [J]. Procedia Economics and Finance, 2014 (15): 80-90.

[155] SCHUMPETER J A. Capitalism, socialism and democracy [M]. New York:

Routledge, 2013.

[156] SMITH P J.Are weak patent rights a barrier to US exports [J]. Journal of International Economics, 1999, 48 (1): 151-177.

[157] SONG Y, WU Y, DENG G, et al.Intermediate imports, institutional environment, and export product quality upgrading: evidence from Chinese micro-level enterprises [J]. Emerging Markets Finance and Trade, 2021, 57 (2): 400-426.

[158] SWEET C M, MAGGIO D S E.Do stronger intellectual property rights increase innovation? [J]. World Development, 2015 (66): 665-677.

[159] VERHOOGEN E A.Trade, quality upgrading, and wage inequality in the Mexican manufacturing sector [J]. The Quarterly Journal of Economics, 2008, 123 (2): 489-530.

[160] WU H.Distance to frontier, intellectual property rights, and economic growth [J]. Economics of Innovation and New Technology, 2010, 19 (2): 165-183.

[161] YU L, ZHAO D, NIU H, et al.Does the Belt and Road Initiative expand China's export potential to countries along the Belt and Road? [J]. China Economic Review, 2020 (60): 1-16.

[162] ZHANG T, FU Q, ZHU C.Trade liberalization, credit constraints, and export quality upgrading [J]. Empirical Economics, 2022; 63 (1): 499-524.

[163] ZHU S, FU X.Drivers of export upgrading [J]. World Development, 2013, 51 (0): 221-233.

[164] 姜峰,段云鹏.数字"一带一路"能否推动中国贸易地位提升——基于进口依存度、技术附加值、全球价值链位置的视角 [J]. 国际商务(对外经济贸易大学学报),2021 (2): 77-93.

[165] 许唯聪.数字化赋能中国与"一带一路"沿线国家农产品贸易高质量发展的机理、挑战和路径 [J]. 当代经济管理,2024 (5): 1-17.

索引